新编21世纪新闻传播学系列教材

• 广告学与媒介经营管理系列 •

广告效果测评

The Evaluation of Advertising Effect

杨雪睿 编著

中国人民大学出版社
· 北京 ·

编 者 简 介

杨雪睿　中国传媒大学广告学专业博士，现为中国传媒大学广告学院广告学系主任、副教授、硕士生导师。2015—2016 年在美国北卡罗来纳大学教堂山分校（UNC-Chapel Hill）媒体与新闻学院做访问学者。主要研究领域为消费者研究、市场研究、广告效果研究。

自 2001 年开始进行城市居民消费行为与生活形态研究，先后参与组织、编撰 2001 年至 2006 年历年《IMI 消费行为与生活形态年鉴》。2007 年至 2009 年，研究方向转为城市受众新媒体研究，并作为项目主要负责人之一参与组织、编撰 2007 年、2008 年、2009 年城市受众新媒体接触系列研究报告。2011 年至 2016 年，研究方向聚焦于中国都市年轻消费人群研究，尤其是针对当代大学生有较为深入的研究。2017 年至今，研究侧重于广告效果和品牌国际化传播。

代表性著作有《分化与重聚：对城市居民消费行为的重新解构》，代表性译著有《广告调查：理论与实务》（第 2 版）。

内 容 简 介

如何测评广告效果一直是广告行业内备受关注的问题。随着技术的发展，在广告学研究领域，不断有新的模型、新的方法被开发以用于广告效果的测评。

本书首先对广告效果的含义进行了梳理，在之后的篇章中，以媒体类型作为划分依据，对如何进行广告效果测评进行了详细阐述。对于电视广告、广播广告、报刊广告、户外广告等传统媒体广告，本书在总结前人研究的基础上，结合传统媒体在数字时代的转型与发展，进一步探讨传统媒体广告形式的延展与效果测评的应对。对于以互联网为依托涌现的互联网广告、网络视频广告、网络游戏广告、社交媒体广告，本书更多介绍了国外在广告效果测评指标方面的相关研究。

本书的亮点在于搜集了大量国内外广告效果测评案例，以期对国内广告效果研究提供参考。

本书可以作为国内大专院校广告学专业学生“广告效果”相关课程的教材，也可以为广告从业人员在广告效果测评方面提供借鉴和指引。

总　　序

中国人民大学出版社策划出版的“新编21世纪新闻传播学系列教材”，是一套在新闻传播学领域内，皋牢百代，卢牟六合，贯穴古今，笼罩中外，密切联系新闻传播工作的实际，广泛吸收新闻传播学的最新研究成果，高挹遐揽，取精用宏，供新世纪的高等院校新闻传播院系教学使用的系列教材。

20世纪初以来的100年，是世界新闻传播事业飞速发展的100年。这100年来，随着科学技术的不断发展，继报纸、期刊、通讯社之后，广播、电视、网络和多种新媒体相继问世，新闻传播的媒介日趋多元化，新闻传播的手段日趋现代化，“地球村”变得越来越小，新闻传播事业对世界政治、经济和文化的影响则变得越来越大。

这100年，也是中国新闻事业飞速发展的100年。其中最近的30年，即中国改革开放以来的30年，发展得尤为迅猛。

进入新世纪以后，中国新闻事业发展的势头更为迅猛。报纸、期刊、通讯社、广播电台、电视台的数量在宏观调控下，虽无大变化，但软硬件的实力都有了很大的提高。据2011年12月出版的《中国新闻年鉴》的最新统计数字，2010年全国共出版报纸1 939种，平均期印数2.14亿份。共出版期刊9 884种，平均期印数1.63亿册。全国共有广播电台227座，电视台247家，广播电视台2 120家，教育电视台44家。广播综合人口覆盖率为96.78%，电视综合人口覆盖率为97.62%。

另外2012年1月中国互联网络信息中心（CNNIC）发布的第29次《中国互联网络发展状况统计报告》显示，截至2011年12月底，中国网民规模已达到5.13亿，互联网普及率达到38.3%。其中，手机用户数量为3.56亿，博客和个人空间用户数量为3.19亿，微博用户数量为2.5亿，社交网站用户数量为2.44亿，网络视频用户数量为3.25亿。中国居民中具备上网条件和技能的人已经基本转化为网民，大专及以上学历人群中互联网使用率已达96.1%。中国网站总数为230万个，网页数量为866亿个。

这样大的发展规模，这样快的发展速度，在世界和中国新闻事业史上都是空前的。回顾既往，盱衡未来，新闻传播事业在21世纪还将会保持旺盛的发展势头。新闻传播，作为上层建筑中意识形态的一个重要组成部分，在全面准确地宣传党的基本理论、基本路线和基本方针以及各项决策，反映人民群众的伟大业绩和精神风貌，以及推动改革开放和社会主义现代化建设等方面，必将继续发挥重要的作用。

与新闻传播事业的发展相配合，这 100 年来，为中国的新闻战线培养和输送人才的中国新闻教育，也有了相应的发展。中国的新闻教育起始于 20 世纪初，迄今有近百年的历史。新中国成立前的 30 年，虽然先后在个别院校中设立了新闻系或新闻专科，但规模都不大，设备也不够完善，在校学生人数最多的时候不超过 400 人，30 年间累计培养出来的毕业生还不到3 000 人。新中国成立后，为了给新中国的新闻事业培养人才，新闻教育有了新的发展，但到 20 世纪 60 年代中期为止，全国的新闻教育机构也还只有 14 家。当时全国只有 343 家报社、78 座广播电台和 13 家电视台，革命老区来的新闻工作骨干正当盛年，足以支撑大局，新闻系和新闻专业的学生统招统分，基本上能够满足中央和省市以上新闻单位梯队建设方面的需要。“文化大革命”爆发后，新闻事业进入低谷，新闻人才的培养也被迫中辍。拨乱反正之后，新闻事业有了飞速的发展，但新闻工作的人才却出现了断层，明显供不应求，因而极大地推动了新闻教育的发展。中国的新闻教育得以重振旗鼓并得到空前迅猛的发展，主要是改革开放以来的这 30 多年的事情。30 多年来，中国新闻教育和中国新闻事业同步发展。截至 2011 年，全国设有新闻传播学类院、系、专业的高校已由改革开放之初的两三所增加到 800 所以上，各种类型和层次的专业教学点已不下 1 000个。新闻专业的教学已从单一的大学本科教育，发展到博士生、硕士生、本科生、大专生、成人教育、函授教育等多层次的格局，不少院系还设置了新闻传播学方向的博士后流动站。改革开放之初，全国在校新闻系科学生总共只有 500 来人，现在仅在校本科生就有 16 万人左右，硕士和博士研究生 3 万人左右，办学层次、办学规模、办学水平都有了很大的提高。进入新世纪以后，随着新闻传播事业的加速发展和新闻战线人才需求的不断增加，中国的新闻教育还将会有更大幅度的发展。

一般说来，新闻教育质量的高低，起决定作用的主要是两个因素：一个是师资，一个是教材。两者之间，教材的作用更大。这是因为，师资的多少和良窳，往往受办学主客观条件的限制，而教材一旦完成，就可以直接嘉惠于学子，风行四海，无远弗届。进一步说，一部好的教材，不仅可以满足教学的需要，培养出一大批人才，而且还可以同时拥有一定的学术含量，推动新闻传播学研究的发展。1919 年出版的徐宝璜的《新闻学》，1927 年出版的戈公振的《中国报学史》，就是这方面的很好的例子。这两本书都是作者在高等学校从事新闻学理论和新闻史教学时作为教材编写出来的，出版之后，立即引起世人的关注和推崇，一再重版，历久不衰，至今仍然是公认的新闻学理论和新闻史方面的传世之作和经典之作。正因为这样，新闻教育的前辈们，历来十分重视教材的建设。新中国成立初期的十来年，坊间出版的新闻学方面的书籍，绝大部分都是教材。改革开放以后，新闻传播学研究空前繁荣，新闻学方面的书籍大量问世，但教材仍然在其中占了很大的比重。这些教材，覆盖了新闻传播学的方方面面，经过出版家和众多作者们的长期努力，门类和品种基本配套齐全，曾经为同时期的新闻教学做出过重要的贡献。但是，随着时间的推移和新闻工作实际的飞速发展，这些教材的体例日显陈旧，观点和内容也亟待调整和更新。一些属于学科前沿和科技含量较高的新开课程的教材尚付阙如，使现有的教材出现了不少缺口。在新世纪已经到来之际，集聚力量，重新编写出一套体系完整、门类齐全、能够为新世纪的新闻教育和新闻人才培养服务的新闻传播学的系列教材，已经成为人们的共识和新闻业界与新闻教育界的迫切需求。

呈现在读者面前的，就是应这样的需求产生的一套系列教材，它将涵盖新闻学、传播学两个二级学科的方方面面内容，满足新闻、广播、电视、广告、媒体经济、新媒体等多个专业的教学需要。负责这些教材编写工作的，是中国人民大学、复旦大学、北京大学、清华大学、中国传媒大学、中国青年政治学院等多所著名院校长期从事新闻传播学方面教学与研究工作的专家学者，其中有相当大的一部分编写者都是相关学科的国家级的学术带头人，堪称一时之选。收入本系列的教材中，既有国家级重点教材，也有部级重点教材，其他的也都是经过严格筛选的精品，所以，本套系列教材的质量是有保证的，其权威性也将会得到社会的认同。

21 世纪是一个高度信息化的时代，是信息经济和知识经济占主导地位的时代。信息经济和知识经济有两大支柱，一是以高科技为代表的传播技术产业，二是从事新闻和信息产品生产的媒体产业。新闻传播学作为将这两大领域有机联结的桥梁，在今后的国家建设和社会发展中必将发挥越来越重要的作用。中国人民大学出版社经过精心策划，隆重推出这套系列教材，是具有高度的前瞻性和战略眼光的。在这里，我谨代表编委会和全体作者向中国人民大学出版社表示由衷的感谢。

这套系列教材开始策划于 20 世纪的最后一年，21 世纪初起陆续问世，迄今已编写出版了 50 余种。在体例和内容的创新和开拓等方面，远远超过同时期出版的同类教材。其中的有些教材，还根据整个新闻传播理论与实践的发展和新闻传播学教学与研究的发展，陆续作了必要的补充和修订，重新出版，实现了内容的与时俱进。

这批教材的问世，将会为新闻传播事业和新闻教育事业的发展和繁荣、为新世纪新闻传播人才的培养做出它应有的贡献。这是出版者和全体作者共同的一点希望。是为序。

方汉奇

2012 年 3 月

于中国人民大学宜园

目　录

第一章　广告效果测评概述 …… 1

第一节　广告效果的含义 …… 1

第二节　如何测评广告效果 …… 5

第三节　广告效果测评的困难与意义 …… 11

第二章　广告效果的影响因素 …… 15

第一节　广告本体 …… 15

第二节　消费者认知与卷入度 …… 22

第三节　广告媒体的选择 …… 25

第三章　电视广告效果测评 …… 29

第一节　电视媒体的发展与传播方式的变化 …… 29

第二节　电视媒体和电视广告的效果评价 …… 33

第三节　IPTV 广告与互联网电视广告 …… 41

第四章　广播广告效果测评 …… 52

第一节　广播媒体与广播广告 …… 52

第二节　传统广播时期广播媒体与听众的测评 …… 58

第三节　互联网音频的发展及收听测量 …… 62

第五章　报刊广告效果测评 …… 77

第一节　报刊媒体与报刊广告 …… 77

第二节　报刊广告效果的评价指标及方法 …… 80

第三节　数字报刊的发展与广告效果测量 …… 86

第六章　户外广告效果测评 …… 93

第一节　户外广告概述 …… 93

第二节　户外广告效果测评 …… 97

第三节　场景营销 …… 100

第七章　互联网广告效果测评 …… 116
第一节　互联网在我国的发展历程 …… 116
第二节　互联网广告的发展与分类 …… 120
第三节　互联网广告效果的评价指标及监测 …… 125
第八章　网络视频广告与网络游戏广告效果测评 …… 135
第一节　网络视频广告的分类及效果测评 …… 135
第二节　网络游戏广告的分类及效果测评 …… 150
第九章　社交媒体广告效果测评 …… 166
第一节　社交媒体与社交媒体广告 …… 167
第二节　社交媒体广告的类型与表现形式 …… 171
第三节　社交媒体广告的效果测评 …… 178
第十章　广告效果测评的方法及案例 …… 196
第一节　调查法 …… 196
第二节　观察法 …… 212
第三节　消费者神经科学 …… 223

参考文献 …… 230

后记 …… 241

案例目录

案例 3－1　不做电视广告的华为 …………………………… 43
案例 3－2　高端营销变革的海尔 …………………………… 45
案例 3－3　民族品牌弯道超车的广汽传祺 ……………………… 46
案例 3－4　CIBN 用智能大屏开启畅快世界杯 …………………… 48
案例 4－1　用流媒体抓住消费者的 Adidas Originals ………… 65
案例 4－2　圣诞季成功逆袭的 Lane Bryant ………………… 67
案例 4－3　用声音传递城市魅力的“赌城”拉斯维加斯 …… 68
案例 4－4　杜蕾斯试水网络电台，继续不走寻常路 ………… 70
案例 4－5　一汽马自达全新体验营销之旅 …………………… 71
案例 4－6　互联网音频受众市场研究 ………………………… 72
案例 5－1　奇瑞捷豹路虎打响精准投放闪电战 ……………… 90
案例 5－2　当“千人千面”的今日头条遇上“就要不凡”的光大银行与银联 ………………………………………… 90
案例 6－1　北京公共场所液晶电视接触情况及评价研究 …… 104
案例 6－2　肯德基之国宝耀中华 ……………………………… 110
案例 6－3　阿迪达斯“轰碎篮筐”校园推广 ………………… 110
案例 6－4　长隆旅游公交场景立体营销 ……………………… 111
案例 6－5　得到 App：让菜市场遇见经济学 ………………… 111
案例 6－6　奥克斯年货体验馆 ………………………………… 112
案例 6－7　小米之家深化用户线下体验场景 ………………… 113
案例 6－8　以场景打开英菲尼迪双年盛会 …………………… 114
案例 8－1　《偶像练习生》中的植入式广告 ………………… 144
案例 8－2　“密苏里之星”的 YouTube“网红”之路 ……… 146

案例 8 - 3 利用 YouTube 视频营销迈出品牌建设第一步的 OnePlus …… 147
案例 8 - 4 西伯利亚航空公司借网络 MV 实现品牌的病毒式传播…… 149
案例 8 - 5 腾讯游戏助力快消品牌“捉”住年轻人的心…… 158
案例 8 - 6 《王者荣耀》携手敦煌研究院守护传统经典文化…… 160
案例 8 - 7 赛百味利用《足球经理》游戏提高品牌知名度…… 162
案例 8 - 8 伊利“营养舒化奶”深度植入《人人餐厅》游戏…… 163
案例 9 - 1 微博助阵伊利优酸乳情人节硬核表白…… 180
案例 9 - 2 舒肤佳锦鲤瓶微博营销事件…… 182
案例 9 - 3 潘多拉借助 Twitter 实力上新 …… 183
案例 9 - 4 Twitter 助力亨氏老产品的“重生” …… 185
案例 9 - 5 和 iPhone X 在朋友圈里见个面 …… 187
案例 9 - 6 TVibes 利用 Facebook 吸引新用户…… 188
案例 9 - 7 用 Facebook 和 Instagram 打响老品牌转型之战的 CoverGirl …… 189
案例 9 - 8 Wayfair 用 Instagram 架起广告和商品之间的桥梁 …… 190
案例 9 - 9 用 Instagram 话题营销吸引消费者的红牛 …… 191
案例 9 - 10 Netflix 用 Snapchat 抓住“吉尔莫女孩”们的心 …… 193
案例 10 - 1 “城市居民消费行为与广告接触”研究…… 204
案例 10 - 2 “大学生校园广告接触”研究…… 207
案例 10 - 3 “深圳公交车体广告价值评价”研究…… 215
案例 10 - 4 宠物公益组织用神经科学优化广告“可爱度” …… 226
案例 10 - 5 神经科学帮助糖果广告加强与观众的情感联结 …… 227

第一章

广告效果测评概述

【本章学习要点】

- 广告效果的含义以及在数字时代的新变化。
- 广告效果测评模式的演进。
- 广告效果测评的内容。
- 广告有效评估中的困难。

伴随社会发展、时代变迁的巨轮，面对一轮又一轮新媒体与新技术的浪潮，广告无论内涵还是形式都在不断发生变化，广告行业也经历了一次又一次的突破与转型。广告不仅是信息，不仅是劝服，更是一种纽带，它既联结了品牌与消费者，又联结了消费者所处的不同族群、圈层。面对数字时代的变革，广告效果的含义、测评模式、测评内容等相应地发生着改变。

第一节　广告效果的含义

广告效果在不同时期的含义有所差别。本节首先回顾广告效果的概念，然后在此基础上分析数字时代广告效果的内涵以及广告效果的特征。

一、什么是广告效果

无论在传统媒体时代还是在数字媒体时代，广告的终极目标都是促进商品销售、促成消费者购买。在时代变迁的背景下，随着媒体形式和传播方式的改变，广告效果的内涵在不断丰富和拓展。

(一)“广告效果”概念回顾

在中国知网（www. cnki. net）上以“广告效果”作为检索关键词，查找到最早的文章为1980年5月曾青春发表的《试谈商业广告及其效果》。文中对于广告效果的界定如下：

> 所谓广告效果，可从广告的社会效果和经济效果这两个方面去衡量。社会效果主要表现为广告对顾客（或读者听众）的心理影响，如增长知识、开阔眼界、陶冶精神、提高思想认识等等。经济效果表现为增加商品流转额、加速商品周转率、调整商品储存、改善固定基金和流动基金的利用，提高工作人员的劳动生产率、降低流通费用等等。不应把社会效果同经济效果截然分开。经济效果通常正是社会效果的继续和结果。例如，销售额增加往往正是广告激发了顾客的购买欲的表现。①

"龙媒广告选书"是对中国广告教育影响深远的系列教材。在第一辑中的《广告调查——广告战略的实证基础》一书对广告效果这样界定："广告效果有所谓的'销售效果'与'广告本身效果'两种，前者是狭义的，后者是广义的。""'销售效果'的说法，认为广告是促进产品销售的一种手段，因此产品既然做了广告，销售情况就必须改善，否则该广告就是白做了。""所谓'广告本身效果'，并非直接以销售情况的好坏作为判断广告效果的依据，而是以广告的收视收听率、产品知名度等间接促进产品销售的因素为依据。"②

国内较早关于广告效果的教材有2002年江波、曾振华编著的《广告效果测评》，书中认为："广告效果就是广告对其接受者所产生的影响及由于人际传播所达到的综合效应。""一般来说，可从不同角度来给广告效果进行分类：从宏观角度，可分为经济效果和社会效果；从表现形式，可分为销售效果和广告本身效果；从时间角度，可分为即时效果和潜在效果。"③

2014年，由李晶等编著的《广告效果测评理论与方法》一书从广义和狭义阐释了"广告效果"的内涵：

> 从广义的角度来理解，广告效果包括广告对个人或社会所产生的一切影响，是广告信息在传播过程中对个人、群体和社会所产生的直接或间接、短期或长期的影响总和，包括广告对社会经济的影响、对社会文化的影响以及对消费者社会心理的影响。从狭义的角度来理解，广告效果主要指广告对社会经济的影响，包括广告主所关注的对销售额和市场占有率的影响，以及消费者所关注的对个体或群体的认知、态度和行为意向的影响。④

（二）数字时代的"广告效果"

随着互联网技术的迅猛发展，信息化、数字化逐渐成为中国社会发展的关键词。对于互联网在中国的发展历程和历史阶段划分，学者们从不同角度出发进行了总结和进一步探

---

① 曾青春．试谈商业广告及其效果［J］．商业研究，1980（5）：33－34.

② 黄升民，黄京华，王冰．广告调查：广告战略的实证基础［M］．北京：中国物价出版社，1997：252－253.

③ 江波，曾振华．广告效果测评［M］．北京：中国广播电视出版社，2002：4.

④ 李晶，昌蕾，吴文涛．广告效果测评理论与方法［M］．北京：社会科学文献出版社，2014：7.

索。2014 年，方兴东等根据中国互联网发展中的三次浪潮，结合互联网在不同时期的特征和主要作用，将中国进入互联网时代后的发展历程划分为四个阶段：第一阶段是 1994—2001 年，为互联网的商业化阶段，互联网的媒体属性突出，代表性企业为新浪、搜狐和网易等；第二阶段是 2001—2008 年，为互联网的社会化阶段，互联网的社交特征突出，代表性应用为博客、SNS；第三阶段是 2009—2014 年，为互联网的即时化阶段，互联网的即时属性突出，微博、微信成为代表性应用；第四阶段为 2015 年后，是互联网的网络空间阶段，各行各业都将在互联网的影响下发生变革。① 互动、搜索、分享、体验成为以互联网为代表的数字时代的新的关键词。

进入数字时代，各种形式的广告媒体层出不穷，"新媒体"的定义被不断刷新。菲利普·科特勒（Philip Kotler）在《营销管理》第 15 版中将"传播方式归为三大类"。"付费媒体（Paid Media）包括电视、杂志和展示广告，付费搜索和赞助，对于这些媒体营销者只要付费就可以展示其广告和品牌。自有媒体（Owned Media）是营销者自身拥有的传播渠道，比如公司手册或者品牌手册、网站、博客、Facebook 主页或者 Twitter 账户。免费媒体（Earned Media）是消费者、新闻界和其他外部人自愿以口口相传、病毒式营销的方式传播品牌的信息流。"②

媒体形式的变革带来传播方式的改变。广告效果的内涵便随之发生变化：

广告效果的微观层面是广告作品本身借由各种形式的媒体被消费者感知，从而达到商品或服务信息传递之目标；广告效果的中观层面是广告引起消费者对商品或服务的注意、认知、兴趣，从而促成消费者近期或者未来的搜索、体验、购买、评论、分享；广告效果的宏观层面是广告借由各种时尚元素引发流行，从而推动或加速社会潮流的裂变与更迭。

二、广告效果的特征

一套完整的广告活动应该包括市场调研、消费者洞察、广告策划、广告创意、媒体选择与策划、广告发布以及广告效果测评。然而在实际的广告活动运作中，广告效果测评的实施并不容易，这与广告效果具有隐匿性、累积性、延时性的特征密不可分。

（一）隐匿性

亚当·费里尔（Adam Ferrier）在《广告效果：如何改变消费者行为》一书中指出："广告效果是一种'内在指引'，驱动广告主利用各种手段和技巧，以使消费者投入金钱。广告效果暴露了广告主如何运用心理学影响消费者的行为。"③ 换言之，广告的终极目标是促进销售、达成消费者的购买行为，这同样也是企业的营销目标。企业针对商品或服务的

---

① 方兴东，潘可武，李志敏，等．中国互联网 20 年：三次浪潮和三大创新［J］．新闻记者，2014（4）：3－14．

② 科特勒，凯勒．营销管理：第 15 版［M］．何佳讯，于洪彦，牛永革，等译．上海：格致出版社，2016：11．

③ FERRIER A，FLEMING J. The Advertising Effect：How to Change Behaviour［M］. Australia：Oxford University Press，2014：xiv.

所有营销手段都将围绕这一营销目标展开。在这种情况下，很难将广告所产生的效果与其他营销手段所产生的效果剥离开来，广告效果隐匿于企业的整体营销活动中。

（二）累积性

以4P为核心的传统营销观念中，一切围绕产品进行；以4C为核心的整合营销传播观念中，一切以消费者为出发点，要求企业在开展多种营销方式时发出“一个声音”。进入数字时代，“一切付费的信息、产品或服务的传播渠道，都是广告”①。尤其是在社交媒体大行其道的今天，消费者早已从被动接收信息转为主动传播信息，“转发”“分享”仅仅是动动手指就可完成的传播活动。在由各类媒体编织的无形的传播网络中，不仅广告无时不有、无处不在，消费者也常常深陷其中，不能自拔。可以说，广告从最初发布到最终促成购买行为，其间由互联网带来的传播效果可能呈几何倍增长，累积效应不言而喻。

广告效果的累积性还体现在，企业每一阶段广告宣传产生的效果都会成为下一阶段广告策略的基础，这就使得判断特定阶段的广告效果尤为困难。

（三）延时性

在谈及消费决策时，很多消费者行为学的教材中都会有“高度参与购买”“低度参与购买”这样的表述，意指消费者在购买过程中的参与程度。通常说来，消费者“高度参与购买”的商品价格相对较高，对消费者比较重要，消费者需要经历比较完整的决策过程。此时，广告所产生的效果要经历相对较长的周期才能体现出来。消费者“低度参与购买”的商品价格相对较低，对消费者来说并不十分重要，消费者寻求多样性的可能性更大。此时，广告效果的体现可能会较为明显。

此外，对于消费者急需购买的商品，适时的广告可能会立竿见影，起到促成消费者购买行为的效果；但对于与消费者需求在时间上相去甚远的商品，广告效果就需要一定周期才能有所体现。

延伸阅读

广告的初期效果递增和后期效果递减

广告的初期效果递增和后期效果递减都是发生在一场广告系列活动中的。广告系列是指在某一特定时期内一系列的广告展露。一个广告系列可以只用一个广告，也可以用一系列不同的广告，但是它们的主题都是相同的。

广告初期效果递增是指随着广告展露不断增加，消费者对广告反应的增加（见图1-1）。这种效果一般发生在广

① 刘鹏，王超．计算广告：互联网商业变现的市场与技术［M］．北京：人民邮电出版社，2015：8.

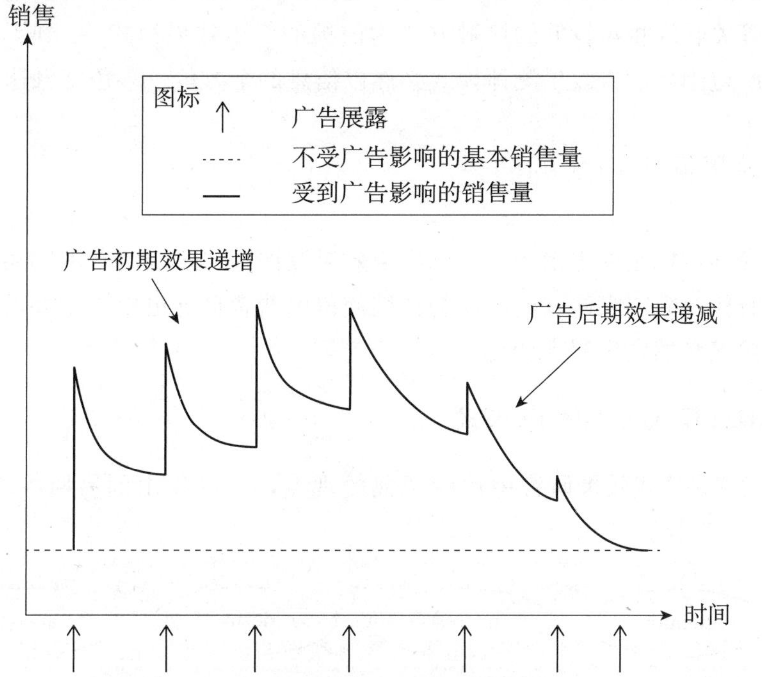

图 1-1　广告的初期效果递增和后期效果递减

告系列活动的初期。相反，广告后期效果递减指随着广告展露不断增加，消费者对广告反应的减少。这种效果一般发生在广告系列活动的后期（见图 1-1）。根据这些定义，广告的初期效果递增和后期效果递减可以用来描述整个广告系列活动的有效性。

连续的广告存在重叠递增效果和重叠衰减效果。当我们把初期效果递增、后期效果递减以及延迟效果混合在一起，我们就会发现一个重复的广告具有重叠衰减效果。广告在不同时段有着不同的消费者反应，这取决于消费者对广告的熟悉程度或厌烦程度。一则广告的延迟效果与之前播放的广告的延迟效果重叠在一起能使广告效果分析极其复杂（见图 1-1）。

资料来源：泰利斯．广告效果评估：广告何时、如何和为什么有效 [M]. 李洋，张奕，晓卉，译．北京：中国劳动社会保障出版社，2005：5-7，107.

第二节　如何测评广告效果

如何测定和评估广告效果与每个时代的主要广告媒体（营销沟通手段）有很大关系。例如以报纸和杂志为主要广告媒体的时代，所推崇的广告效果模式自然是以人们认真阅读印刷媒体为前提的；而到了以广播、电视等电波媒体为主流的时代，就转变为以不经意地收听、收视等关联度相对较低的接触方法为前提的广告效果模式。① 到了数字时代，人们为海量信息所包围，广告效果测评模式必然以信息的全方位、多角度触达为前提。

一、广告效果测评模式的演进

广告的最终目标是促进销售，因此广告效果测评模式多以消费者购买行为为终点。然而进入数字时代，数字媒体双向互动的特性使得消费者自身也成为重要的信息传播者，广告效果测评模式必然发生根本变化。

（一）AIDA 模式与 AIDMA 模式

AIDA 模式是广告效果研究中比较经典的观点，1898 年由刘易斯（E. St. Elmo Lewis）提出，如图 1-2 所示。

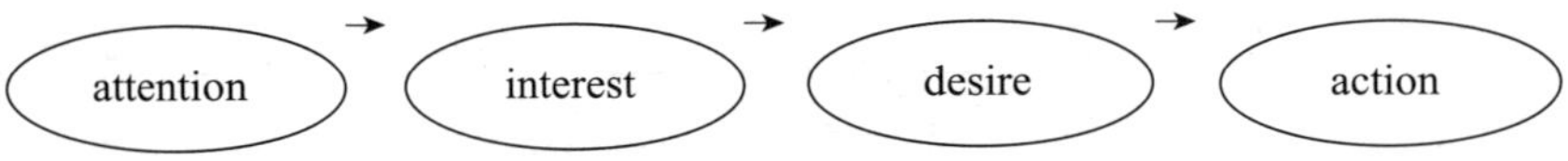

图 1-2　AIDA 模式

在大众媒体广告出现之前的美国，推销员上门的口头说服是主要的营销手段，由于买卖双方是面对面沟通，消费者会在短期内完成对商品的认知、产生兴趣和欲求并付诸行动等一系列过程。推销员通过口头说服促使消费者实施购买行为，并不需要大众传媒广告的中间记忆阶段。② AIDA 模式所反映的正是消费者接收信息的心理过程，称其为沟通效果模式更为贴切。

1925 年，斯特朗（Edward K. Strong）在 AIDA 模式的基础上加入了“记忆”环节，构成 AIDMA 模式，如图 1-3 所示。在杂志广告及报纸广告取代推销员进行商品说明的时代，广告的作用是介绍品牌的特性及功能，降低消费者的搜寻成本。消费者从接触广告到实施购买行为存在一定的时差，因此需要“记忆”环节。

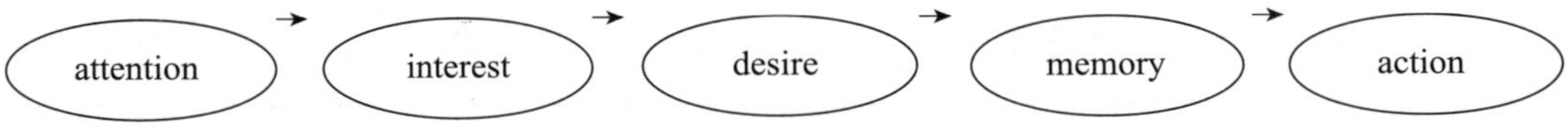

图 1-3　AIDMA 模式

（二）DAGMAR 模式

AIDA 模式和 AIDMA 模式均关注到广告信息对消费者的心理产生影响，进而促使消

---

① 仁科贞文，田中洋，丸冈吉人．广告心理［M］．北京：外语教学与研究出版社，2008：36.

② 同①.

费者形成购买行为。但消费者的心理历程是如何变化的呢？1961 年，美国企业管理顾问科利（R. H. Colley）发表了 DAGMAR 理论，提出了 DAGMAR 模式。DAGMAR 是取“define advertising goals for measured advertising results”的首字母组合而成的，可以译成广告效果测定的广告目标明确化。

科利认为：

（1）广告只是传达信息，单凭广告不能增加营业额。

（2）目的与目标不同，目的是概括的、笼统的，而目标是限定的标的。广告目标必须以数字明示，即在特定的标的市场、一定的时间内广告所必须收到的效果。

（3）广告传达信息，可分为五个阶段，即未知—认知—理解—确信—行动。以某一产品而言，首先从不知的状态转变为知道名称、表示关心，然后到一睹为快的状态；接下来是理解产品的效用、性能、使用方法等状态；进而与其他同类产品比较结果，认为该产品优于其他产品；最后采取购买行动。因此，广告目标的设定也应该以此五个阶段去思考。此五个阶段又被称为沟通光谱（communication spectra）。

（4）广告的目标来自营销目标，营销目标来自企业目标。上层目标与下层目标间呈现目的与手段的关系，因此，如果期望使市场占有率从 10%提高到 20%的话，则以广告促使产品知名度从 50%提高到 60%的目标是必要的。①

DAGMAR 模式注重消费者从了解商品到最后决定购买商品期间心理特征的变化。这种将不同阶段广告目标的量化作为广告效果测评依据的视角在今天看来依然重要。

（三）AISAS 模式

随着互联网逐渐走进人们的生活，消费者不再只是单向、被动的信息接收者，而是增加了主动的信息传播者的角色。

根据日本电通公司的调查数据，在商品认知阶段，消费者的信息来源以电视、报纸、杂志、户外、互联网等媒体广告为主；在理解商品、比较探讨和决定购买的阶段，除了亲临店铺之外，互联网及口碑相传也是其主要信息来源与决策依据。基于一系列的研究与探讨，电通公司在新的传播环境下，提出了 AISAS 模式。

基于网络时代市场特征而重构的 AISAS（attention→interest→search→action→share）模式则将消费者在注意商品并产生兴趣之后的信息搜集（search）以及产生购买行动之后的信息分享（share）作为两个重要环节来考量。②

与 AIDMA 模式相比，AISAS 模式将消费者的心理过程紧凑化，同时将整个行动过程加以延伸。应该说，AISAS 是在重视消费者参与的能动性的基础上，将消费者从认知到购买的过程联系起来的有效概念。

---

① 黄升民，黄京华，王冰．广告调查：广告战略的实证基础［M］．北京：中国物价出版社，1997：269－270.

② 张灵燕．电通重构消费者行为模式［J］．现代广告，2007（2）：92－93.

延伸阅读

SICAS 模式

在网络数字时代，用户接触、获取信息的媒介、渠道、场景、方式，与品牌商家产生交互的方式，以及用户之间形成意见、产生交流、分享体验的媒介、渠道、场景和方式都在发生全面深刻的改变。所有这些改变是需要重新理解并建立新的行为消费模式的根源。DCCI 互联网数据中心基于长期以来对用户的行为追踪、消费测量、触点分析和数字洞察，提出了在 Web 2.0＋移动互联网的数字时代的行为消费模式——SICAS 模式（见图 1－4）。

在最初的 AIDMA（attention→interest→desire→memory→action）模式下，消费者由注意商品、产生兴趣、产生购买愿望、留下记忆到做出购买行动整个过程主要由传统广告、促销等营销手段驱动，广播式广告是其核心驱动力，品牌企划、大众媒体、受众、媒介计划与采购是这个阶段营销从业者的关键词，覆盖率、收视率、到达率等是这个阶段营销成败的关键。品牌商家要做的最关键的事就是把自己成功地广而告之出去。

在第二阶段的消费行为模式 AISAS（attention→interest→search→action→share）之下，消费者开始逐步从被动接收商品信息和营销宣传转变为主动获取和认知，AISAS 模式强调消费者在注意商品并产生兴趣之后的信息搜集及产生购买行为之后的信息分享。该模式下营销活动的核心驱动力依然是广告，营销活动的关键词依然是品牌，只不过多了点击、登录页面等效果维度，品牌商家与用户之间的关系虽然开始互动，但只是基于链接的简单的碎片化反馈，而不是基于连接的多点双向的系统交互。品牌商家对消费者的感知不够实时、敏锐，用户也经常不能及时感知品牌商家及其消费信息的存在。AISAS 模式还是以广告产生注

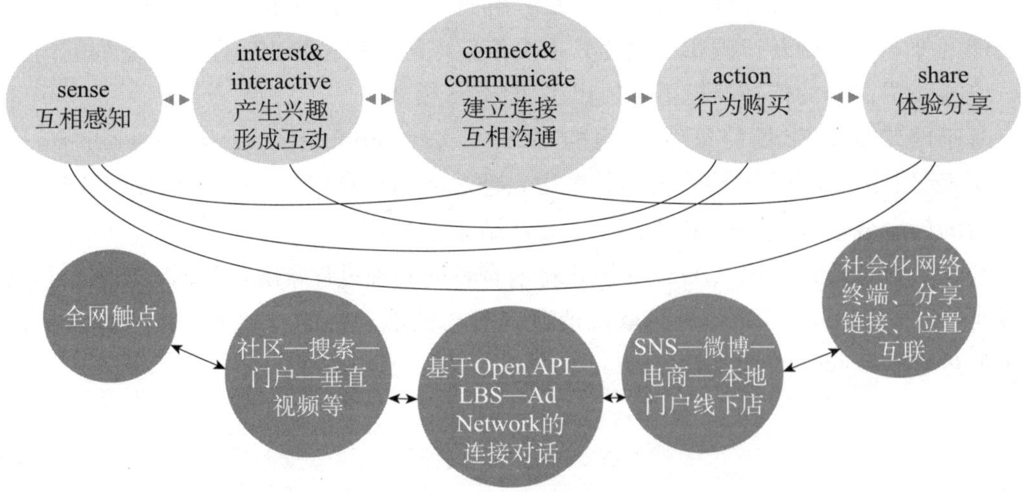

图 1－4 SICAS 模式

意、线性单向的营销传播过程以及行为消费过程，多于非线性、网状、多点双向、基于感知连接的 SICAS 过程。

在数字时代，Web 2.0、移动互联网创造了传统媒体乃至传统互联网媒体无法比拟的全新传播和营销生态——基于用户关系网络，基于位置服务、用户与好友、用户与企业相互连接的实时对话。用户不仅可以通过社会化关系网络及分布在全网的触点主动获取信息，还可以作为消费源和发布信息的主体，与更多的好友共同体验、分享。企业也可以通过技术手段在全网范围内感知用户、响应需求。消费信息的获得甚至不再是一个主动搜索的过程，而是关系匹配—兴趣耦合—应需而来的过程。SICAS 阶段商务营销活动的核心驱动力是基于连接的对话，并非广播式的广告营销。对话、微众、利基市场、耦合、应需、关系、感知网络是这个阶段营销的关键词。如何在快速移动的碎片化环境中动态实时地感知、发现、跟随、响应一个个“人”，能够理解他们并与他们对话成为提高品牌商家营销成本效率的关键。

SICAS 模式包含如下五个方面：

第一，品牌与用户之间互相感知（sense)。广告网络、智能语义技术、社交网络、移动互联网 LBS 位置服务等是互相感知网络的基础。对品牌商家而言，对用户的感知和能够被用户感知是建立感知网络的两个关键。对于用户来说，关注、分享、定制、推送、自动匹配、位置服务等都是其有效感知的重要通路，品牌商家所需要做的就是以最恰当的方式提供这些通路。

第二，产生兴趣和互动（interest & interactive)。形成互动不仅在于触点的多寡，更在于互动的方式、话题、内容和关系。在这方面，曝光、印象的效率在降低，而理解、跟随、响应用户的兴趣和需求成为关键，这也是社会化网络越来越成为最具消费影响力的风尚和源头的原因。此阶段的用户，正在产生或已经形成一定程度的心理耦合和兴趣共振。

第三，建立连接和互相沟通（connect & communicate)。这意味着必须基于广告、内容、关系的数据库和业务网络，基于 Open API、网络、分享、链接，将移动互联网和 PC 互联网结合，将企业运营的商务平台和 Web、App 打通，在 COWMALS 的互联网服务架构之下，建立与用户之间由弱到强的连接而非链接。不同广告系统之间打通、广告系统与内容和服务系统之间打通，以及社会化客户关系管理等，成为其中的关键。

第四，行动购买（action)。在行动购买阶段，用户的行为不仅发生在电子商务网站之中，而且 O2O、App、社交网络等都可能成为购买的发起地点。

第五，体验分享（share)。体验分享的原始理解在于社会化网络，但在实际过程中，互联网的开放分享会实现对用户体验分享碎片的自动分发和动态聚合，且一切远非口碑营销那么简单。体验分享并非消费的末尾，在很大程度上其正在成为消费的源头，且体验分享的关键信息的发现能力，不仅是满足个性化需求的关键，也会成为消费生产力的重要来源。

总之，SICAS 模式是 DCCI 在数字营销环境到来之际提出的一个建设性的行为消费模式，是对 AIDMA 模式、AISAS 模式的全面革新和替代。互联网在变革，商业生态在变革，用户在迁徙，企业对商业和营销活动的理解也必须切换到全景、多点互动、非线性的场景之中来。企业必须将自身融入场景的各个微点之中，以感知、对话的方式和用户互动，逐渐放弃成本效率越来越差的广告营销模式。

资料来源：李晶，昌蕾，吴文涛．广告效果测评理论与方法［M］．北京：社会科学文献出版社，2014：43－47.

二、广告效果测评的内容[①]

从不同视角出发，广告效果测评的内容有所差别。在广告活动实施的各个阶段，可以就消费者的媒体接触、信息接收、态度与行为改变等方面加以测定。随着广告的信息作用日益凸显，资讯被传递给消费者的程度如何、消费者态度变化的程度如何，是从广告传播层面所做的效果测定。广告带来销售额的增加，以此为视角，则是广告销售效果的测定。

（一）广告实施各阶段测定

广告活动实施各阶段所产生的效果，可以从媒体接触、信息接收、态度与行为改变等方面进行测定。所谓媒体接触效果的测定，包含了“对特定媒体的接触”和“对其中特定广告作品的接触”两个阶段，是在广告发布后评价媒体效率而做的调查。例如，针对电视媒体，测定电视机的开机及转台情况，测定观众的收视情况、测定观众对节目内容的记忆。所谓信息接收的测定，可以理解为广告的注目率、理解率和记忆率。消费者态度改变的产生紧接在广告接触之后，其后再扩大至产生购买实施及使用经验等变化。行为改变则是在广告接触后经过一定时间在购买实施阶段时产生的。为测定这些变化，可以采取事后调查，也可以采取事前调查和事后调查并加以对比。

（二）传播效果测定

广告活动首先要决定向消费者传达的主题是什么，以此为核心制作广告信息。广告发布就是将该信息有效地传达给消费者。这一信息被传达给消费者的程度如何，以及消费者态度变化的程度如何，就是传播效果的测定。前文中提到广告效果测评的 DAGMAR 模式体现了传播效果测定的不同阶段。

---

① 本部分参考了樊志育．广告效果研究［M］．北京：中国友谊出版公司，1995：155－172。

（三）销售效果测定

对广告主来说，广告费是以提高销售额为终极目的而支出的。测定广告的销售效果，大而言之就是广告费支出与销售额的关系，小而言之就是广告与消费者行为的关系。

很多情况下，做广告使得销售额大增，所以大都认为广告费与销售额有高度相关关系。但这只是表面上高度相关，究竟何为因何为果无法判断。为了证明广告销售效果，对增加一定数额的广告费究竟导致多少销售额增加这一问题，必须用数量把它们的相互关系表示出来。这是广告学术界一直致力的方向，结果有很多成功实例，遗憾的是那不过是对“特别场合”所做的效果测定而已。所谓“特别”是指以下情形：

（1）广告是唯一销售力的支配者时，以及在为了拓展销售所做的各种活动中广告所占比重占压倒性高比例时。

（2）除广告外，影响销售额的其他因素安定时。例如购买频度高的日用品，由于广告的效果马上影响销售额时。

（3）广告的持续效果以及竞争关系不太成为问题时。

第三节 广告效果测评的困难与意义

广告在现代社会中的重要性无须多言，但是评估广告的有效性却并不容易。事实上，许多现代广告都可能是无效的。这一结论并不是说所有的广告都是浪费，或广告是不重要的。相反，广告是一种微妙的力量，需要广告主非常巧妙的运用才可以发挥效用。[①] 这也正是进行广告效果测评的意义。

一、广告有效评估中的困难

评估广告有效性的困难源于广告运营的高度复杂性。广告的效果从本质上来说依赖于消费者对于所接收信息的反应。消费者购买某一商品可以基于多种原因：看到广告，或者对之前的购买经历满意，或者为店头陈设所吸引，或者正在促销。要想从消费者的购买行为中分离出广告的影响就必须控制其他因素的影响。

此外，某一商品或品牌的广告可以出现在不同媒体上，而每一种媒体对消费者的影响程度则不尽相同，要想分析广告的效果就必须考虑所发布媒体的特性。广告效果的延时性、广告效果随广告周期时段不同而产生的变化，这些都加剧了广告有效评估中的困难。

---

① 泰利斯．广告效果评估：广告何时、如何和为什么有效［M］．李洋，张奕，晓卉，译．北京：中国劳动社会保障出版社，2005：43.

在传统与新兴的各层级广告市场中，效果评估和数据监测的做假及欺诈也会严重影响广告主对广告效果的客观评估。其一，效果调查中可能存在样本户或用户收买型欺诈行为，这一类型的欺诈是在传统媒体时代就存在的广告效果数据造假行为。例如在电视媒体行业中存在的收视率造假，由于传统的小样本收视率监测在样本的代表性和数据采集方式上存在天然缺陷，造假者能够通过收买样本户的方式人为地改变和控制收视率的变化。其二，广告投放中可能存在制造虚假广告曝光数据的行为，欺诈方往往通过租用服务器、伪造消费者 IP 与设备信息对广告进行模拟浏览，或通过植入木马、恶意程序等控制用户的终端，以制造虚假的广告曝光或提高效果类广告的转化率，影响真实的广告效果监测数据，干扰正常的广告预算投放计费标准。其三，广告运作中可能存在对广告展示可见性的违规操作，即欺诈方对展示广告载体的显示方式进行违规设计，包括缩小广告尺寸到不可见、设置广告信息为透明等方法将广告隐藏在页面中。对用户而言，他们既不会看到广告展示，也不会感知到广告信息，但是却会作为有效流量被计入曝光监测数据中，极大地影响了广告有效效果的评估。其四，数据监测中可能存在监测机构的失察、数据垄断与操作违规等行为，监测机构自身监测技术、管理流程、专业能力上存在的缺陷和漏洞无疑会为造假和欺诈者提供巨大的空间，更为严重的是，存在缺陷和漏洞的监测机构在行业内形成数据垄断，使相关参与方缺乏一定的数据参照和数据对比，也加剧了数据造假对整个行业的伤害。[①]

进入数字时代，广告的发布不再局限于营销者。社交媒体的日益普及使得广告信息的接收者在下一秒就可以成为广告信息的发布者，由此带来广告的多次传播，这也为广告的有效评估带来新的挑战。

另一个变化则是广告内容的跨屏传播，基于跨屏传播的效果测量具有一定难度。例如在跨屏收视效果的测量上，其目标是综合测量多屏收视效果，获得跨屏总收视数据。目前国内外对于这一领域均在探索之中，尚无通用的测量模式和行业标准。尼尔森公司（Nielsen）、坎特集团（Kantar Media）等跨国调查机构尝试采用同源测量方式，准确掌握样本用户的身份属性，对他们接触不同媒介或屏端的时间分配和收视行为进行跟踪、比较、测量和综合评价，能够反映同一样本的流动或重叠收视情况。实际操作中即以电视样本为基础，将收视测量扩展到电脑端和移动端，但是投入甚巨。而国内的探索则以多源混合测量为主，对不同屏端的受众行为有不同的测量方式，指标不一，有些是普查数据，有些是样本数据，之后再进行数据融合，但大都处于数据不合或者数据混合而非融合阶段。[②]

二、广告效果测评的意义

由于市场上的激烈竞争以及各类信息之间的干扰，企业必须尽力让它们的广告脱颖而

---

① 张国华．净化广告数据监测环境，促进广告产业繁荣发展［J］．中国广告，2017（5）：30－32.

② 刘燕南，张雪静．跨屏受众收视行为测量：现状、问题及探讨［J］．现代传播（中国传媒大学学报），2016（8）：1－7.

出。为此，它们必须吸收所有科学研究中关于为什么、什么时候和如何使广告有效的成果。它们需要经常地测评广告以保证广告是精心设计的，并能发挥最佳效果。它们必须充分和高效地运用有限的资源，它们的广告决策不应该基于一些假设或观念而应该建立在科学的成果和实验上。①

广告效果测评的意义具体体现在以下三点。

（一）厘清广告发布时机与场景

在数字时代，多样化、方便快捷的传播渠道为人们带来海量信息，人们无时无刻不受到信息的冲击。然而，大量冗余的信息很多时候会让受众深陷其中不能自拔，反而在一定程度上形成“信息茧房”②。广告要想吸引受众注意，在受众心中留下深刻印象，进而促成受众的购买行为，就必须要选择恰当的发布时机以及合适的发布场景。这里的发布时机要具体到发布日期、发布时刻；发布场景不仅指地理位置，还要包括发布情境。

（二）辨析广告发布的形式与手段

在数字时代，除了电视、广播、报纸、杂志等传统媒体外，基于互联网的网络视频、网络游戏、社交媒体等都可作为广告媒介。广告的形式日趋多元，病毒式广告、植入式广告、原生广告等得到更多的关注度。通过广告效果测评，对比和辨析不同形式与手段的广告效果，以期在令人眼花缭乱的信息海洋中吸引消费者的“眼球”。

（三）识别潜在的目标消费者

互联网影响了人们学习工作、沟通交流、出行购物、投资理财等方方面面。人们的衣食住行用都深深打上了数字化的烙印。便捷性的显著提升是生活方式转变的首要体现。伴随着移动互联网普及程度的提升，手机网购、移动支付、即时通信、看视频、听音乐、在线阅读……生活中的大部分事情似乎可以利用手机 App 完成，真正是“一机在手，诸事不愁”。然而，无论生活方式如何变化，对于企业和商家来说，始终坚持以消费者为中心的原则没有变。通过广告效果测评，可以识别出潜在的目标消费者，针对他们的生活方式特征进行后续的营销推广。

【本章小结】

广告效果的微观层面是广告作品本身借由各种形式的媒体被消费者感知，从而达到商

① 泰利斯．广告效果评估：广告何时、如何和为什么有效［M］．李洋，张奕，晓卉，译．北京：中国劳动社会保障出版社，2005：43.

② 信息茧房，指在信息传播中因公众自身的信息需求并非全方位的，公众只注意自己选择的东西和使自己愉悦的通信领域，久而久之，会将自身桎梏于像蚕茧一般的“茧房”中。参见桑斯坦．信息乌托邦：众人如何生产知识［M］．毕竞悦，译．北京：法律出版社，2008。

品或服务信息传递之目标；广告效果的中观层面是广告引起消费者对商品或服务的注意、认知、兴趣，从而促成消费者近期或者未来的搜索、体验、购买、评论、分享；广告效果的宏观层面是广告借由各种时尚元素引发流行，从而推动或加速社会潮流的裂变和更迭。广告效果的特征体现为隐匿性、累积性、延时性。

不同时期广告效果测评的模式都关注了广告信息对消费者心理产生的影响，进而促使消费者形成购买行为。进入互联网时代，“搜索”和“分享”成为广告效果测评的关键词。

广告效果测评的内容依据不同视角有所差别。在广告活动实施的各个阶段，可以就消费者的媒体接触、信息接收、态度与行为改变等方面加以测定。从传播层面来看的广告效果测定，主要是信息被传递给消费者的程度如何，消费者态度变化的程度如何。广告带来销售额的增加，以此为视角则是广告销售效果的测定。

【思考题】

1. 广告效果含义经历了怎样的演变？数字时代广告效果测评有哪些新变化？
2. 广告效果的特征有哪些？请举例说明。
3. 数字时代传播环境和传播模式的变化如何影响广告效果测评？
4. 从广告实施各阶段、传播效果、销售效果等视角谈谈广告效果测评的内容。
5. 想一想广告效果测评的意义体现在哪些方面？

【推荐阅读书目】

1. 黄升民，黄京华，王冰．广告调查：广告战略的实证基础［M］．北京：中国物价出版社，1997.

2. 江波，曾振华．广告效果测评［M］．北京：中国广播电视出版社，2002.

3. 泰利斯．广告效果评估：广告何时、如何和为什么有效［M］．李洋，张奕，晓卉，译．北京：中国劳动社会保障出版社，2005.

4. 仁科贞文，田中洋，丸冈吉人．广告心理［M］．北京：外语教学与研究出版社，2008.

5. 李晶，昌蕾，吴文涛．广告效果测评理论与方法［M］．北京：社会科学文献出版社，2014.

第二章

广告效果的影响因素

【本章学习要点】

- 广告本体中影响广告效果的因素。
- 消费者认知和卷入度如何影响广告效果。
- 广告媒体选择对广告效果的影响。
- 从“接触点”和“场景营销”的角度分析广告效果。

在实际的广告活动中，广告效果受到多种因素的影响。广告本身能否吸引眼球、消费者如何接收和解读广告信息、广告发布的媒体能否有效触达消费者，这些是诸多影响因素中最为关键的三个方面，本章将分别进行详细阐述。

第一节　广告本体

吸引目标消费者的注意力是广告产生效果的前提，“第一眼”的印象尤为重要，可以说，广告本体是影响广告效果的首要因素。以下将从广告设计和广告语言两个方面进行阐述。

一、广告设计

日常生活中，消费者通过各种途径接触广告，首先感受到的是广告的篇幅大小、声音强弱、色彩搭配、位置摆放等，这些最直观的感觉是攫取消费者注意力的关键，势必影响广告的传播效果。

（一）大小与强度

平面广告的尺寸会影响消费者对广告的注意。有研究表明，越大的广告越能吸引注意力，大的横幅广告可以吸引更多的注意力，这是横幅广告和网络广告版面不断增大的原因。更大的黄页广告能吸引更多注意力和产生更高的回忆率。另有研究发现，从黄页中寻找信息的消费者注意到90%以上的1/4页广告，但仅注意到25%的小广告。

刺激的强度（如响度、亮度、长度等）也能增加注意。例如，广告在屏幕上播放的时间越长，越容易被注意和记住。网络上，强度的表现之一是侵入性，为了阅读想要的内容，浏览者被迫观看横幅广告或弹出式广告。一项研究发现，在消费者链接到想要访问的网址之前，如果屏幕上除了一则横幅广告别无他物，则注意水平是一般情况下的3倍，点击率则高出25倍。①

（二）图片与色彩

除了大小与强度，广告的图片和色彩也会影响消费者的注意力。针对1 300多幅印刷广告的一项研究发现，不论大小，图片都会比其他任何广告要素（品牌、文本信息等）吸引更多的注意力。这种图片优先的效应说明了广告视图的重要性，也揭示了现代印刷广告大量使用图片的原因。但由于人的注意力是有限的，注意某一部分就必然忽略另一部分。尤其要注意那些本身富有吸引力而容易把人们的注意力从品牌上转移的因素，广告的视图和漂亮的模特都是这样的因素。一个公司发现广告里穿着火辣的模特可能使人们只注意模特而忽视了产品本身。结果在看过广告的72小时后，消费者对品牌名的回忆度反而下降了27%。

鲜艳的色彩和移动的物体更引人注目。某些颜色及其特征会使人产生兴奋与激励的情绪。鲜艳的包装比色彩暗淡的包装更容易吸引人的视线。红黄等暖色调比蓝灰等冷色调更令人兴奋。如果销售陈列中有动态的招牌，则更易于吸引注意力并增加销量。有动画的横幅广告也更引人注目。②

（三）位置

位置指的是物体在物理空间或时间中的方位。处于视野正中的物体比处于边缘的物体更容易被人注意。广告中的位置效应受到媒体特点以及消费者与媒体之间互动的影响。广告内部不同元素吸引注意力的程度也与其位置和人们的阅读顺序有关。印刷广告中，印在右面纸张上的广告比左面的更引人注意，而这取决于我们如何阅读杂志和报纸。我们的阅读习惯大体是从左上角到右下角。广告和其他印刷媒体中所谓的“高影响力区域”一般都是趋向左上角。网络上，垂直的横幅广告比横向的横幅广告更吸引注意，其原因可能在于与绝大多数印刷内容的横向形成对比，从而显得突出。电视里，电视剧之间插播的广告随着播出顺序由先至后，其收视率显著降低，因为人们大多利用广告的间歇去干别的事。③

---

① 马瑟斯博，霍金斯．消费者行为学：原书第13版［M］．陈荣，许销冰，译．北京：机械工业出版社，2018：194.

② 同①195.

③ 同①195-196.

延伸阅读

眼动追踪在广告策划中的运用

眼动追踪的数据有助于改进广告策划，它帮助广告主在媒体选择和特定媒体广告的位置摆放上，做出更加明智的决定。

Enquiro 公司在谷歌搜索结果页面做的眼动追踪研究是其中一个运用眼动追踪并用热点图呈现结果的创新研究。Enquiro 公司运用眼动追踪的数据发现了谷歌的“黄金三角”。谷歌黄金三角是眼睛扫描活动的一块特殊区域，如图2-1所示（由于所有的热点图都是以灰色阴影呈现的，因此越明亮的区域表明注视强度越大），这个三角形的范围从结果的最顶部开始，略高于第一条搜索结果，下至“第一屏”可见搜索结果底部的一点。100%的参与者都会注视这一关键区域。一般来说，这片区域会包括页面顶端赞助商、页面顶端自然搜索结果和谷歌提供的其他结果，比如说购物信息、新闻或者当地资讯。另外，这片区域看上去像个“F”形状，在这种视觉模式下，人们的眼睛为了捕捉视觉线索（相关词、品牌等），通常会从最左侧垂直地

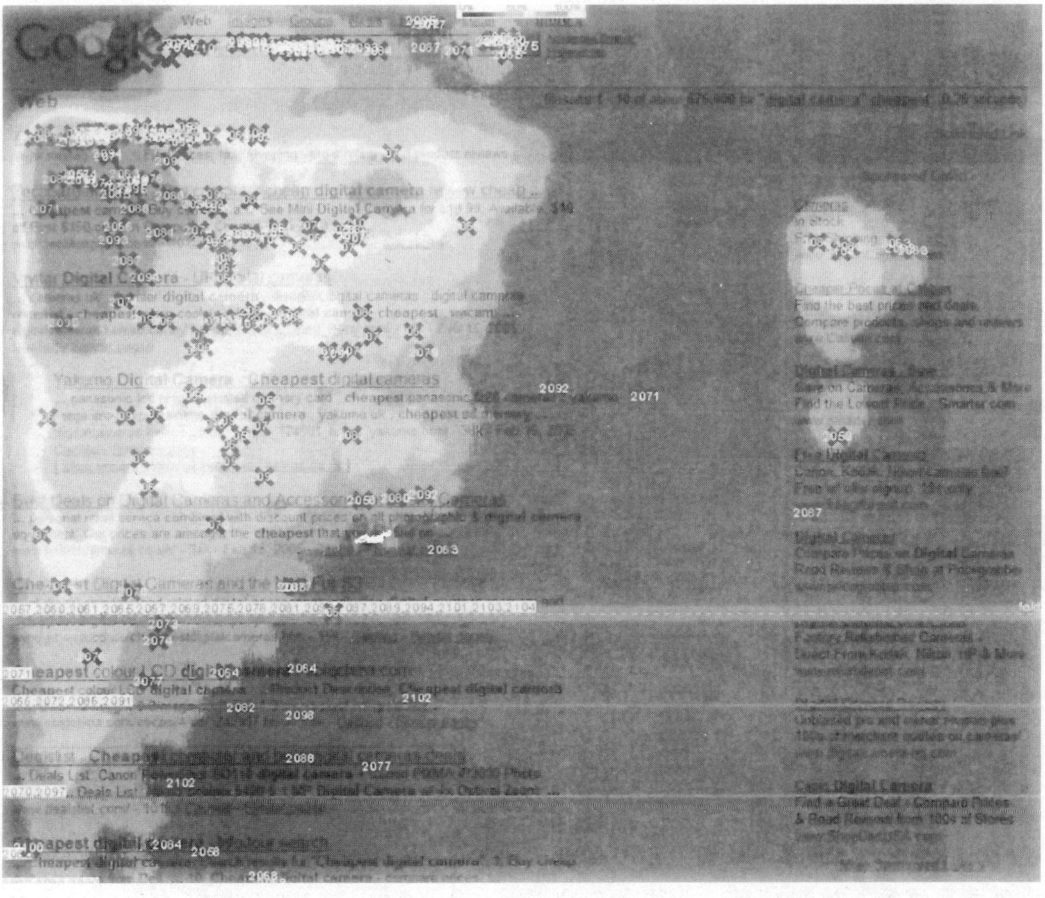

图 2-1　谷歌的“黄金三角”

扫视结果，并且当人们对最左侧的某条信息感兴趣时，他们会开始往右侧浏览。

Enquiro公司对于这个三角区域的重要性解释如下：

把搜索结果页面看作一个购物商场，把眼睛的浏览活动看作步行逛商场。在一个商场里，你拥有一些有名的商户，它们会吸引大多数的客流量。商场通常会把两个或三个主要商户平均地分布在商场的边缘，这样一来客流量就能被吸引，从一个主要商户流动到下一个主要商户。由此，其他所有商户就能从中获利，在客流经过它们的时候吸引客人的注意。

谷歌的搜索结果页面有一个主要商户，它一般在页面的左上角。这个商户是第一条自然搜索结果，也是所有用户都在寻找的东西，其他的只是配角。毋庸置疑，页面顶端赞助的搜索结果会有很高的关注度，并且会获得不错的点击量，但是通常这些赞助的搜索结果只是当我们正在找自然搜索结果的头条时，偶然引起了我们的注意。除了极少数情况，我们通常都不是在找赞助的搜索结果。

让我们回到上面提到的那个类比。如果一个商场里，只有一个角落里有一个所有购物者都会去逛的有名商户，结果会怎么样？你将会看到客流蜂拥而至地流向商场的那个角落，其他地方却门可罗雀。你离那个有名商户越远，你的客流量就越低。这就是“黄金三角”。在谷歌搜索结果页面中，那个有名商户非常清晰，就是牢牢占据在搜索结果页面左上角的位置，这里是我们在浏览自然搜索结果首页的第一注视位置。或许我们会从这个方位点调整到别的位置，但是那里仍然是我们开始浏览页面的地方。

自然搜索结果列表中不同排名获得的关注度变动非常大，列表最顶端的搜索结果有高达100%的关注度，而首屏搜索结果中的最底部就下降到85%的关注度，接着滚动到下一屏顶端的关注度为50%，最底部的关注度仅为20%。在赞助广告这侧，最顶端的结果会得到更多注视和点击。相对于只有10%的参与者看过网页排位在第六、第七或第八的广告，大约有50%的参与者看过最顶端的广告。在搜索中，被赞助的内容重新回到搜索结果又会回到最右侧的赞助广告栏中，位于最顶部的广告会有很高的关注度，80%～100%的参与者会看到这则广告，而只有10%～50%的参与者会看赞助广告栏那边。

谷歌黄金三角的眼动追踪结果让调查者们思考这个结果是普遍效应还是仅仅针对谷歌呢？现今调查表明，虽然大体现象是基本一致的，但是不同搜索引擎和文化之间还是存在差异。搜索的过程虽然大同小异，但是同一个国家互为竞争对手的搜索引擎之间存在着很大差异，例如MSN相对于谷歌有更大的黄金三角。眼动追踪研究还发现美国和中国的用户在处理谷歌搜索页面时存在差异：美国用户主要的注意范围是黄金三角区，而中国用户主要的感知范围则在搜索结果页面顶端的矩形区内。总的来说，了解消费者信息处理方式的差异能够帮助我们成功策划广告。

资料来源：戴维斯．广告调查：理论与实务：第2版［M］．杨雪睿，田卉，等译．北京：中国人民大学出版社，2016：152－155.

二、广告语言

广告中的语言赋予广告以生命力。在平面广告中，广告语言包括标题、副标题、正文、口号、标识、落款等。广播广告中，广告语言起着描绘画面的作用。电视广告中，广告语言则为画面锦上添花，是画龙点睛之笔。网络兼有平面媒体和电波媒体的构成元素，广告语言在受众是否参与、互动、转发等方面的影响作用尤为关键。

（一）修辞

修辞是语言常用的艺术加工手法，广告中也经常会使用修辞手法来增强表达效果。研究发现，在154条整版杂志平面广告里，有86%的广告标题或副标题使用了修辞手法。① 广告语中常用的修辞手法有很多，例如比喻、拟人、夸张、双关、仿写、对偶、顶真等。例如："牛奶香浓，丝般感受——德芙巧克力"；"给电脑一颗奔腾的'芯'——英特尔"；"大石化小，小石化了——胆舒胶囊"；"美好时光，美味共享——麦当劳"；"万事俱备，只欠东风——东风汽车"；"车到山前必有路，有路必有丰田车——丰田汽车"。以上举例的广告语正是运用了修辞手法使其朗朗上口，给消费者留下深刻印象，也易于消费者记忆。当然，过度或者滥用修辞手法，就会导致广告语华而不实，不能准确传达信息，使得广告效果不尽如人意。

（二）篇幅结构

广告语言的篇幅结构会影响消费者对广告的关注点。篇幅长短取决于广告主的宣传目标以及产品的发展阶段。

篇幅简短、结构明确的广告语言通常会优先展示最重要的品牌或产品信息，从而快速吸引目标消费者的兴趣。广告文案的第一段或者第一句尤其如此。一项对荷兰杂志整版广告的眼动跟踪研究发现，约有四分之三的观众并没有看完整条广告。因为一条好的广告应当即刻向顾客指明是否值得继续读下去。②

篇幅长的广告可以介绍更丰富具体的品牌或产品信息，从而使广告更具有可信度和说服力。霍普金斯曾言："讲得越多，卖得越多。"因此篇幅长的广告对于新上市的产品尤其重要，因为此时顾客最需要了解信息。一项研究表明，处于初级阶段产品的广告正文长度是成熟阶段的三倍。当一条广告包含的内容很多时，结构化的文案更有助于引导读者。例如一些平面媒体的广告文案常会采用副标题、读者指南、分栏、段落空行、齐行、字母间距和短语间距等方式塑造结构化文案。但是，长文案如果超出必要的限度，就会增加广告

---

① 阿姆斯特朗．广告说服力：基于实证研究的195条广告原理［M］．吴国华，林升栋，康瑾，等译．北京：商务印书馆，2016：250.

② 同①237.

媒介的成本并且浪费顾客的时间。①

（三）语气

广告语气指文字的言外之意以及广告主想与消费者建立的关系。在平面媒体的广告语言中，语气通过文字的组合、标点符号、字体、字号等突出情感。而在听觉媒体的广告语言中，语气则直接通过变换语调、语速、语气词等来影响消费者。语气大致可以分为陈述、疑问、祈使、感叹等几大类。语气包含了一定的思想情感，语气的变换可能会引起消费者的注意，也可能会造成消费者的反感。

有一个实验室实验是关于银行服务广告的。随机分配 220 名参与者收听语调平静或激烈的广告。一些参与者被分到高卷入条件（助学贷款），而另一些人则被分到低卷入情境（ATM 机的使用方法）。结果显示，高卷入条件下，平静（低强度）的方法让参与者对广告里的服务表现出更好的态度。②

延伸阅读

影响广告效果的语言特征

（一）独特性

独特卖点（unique selling proposition，USP）是对产品关键益处的简洁描述，而其他竞争产品并未提及或者没有很清晰地表达此种益处。关键益处可能与产品、价格或分销有关。1921 年，经济学家弗兰克·奈特曾说过，几乎每个制造商“在其产品的某些特点上都拥有垄断地位”。因此，几乎所有的品牌，广告主都有可能找到某种独特的卖点。同样，罗瑟·利夫斯认为所有的广告都应当有独特卖点，他在 1960 年创造了 USP 这一术语，并且，他的广告公司也都围绕着独特卖点来宣传。

独特性对于品牌而言是十分重要的因素，一些公司甚至为宣传其独特卖点而改变产品。例如，露华浓（Revlon）的广告代理商曾建议露华浓在手霜中添加硅成分，理由是其他化妆产品中不含有硅，露华浓还将其产品更名为 Silicare（意为“硅护”）。

在广告中，独特卖点的应用十分广泛。实验证明，含有独特卖点的平面广告回忆率更高，且含有真实独特卖点的平面广告比仅仅有“普遍”的独特卖点的平面广告有着更高的回忆率。

资料来源：阿姆斯特朗．广告说服力：基于实证研究的 195 条广告原理［M］．吴国华，林升栋，康瑾，等译．北京：商务印书馆，2016：35-37.

（二）稀缺性

霍普金斯指出，“仅限于特定阶层的优惠总是比普惠更有效”。稀缺性诉求表

---

① 阿姆斯特朗．广告说服力：基于实证研究的 195 条广告原理［M］．吴国华，林升栋，康瑾，等译．北京：商务印书馆，2016：237.

② 同①238.

现为当人们觉得产品有限或者供应不足时，常常会对其更为珍视，部分原因是人们要炫耀自己拥有别人没有的东西。

稀缺性在人们觉得失去选择自由时产生作用。1985年可口可乐公司在双盲测试中发现，比起老配方人们更喜欢“新可乐”的味道，但是，当公司从市场撤销老配方可乐的时候，消费者的反应就如同自由被侵犯，他们要求企业把选择的自由还给他们。

为了与顾客发展长期友好的关系，作为前提条件，稀缺的真实性至关重要。解释稀缺的原因可以增加可信度，但是如果消费者认为这一诉求缺乏可信性，则可能会产生相反的效果，比如某公寓的营销方法为“如果您立刻购买，我们就给您今日特价”。

在运用稀缺性诉求时，应避免谈及效用，稀缺性就是该产品的独特之处。例如，当给古典汽车做广告的时候，不要强调每公里耗油数、安全性或者速度。如果广告宣传效用，消费者就可能思考替代的产品，而不是这款产品的独特性。只有产品本身对顾客具有吸引力，稀缺性才会带来更多的需求，否则，顾客就会表现出利他行为，把稀缺产品让给更想要的人。

资料来源：阿姆斯特朗．广告说服力：基于实证研究的195条广告原理［M］．吴国华，林升栋，康瑾，等译．北京：商务印书馆，2016：87－91.

（三）重复性

1914年，丹尼尔·斯塔奇（Daniel Starch）指出，“多次重复的广告……几乎变成了许多读者喜闻乐见的朋友”。重复对于大多数广告是有效的，因为重复让人们记住了产品，其对于目标市场尚不熟悉的产品尤其有效。广告主使用重复由来已久，19世纪70年代，皇家牌面粉开始使用广告语“皇家发酵粉——绝对纯净”，然后重复了几十年。

重复有助于确保人们听到、理解和记忆广告信息，重复使消费者对广告感觉更为放心。重复对于信心型产品很有效，因为信心型产品的广告主张不容易评估。重复对于低卷入度产品也特别有说服力，因为人们对这类产品的防备心理不是很强烈。对于高卷入度产品，只有论据有力时才可以使用重复，因为重复最终会导致反驳。

广告专家建议一条广告内的重复信息应当隔开，这有助于保持平静的语调，涉及高卷入度产品时尤其如此，间隔很短的重复似乎具有冒犯性。广告运动中的重复信息也应当在时间上隔开，在不同时段重复信息尤其具有说服力，因为人们往往会忘记信息来自同一个信源。

表面的改变有利于广告信息的接收。对于重复广告的表面信息如背景、插图、措辞、证言等方面进行微小的变化，基本战略保持不变，对于消费者而言所有的广告外观和感觉仍是一致的，但这种微小改变有助于人们理解广告。绝对伏特加有效地运用了这一方法，到2000年，它已经做了600多个版本的广告，每个版本的广告基本上都由显示在酒瓶上的品牌名字图片构成，但这一广告运动使它在15年间销量增加了140倍。

资料来源：阿姆斯特朗．广告说服力：基于实证研究的195条广告原理［M］．吴国华，林升栋，康瑾，等译．北京：商务印书馆，2016：208－212.

第二节　消费者认知与卷入度

广告的终极目标，是通过广告作品本身借由各种形式的媒体被消费者感知，从而达到商品或服务的信息传递。消费者的认知过程、注意程度以及如何理解所接触的信息都会直接影响广告产生的效果。消费者对商品或服务的卷入度决定其如何对信息进行加工，进而产生态度和行为的改变。

一、消费者认知过程

如今，消费者选择产品时，从产品和服务中得到的感官体验越来越成为重要的影响因素。消费者越来越喜欢购买能够带来享乐价值的东西，而不仅仅看重产品的使用价值。

（一）感觉

人的感觉分为视觉、嗅觉、听觉、触觉和味觉。广告中的视觉元素可以直接影响消费者的情感。有些颜色（尤其是红色）能产生唤醒的感觉并刺激食欲，而有些颜色（如蓝色）则令人放松。在广告中，使用蓝色背景的产品比使用红色背景的产品更受欢迎。还有研究表明，蓝色可以引起人们对未来积极的感觉。① 在包装设计中，选择适当的颜色搭配至关重要。此外，消费者对颜色的偏好也会受到时尚趋势的强烈影响。

气味能够激发强烈的感情，也能够产生平静的感觉。例如卡夫食品公司赞助一个特殊的假日杂志《人民》（*People*），每期投放 5 个广告，读者可以摩擦广告页上的某个小点，来体验一下广告产品的味道。②

声音在许多方面会影响人们的感受和行为。广告中的音乐、音效在一定程度上会加深消费者对产品和品牌的记忆程度。曾经就有广告人说过，如果广告语不好表达，那么可以“唱”出来。一支广告搭配一首歌曲达到双赢的例子屡见不鲜。

触觉对消费者行为的影响更多体现在产品的包装上。粗糙还是光滑，柔软还是坚硬，消费者会把这些触觉感受和产品的质量、风格相结合。

味觉对消费者行为的影响一方面体现在产品的口味测试上，另一方面也与地区文化相关联。例如在我国麻辣口味流行的地区，广告中火红的辣椒更能激发消费者的食欲。

（二）知觉

感觉是对刺激的个别属性的反映，而知觉则是选择、组织和解释感觉刺激，使之成为

---

① 所罗门．消费者行为学：第 8 版·中国版［M］．卢泰宏，杨晓燕，译．北京：中国人民大学出版社，2009：42.

② 同①45.

一个有意义的、连贯的现实映像的过程。① 知觉具有选择性。人们更多地关注那些新颖、变化、不协调、令人惊讶、复杂或模糊不清的事物。这些事物引起人们的注意，并且为了理解它们，人们会进行显著的认知努力。②

对于广告信息而言，一切能够帮助消费者做出满意购买决策的信息都会有一定的实用价值。尤其是当产品价格昂贵，又是新的、复杂的，或者由于某种原因使人存有疑惑，这些都会驱使消费者产生对有关信息的需求。

消费者往往对支持自己观点的信息产生偏好。例如，吸烟者往往对香烟包装上的健康忠告“视而不见”。爱尔里西（D. Ehrlich）等心理学家做了一项调查研究。他们给新的汽车买主们呈现 8 份广告单。这些广告单涉及各种汽车，让买主们去挑选自己认为合适的汽车广告。结果显示，有 80％的买主选择了各自拥有的汽车所做的广告。这说明了广告信息的支持性。③

广告创作讲究“情理之中、意料之外”。新颖的、不同寻常的刺激性信息更能引起消费者的关注。前面谈到的广告设计中刺激的大小、强度、色彩、位置等都是广告吸引消费者关注的手段。

二、消费者的卷入度与态度改变

所谓卷入，“是一个人基于他们自身内在的需求、价值观和兴趣感知的目标相关性”④。越是对消费者来说重要的、感兴趣的商品或服务，越是能够吸引消费者关注相关信息。这些商品或服务的信息关乎消费者的财务、形象等风险。

（一）消费者的卷入度

所谓卷入度是从消费者的角度而言的。高卷入度是指商品或服务对消费者来说十分重要，会涉及消费者财务的风险和自我形象的风险。通常情况下，这类产品的价格相对较高，例如住房、汽车等。还有一类商品也许价格并不昂贵，但是对消费者来说是其兴趣爱好所在，如运动鞋的收藏者对运动鞋的痴迷、动漫迷对动漫周边的喜爱。在高卷入度情况下，消费者更为积极地收集资料，对比不同品牌的差异，慎重地做出购买决策。

与高卷入度相对应，低卷入度是指商品或服务的购买对消费者来说并不是十分重要，这些商品或服务的价格相对较低，很多时候也不是消费者的兴趣爱好所在。相比之下，这类商品的价格相对较低。对消费者来说，并不值得花费更多的时间、精力进行信息的收集和品牌的决策。

---

① 马谋超．广告心理：广告人对消费行为的心理把握［M］．北京：中国市场出版社，2007：39.

② EAST R. The Effect of Advertising and Display：Assessing the Evidence［M］. America：Springer US，2003：56.

③ 同①23.

④ SOLOMON M R. Consumer Behavior：Buying，Having，and Being［M］. America：Pearson Education，2017：16.

（二）态度改变的两种模式

消费者的卷入度会影响其对信息的关注，进而影响行为的改变。精细加工可能性模型（elaboration likelihood model，ELM）假定消费者一旦接收信息，就开始其加工过程。根据这条信息与个人的相关程度，接收者会遵循两条劝导路线中的一条。在高度介入的情况下，消费者会选择劝导的中心路线。而在低度介入的情况下，消费者会选择外围路线（见图 2－2）。

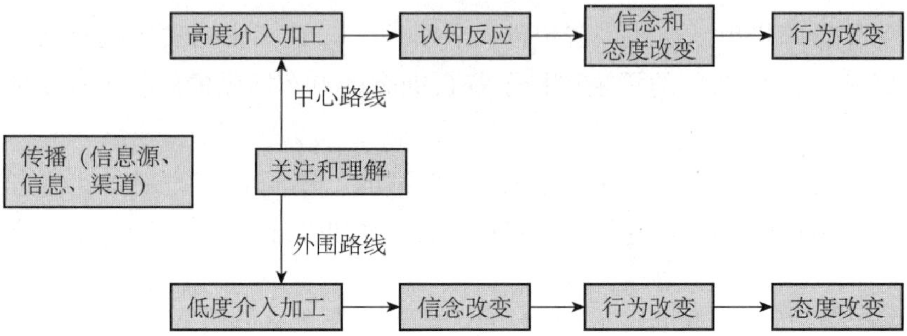

图 2－2　劝导的精细加工可能性模型

当消费者发现说服性广告中所包含的信息与自身相关或者很有趣时，他会认真地关注这条广告的内容。在这种情况下，他很可能会积极思考广告呈现的观点，并对这些观点产生认知反应。消费者小心谨慎地形成信念并对它进行认真的评价，而由此导致的强烈态度很可能会引导他们的行为。①

由于需求或相关性，使用某一品牌的人更有可能看到该品牌的广告。人们常常发现，购买新产品后，他们会更多地注意到该产品的广告。这有助于解释为什么广告对现有用户的影响更大。②

与中心路线相反，外围路线是在人们没有动机去认真思考所提供的论述时采取的路线。消费者很可能会使用广告中的外围因素来决定这条信息的适宜性。这些外围因素可能包括产品的包装、信息源的吸引力或者呈现信息的背景。③

延伸阅读

对 ELM 的支持

ELM 已经得到了大量的研究支持。在一项典型的研究中，研究人员让大学生分别观看一个新的低度啤酒品牌——

① 所罗门．消费者行为学：第 8 版・中国版［M］．卢泰宏，杨晓燕，译．北京：中国人民大学出版社，2009：259.
② EAST R. The Effect of Advertising and Display：Assessing the Evidence［M］. America：Springer US，2003：59.
③ 同①259－260.

Break 的两个版本的模拟广告，并谈谈对这些广告的看法。研究者使用了思维列举方法（thought listing），并对这些看法进行了分析。研究者使用了三个对 ELM 至关重要的独立变量：

（1）信息加工的介入程度（message-processing involvement）。向一些参与者承诺参与该研究会得到一瓶低度啤酒作为礼物，并告知这个品牌很快将在他们所在的地区推广，促使他们有动机高度介入这些广告。而那些低度介入的参与者没有被承诺给予礼物，并被告知这个品牌将会进入一个较远的区域。

（2）论述力度（argument strength）。广告的一个版本对饮用 Break 啤酒使用了强制性的、有力的论述（例如，“Break 的酒精含量仅是普通啤酒的 1/2，因此它比普通啤酒含有更少的卡路里”）。相反，另一个版本仅做出了平和的论述（例如“Break 和其他的普通啤酒一样好”）。

（3）信息源特征（source characteristics）。两个版本的广告里都各有一张一对夫妻共饮啤酒的照片，但是比较而言他们所具有的社会吸引力不同。这通过他们的衣着、体态和非语言表达的不同，以及介绍他们学历和职业的背景信息的不同来传达。

与 ELM 一致，高卷入度的受试者比低卷入度的受试者对广告信息有更多的思考，对广告中采用的信息源投入了更多的认知活动。高卷入度受试者的态度更可能受强有力的论述的影响；相反，低卷入度受试者的态度更可能受到运用有魅力吸引力的信息源的广告版本的影响。这项研究的结果与其他众多研究一起指出，一个强有力的信息和一个令人喜爱的信息源相比，其有效性取决于消费者对广告产品的卷入程度。

这些结果强调了一个基本的观点，即高卷入度的消费者在寻找“牛排”（即强有力的、理性的观点），而低卷入度的消费者更受“嗞嗞声”的影响（即包装采用的颜色和图案，或者名人的支持）。然而，要记住的重点是，同样的传播变量可能既是中心线索也是外围线索，这取决于它与态度对象的关系。在一个汽车广告中，一个模特的外表吸引力起着外围线索作用，但是对于像洗发水这样的产品，她的美丽可能就是一种中心线索，因为这个产品带来的利益直接与提高吸引力有关。

资料来源：所罗门．消费者行为学：第 8 版·中国版［M］．卢泰宏，杨晓燕，译．北京：中国人民大学出版社，2009：260.

第三节 广告媒体的选择

广告必须经由媒体才能将信息传递给消费者，进而产生效果。媒体对于广告效果的影响体现在“量”和“质”两个方面。所谓广告媒体的“量”，包括到达范围和到达次数。要使广告信息在受众心目中形成某种心理效果（如品牌名气或态度变化等）就需要一定的到达次数，这种到达次数称为“有效到达次数”。所谓广告媒体的“质”，是由于受众构成、接触形态、接触场景、便利程度等因素造成的媒体效果的差异。此外，受众对媒体的可信度也会影响所发布广告的效果。[①]

一、从“广覆盖”到“精准投放”

通常，人们将电视、广播、报纸、杂志称为传统媒体。20 世纪 90 年代后期，互联网开始走入普通居民的生活。时至今日，信息化、数字化逐渐成为当前社会发展的关键词。在传播效果上，传统媒体强调“广覆盖”，而以互联网为核心的数字媒体则聚焦“精准投放”。

传统媒体的广告效果依据媒体特性有所差别。电视集合图像、声音、文字等多种元素给受众以视觉和听觉的双重刺激，其对企业和品牌提高知名度、扩大影响力的效果显著。广播的优势在于“解放双眼”，尤其在私家车日益普及的今天，行驶中的信息传递使广播焕发出新的生机和活力。相对于图像和声音的转瞬即逝，报纸和杂志则是列举商品或品牌详情的最佳选择，受众对于平面媒体的卷入度则明显高于电波媒体。

在传统媒体力图做到广泛覆盖的同时，另一个困扰广告主多年的问题凸显出来了，就是广告信息的有效到达。随着互联网以及智能移动终端的普及，消费者在网络世界中的行动轨迹几乎无所遁形。似乎，消费者对网络越依赖，广告主越能够提高其精准投放的程度。

如果说传统媒体可以为企业和品牌“造势”，那么层出不穷、令人眼花缭乱的新的媒体形式，诸如网络视频、网络游戏、电子阅读、即时通信、社交软件、自媒体、App……则日益成为企业和品牌“直达靶心”的利器。针对不同特征的消费者、不同特性的产品、不同风格的品牌，广告发布媒体的选择直接影响了广告效果。

二、生活者的“生活圈”

营销的原则从 4P 经过 4C，再到整合营销传播，突出了消费者的首要、核心地位。以生活者的视角洞察消费者在营销业内已达到广泛共识，关注生活者的“生活圈”，利用各种形式的媒体全方位、多角度、深层次地接触消费者，才能实现广告信息的有效触达。

在新的传播环境中，尽管广告通常是营销传播活动的核心元素，但对于销售以及品牌和顾客资产的建设来说，它并不是唯一的，甚至也不是最重要的。广告、促销、事件和体验、公共关系和宣传、在线和社交媒体营销、移动营销、直复营销和数据库营销、人员推

---

① 仁科贞文，田中洋，丸冈吉人．广告心理［M］．北京：外语教学与研究出版社，2008：130，139.

销……传播的平台还不仅限于这些。产品的风格和定价、包装的形状和颜色、销售人员的态度和着装、店内装饰、公司信纸等所有东西都向购买者传达某种信息。每一次产品接触所传递的形象都能加强或削弱顾客对公司的看法。

在每一种媒体上进行的营销传播活动都以多种方式提升品牌资产、拉动销售、创造品牌知名度，在消费者记忆中建立品牌形象，引发正面的品牌判断和感觉，强化消费者忠诚度。但是这些营销传播活动必须整合，以传递一致的信息，实现战略定位。[①]

场景营销的提出，是移动互联网时代对生活者“生活圈”的进一步解构。罗伯特·斯考伯和谢尔·伊斯雷尔认为场景时代的到来依赖于“大数据、移动设备、社交媒体、传感器和定位系统”技术五力，认为正是这五种技术力在改变消费者的体验，同样也带来了非同凡响的场景时代。彭兰教授认为，作为移动互联网时代媒体新要素的场景，具备四个基本要素：空间与环境、实时状态、生活惯性、社交氛围。当移动智能终端积极拓展内容媒体、关系媒体、服务媒体这三个方面时，其主要任务在于促成信息流、关系流和服务流的形成，移动媒体的入口则在场景，场景适配成为移动媒体服务的核心。传统媒体时代的眼球之争转为互联网时代的流量之争，再发展为移动互联网时代的场景之争。[②]

【本章小结】

广告效果的影响因素较多，广告本体、消费者的认知与卷入度、广告媒体的选择是较为主要的三个层面。从广告本体的角度来说，广告的篇幅大小、声音强弱、色彩搭配、位置摆放都会影响消费者的注意力，进而影响广告的传播效果。从消费者的角度来说，消费者的认知过程、注意程度以及如何理解所接触的信息也会直接影响广告产生的效果。消费者对商品或服务的卷入度决定其如何对信息进行加工，进而产生态度和行为的改变。从广告媒体的角度来说，媒体的覆盖范围、有效触达、媒体特质、受众的接触状态、受众的接触场景都会影响广告信息的有效传达。

【思考题】

1. 举例说明广告语言如何影响广告效果。
2. 什么是卷入度？消费者的卷入度如何影响其对信息的接触和加工？
3. 进入数字时代，传统媒体对于企业和品牌的重要意义体现在哪些方面？
4. 利用数字媒体对广告进行“精准投放”是否会给企业和品牌带来负面影响？如果存在负面影响则应如何解决？
5. 如何理解数字时代生活者的“生活圈”？

---

① 科特勒，凯勒．营销管理：第 15 版［M］．何佳讯，于洪彦，牛永革，等译．上海：格致出版社，2016：526－528.

② 丁蕾．场景营销：开启移动互联网时代的营销新思维［J］．出版广角，2017（3）：65－67.

【推荐阅读书目】

1. 马瑟斯博，霍金斯．消费者行为学：原书第13版［M］．陈荣，许销冰，译．北京：机械工业出版社，2018.

2. 阿姆斯特朗．广告说服力：基于实证研究的195条广告原理［M］．吴国华，林升栋，康瑾，等译．北京：商务印书馆，2016.

3. 科特勒，凯勒．营销管理：第15版［M］．何佳讯，于洪彦，牛永革，等译．上海：格致出版社，2016.

4. 马谋超．广告心理：广告人对消费行为的心理把握［M］．北京：中国市场出版社，2007.

5. 所罗门．消费者行为学：第8版·中国版［M］．卢泰宏，杨晓燕，译．北京：中国人民大学出版社，2009.

第三章
电视广告效果测评

【本章学习要点】

- 电视媒体技术革新带来电视传播方式的变化。
- 传统电视广告效果的评价指标及方法。
- 电视节目收视与广告收视的关系。
- IPTV 广告和互联网电视广告的特点。

历史上第一台电视机于 1925 年问世。近百年来，电视媒体逐渐成为影响力最大、影响范围最广的信息载体。在互联网浪潮的冲击下，电视媒体与电视广告既面临挑战，也迎来新的发展机遇。

第一节　电视媒体的发展与传播方式的变化

技术的更新推动了电视机的迭代。本节将在简述电视媒体发展历程的基础上，分析电视媒体传播方式的变化。

一、电视媒体的发展历程

电视是以技术为手段，以画面和声音作为媒介，在屏幕上运动的时间和空间里创造形象、再现和反映生活的一种媒体艺术。[①] 电视媒体的发展经历了从机械电视到电子电视、从黑白电视到彩色电视、从模拟电视到数字电视的过程。现如今，互联网电视、IPTV 和智能电视逐渐走进了人们的生活。

---

① 孙会．电视广告［M］．北京：中国传媒大学出版社，2012：1.

（一）从机械电视到电子电视

1884 年，德国科学家保罗·尼普柯夫发明了机械电视扫描盘。1925 年，英国人约翰·贝尔德展示了一台依据尼普柯夫的原理制造出的机械电视机。1929 年英国广播公司（BBC）与贝尔德合作试验播出无声图像，1930 年成功播出了第一个有声的电视舞台剧《口含一朵鲜花的勇士》，贝尔德因在电视上的贡献被誉为“电视之父”。[①] 1936 年，英国广播公司在伦敦以北 9.66 公里处的亚历山大宫建成世界上第一座电视台[②]，英国因此成为世界上第一个播出电视的国家。

1930 年，方斯渥兹发明了电子电视系统。同年，美国全国广播公司（NBC）开始了电视试播。1939 年，NBC 所属的实验电视台首次向观众报道了纽约世界博览会的实况，罗斯福成为了第一个出现在美国电视屏幕上的总统，自此，美国历代总统选举都离不开电视。[③] 1941 年，美国第一家商业电视台 WNBT 成立。1953 年起，电视台开始在全美普及。

（二）从黑白电视到彩色电视

第一代黑白电视采用晶体管技术，极大地丰富了人们的生活，改变了文化传播的方式。但其只能显示黑白画面，且屏幕较小，观看时需要人们调好台且较为笨重。[④] 20 世纪 40 年代初，美国开始研制彩色电视技术，1954 年美国全国广播公司（NBC）正式开播彩色电视节目，宣告彩色电视的诞生。1958 年法国开发出 SECAM 制式的彩色电视，其色彩兼容性更佳。1968 年，联邦德国在吸收美国和法国彩色电视制式的基础上开发出 PAL 制式，传送范围广，色彩受障碍物影响小，传真度较好。[⑤] 彩色电视的出现无疑是电视技术跨时代的改变。

（三）从模拟电视到数字电视

电视诞生之后的很长时间内，声音、图像等信号的处理和传送均采用模拟信号。然而，模拟信号存在信号受干扰杂波影响大、电路调整复杂、信号存储与延迟电路实现较困难的缺点，也不便于利用信号时间轴的压缩、扩张来实现信号的各种变换。[⑥]

数字电视系统主要包括地面广播、有线电视广播和卫星广播系统，它的发展大体经历了三个阶段：第一个阶段为个别电视设备的数字化阶段。20 世纪 70 年代开始，演播室中有数字设备也有模拟设备，信号要经常做 A/D 或 D/A 转换。第二个阶段为全功能数字电视演播室阶段。在数字演播室中，电视信号从摄像机输出到后期制作完全是在数字环境下

---

① 黄迎新．电视广告实务［M］．武汉：华中科技大学出版社，2015：4.

② 杨乃近，梁恩瑞．电视广告创作［M］．杭州：浙江大学出版社，2005：17.

③ 同②.

④ 陈根．智能电视：重塑第一屏［M］．北京：电子工业出版社，2014：19.

⑤ 同①30.

⑥ 王明臣．数字电视与高清晰度电视［M］．北京：中国广播电视出版社，2003：1.

进行的。第三个阶段为数字视频广播阶段。20 世纪 90 年代中期，数字视频广播实现了数字电视信号的直接发射和接收，完成了整个电视系统的数字化，意味着电视节目从拍摄到接收的各个环节都是在全数字环境下进行的。[①] 数字时代的电视服务出现实质性变革，表现在以下方面：(1) 方便开展多种业务形式，包括数据服务、交互服务、互联网服务等，而且更容易通过加密/干扰开展信息安全/收费业务，使得电视运营商能够获得其他收益。[②] (2) 提供多功能服务，如点播、天气预报、收发邮件短信、游戏等等。

(四) IPTV 与互联网电视 (OTT TV)

20 世纪 90 年代初，信息通信技术尤其是网际协议（Internet protocol，IP）技术不断发展，各国大力推广信息化战略。在电视越来越强调功能性的环境下，互联网电视诞生了，其将宽带与电视连接起来，集互联网、多媒体、通信等多种技术于一身，向家庭用户提供包括数字电视在内的多种交互式服务，依靠互联网资源扩展电视的展示范围。[③]

IPTV（交互式网络电视）是电信运营商通过 IP 专网和专用的 IPTV 机顶盒开展的一项视频业务，其显示终端通常是电视机。互联网电视（over the top TV，OTT TV）是通过公共互联网来开展的一项视频业务，其显示终端可以是个人电脑，也可以是电视机或平板电脑等其他显示终端。通俗来讲，IPTV 信号通过专网传输，需要购买运营商盒子或宽带。OTT TV 是在公网上，连接家庭 WiFi 即可。

国家广播电视总局发布的《2018 年全国广播电视行业统计公报》显示，电信专网、互联网成为用户收看广播电视节目的重要途径。2018 年全国交互式网络电视（IPTV）用户 1.54 亿户，互联网电视（OTT TV）用户 4.20 亿户。[④]

(五) 智能电视

近年来，人工智能技术日臻成熟，对电视领域最直接的影响是电视终端智能化改造和升级。2016 年，长虹集团率先扛起了研发人工智能电视的大旗，研发出 Chi Q 人工智能电视。该电视一改传统简单的语音控制，远场语音真正实现了用户丢掉遥控器直接与电视自然交互的良好体验。除此之外，该电视还具备声纹的识别功能，能够快速识别发声人的身份信息并进行电视节目的个性化推荐。

以此为开端，彩电领域开始了新一轮的人工智能技术升级。截至目前，电视终端的无遥控指令、语音识别、图像识别、内容个性推荐、智能家电连接等功能都已经初步实现。[⑤]

2017 年 7 月，在北京举办的 2017 人工智能电视行业高峰论坛发布了《2017 人工智能电视白皮书》。该书定义人工智能电视的本质是，能够“通过传感器接收用户指令，依靠

---

① 姜秀华．数字电视原理与应用［M］．北京：人民邮电出版社，2003：5.
② 黄升民．数字化时代的中国广电媒体［M］．北京：中国轻工业出版社，2003：81.
③ 陈根．智能电视：重塑第一屏［M］．北京：电子工业出版社，2014：29.
④ 唐瑞峰．一文解析 IPTV 和 OTT［J］．电视指南，2019（11）：50－51.
⑤ 李亚铭，李阳．智媒体时代人工智能在电视行业的应用研究［J］．出版广角，2019（3）：37－39.

基础应用和基础数据平台识别并理解用户目的，做出反馈和处理。同时依托完善的技术逻辑和大数据运营，结合深度学习算法，分析用户使用习惯，掌握用户偏好和行为逻辑，以实现更精准的交互及个性化内容推荐”①。

二、电视媒体传播方式的变化

在时代变迁的背景下，随着电视技术的不断革新，电视媒体的传播方式在相应发生变化。以下将从收视终端、收视情境、收视行为三方面分别进行分析和阐述。

（一）收视终端：从“一屏独大”到“多屏共存”

无论是模拟电视时期还是数字电视时期，电视屏幕始终是收看电视节目的唯一终端。然而，随着互联网尤其是移动互联网逐渐进入普通居民的生活，手机、电脑、平板电脑以及户外的车载移动电视、公共场所液晶电视、户外大屏幕电视等这些屏幕都可以播放电视节目。电视机“一屏独大”的局面被打破，跨屏收视、多屏互动一方面在时间和空间上延展了电视节目的传播范围，另一方面也增强了电视节目的传播效果。

（二）收视情境：从“全家围坐”到“一人独享”

在电视机“一屏独大”时，全家围坐在一起看电视是一项富有仪式感的家庭集体活动，也是家庭成员联络情感的重要时机，尤其是在春节，全家人一起收看春节联欢晚会的电视转播，似乎已经成为除夕的“标配”。然而，随着以手机、平板电脑为代表的众多“小屏”的出现，收看电视节目便从“全家集体行为”逐渐转变为“个人私密行为”。收视情境变化带来的直接结果是，遥控器主导权所带来的“家庭权威”逐渐弱化。以往电视节目所希望的“老少咸宜”分崩离析，个性化、定制化受到推崇。

（三）收视行为：从“单向接收”到“双向互动”

在此背景下，用户收视行为发生了巨大变化，跨屏收视成为一种收视常态，从大屏的模拟电视、数字电视、IPTV、智能电视到中屏的电脑 PC 端和小屏的手机、Pad 以及各类 App 软件。一方面，用户可以主动选择自己感兴趣的节目内容，颠覆单一的线性传播模式，通过点播、制作、下载、上传等方式参与到节目传播中；另一方面，用户也可采用拖拉、反复、暂停、跳跃、弹幕、评论、转发等方式通过服务器反馈给影视机构以及节目制作商，影响节目内容的生产制作。②

---

① 中国资讯网.《2017 人工智能电视白皮书》发布［EB/OL］.（2017-07-26）［2019-11-01］. http://www.china-product.org/webhtml/08hyzx/08hyzx-073.html.

② 吴卫华.影视产业大数据收视评估体系的建构与应用［J］.编辑之友，2019（6）：79-83.

第二节　电视媒体和电视广告的效果评价

电视广告以电视媒体为依托。1979 年 1 月 28 日，上海电视台以幻灯片形式播出了中国第一条电视广告——参桂补酒，片长 1 分 30 秒。同年 3 月 15 日，又播出第一条外商广告——瑞士雷达表。1979 年 12 月，中央电视台在两套电视节目中开办电视广告业务，各地电视台纷纷效仿，电视广告由此在我国蓬勃发展起来。有关电视媒体和电视广告效果的评价，已有的研究中给出了较为明确的指标及方法。以下是对传统电视媒体和电视广告效果评价指标和方法的回顾。

一、电视媒体效果的评价指标

（一）针对电视媒体自身的评价指标

电视媒体自身指标主要包括电视普及率和覆盖率两个方面。

电视普及率通常是指一个地区拥有电视机的家庭或人口数占该地区家庭或人口总数的百分比。特定地区或人群电视普及率的高低是决定电视媒体广告投放的首要条件。

电视普及率＝拥有电视机的人数（家庭数）÷总人口（户数）

电视覆盖率是指在一定时间内，特定地区以各种方式接触电视节目的人口占该地区总人口的比例。

电视覆盖率＝特定时间内看过电视节目的人数÷总人口

它强调的是受众实际的收视行为，“特定时间内是否看过电视节目”是衡量电视覆盖率的依据，只要在特定时间内收看过电视节目就都可以称为电视覆盖人口。电视覆盖率的高低是媒介选择的重要参考指标。在广告投放上，不仅要关注电视在总人口中的覆盖率，更要关注在产品目标消费者与潜在消费者中的覆盖率。①

（二）针对电视媒体受众的评价指标

针对电视媒体受众的评价指标包括开机率、收视率、占有率、广告到达率、总印象数、毛评点、广告接触频次、千人成本和视听率每点成本等。

1. 开机率

开机率（home using TV，HUT）指在一天中的某一特定时间内，收看电视节目的家庭户数占拥有电视机家庭户数的比例。它表明一天中不同时段的家庭收视的百分比，显示

① 李晶，昌蕾，吴文涛．广告效果测评理论与方法［M］．北京：社会科学文献出版社，2014：159.

受众随时间变化的趋势。通过不同时段的开机率变化，可以了解到电视媒体的优势广告时段和受众的工作形态与生活习惯。开机率包括以下几个子因素：

（1）总人口开机率——特定区域总人口作为统计基数称为总人口开机率。

总人口开机率＝特定时间、特定区域打开电视机的人口÷该地区总人口

（2）电视人口开机率——以特定区域特定时间内电视人口为基数而统计的开机率。

（3）目标受众开机率——在开机率的统计中，采用以目标受众为基数的开机率，比一般开机率更有价值。

2. 收视率

收视率（audience rating）又称视听率，是指在一定时间目标市场上收视某一特定节目的人数（或家庭数）占总人数（或总家庭数）的比例。收视率是电视媒体最重要的数量指标，显示出媒体到达的受众数量规模。收视率越高，表明媒体的受众接触率越大。① 收视率在电视节目和广告交易中心扮演着“通用货币”的角色，电视媒体、节目供应商、广告代理机构和广告主通常以收视率来判断节目或者媒体的传播价值和交换价值。

这里应注意，由于收视率数据是精确到分钟的，根据检测数据可以区分纯节目的收视率和广告收视率。就一般规律而言，广告收视率会低于前后节目收视率，观众和媒体关注节目收视率，而广告策划专业人员则关心广告收视率。②

3. 占有率

占有率是指在一定时间收看某一特定节目的受众家庭数占总的开机家庭数的百分比。占有率受节目播映时间、其他电台电视台节目的竞争状况以及节目内容、吸引力等因素的影响。

4. 广告到达率

广告到达率（reach）简称 R，是指在特定时间内（一般为 4 周）广告信息到达目标受众的比例或者总数。

到达率＝目标受众的视听人数÷目标受众总体

需要注意的是，在计算到达率时同一个受众不论接触同一广告信息多少次，都只能算一次，因此到达率又称为不重复到达率或净到达率。对于到达率的计算，人口基数不同会有不同的到达率，在媒体排期计划或比较不同媒体计划使用到达率指标时，必须以相同的人群为基础。

5. 总印象数

总印象数（gross impression）是指媒体计划中整个媒体投放的总次数或一个媒体排期计划接触的总人次，可跨媒体类别计算，也可重叠计算。一个受众接触各类媒体 3 次，或 3 个受众接触各类媒体一次，总印象数都记为 3 次。毛评点（gross rating points）也叫作

---

① 李晶，昌蕾，吴文涛．广告效果测评理论与方法［M］．北京：社会科学文献出版社，2014：159-160.

② 李倩玲，等．转向：无界限传播你做主：群邑论后大众传播时代制胜的营销策略［M］．北京：中信出版社，2011：156.

总的视听率，简称 GRP，是指在一定时期内某一特定广告媒体刊播某广告的视听率的总数。

GRP＝到达率×播出频次

例如，某一电视广告随节目的到达率为 50％，节目一周播放了 6 次，那么毛评点即是 300 或是 300％。

6. 接触频次

接触频次（frequency）又称为暴露频次，简称 F，即目标消费者接触同一广告的平均次数。

接触频次＝总视听率÷到达率

广告信息传播效果与广告的接触频次密切相关，电视广告在有效的播出时间内让受众全面接触广告信息，需要一定次数的重复。在目前的情况下，要使受众在众多广告中关注制定的广告信息，一定量的重复是必不可少的，在广告排期表中需要预测目标受众平均接触的次数。

7. 千人成本

千人成本（cost per thousand 或者 cost per mille）简称 CPM，是指在某一媒体上发布广告，广告信息送达 1 000 个对象（个人或家庭）所需的成本。千人成本可以明确显示出在各个媒体发布广告的直接效率，因此是媒体评估的重要量化尺度之一。

千人成本＝广告费÷媒体受众总量（总印象数）×1 000①

这是最为直观的电视广告投放性价比指标，除能够帮助广告主或媒介代理商选择最佳广告时段外，还是广告投放具体市场的年度考核指标。②

8. 视听率每点成本

视听率每点成本（cost-per-rating point），或每收视点成本，指每得到一个收视百分点所花费的成本，也称为每毛评点成本。每收视点成本指到达 1％目标视听众的成本价格，用于评估一则广告或一个媒体播出组合的性价比。

每收视点成本＝广告成本÷所得到的总收视点（毛评点）③

延伸阅读

收视率调查的“前世今生”

（一）收视率调查的国际起源

从 20 世纪三四十年代开始，包括市场调查机构、行业组织、学界和媒体机构在内的各方人士就受众调查进行了多种尝试，主要采取如下几种方法：

---

① 李晶，昌蕾，吴文涛．广告效果测评理论与方法［M］. 北京：社会科学文献出版社，2014：159－163.

② 李倩玲，等．转向：无界限传播你做主：群邑论后大众传播时代制胜的营销策略［M］. 北京：中信出版社，2011：157.

③ 胡晓云，等．品牌传播效果评估指标［M］. 北京：中国传媒大学出版社，2007：64.

1. 电话调查

20世纪30年代初，美国市场调查先驱克罗斯利（Archibald M. Crossley）设计出第一个电话调查体系并进行大规模收听率调查。1934年，Clark-Hooper公司开始采用同步电话调查法（coincidental telephone interview）进行电视收视调查的尝试。1947年，该公司与NBC合作，开始在纽约进行收视率调查，成为电视收视率调查的先驱。

2. 日记卡调查

1937年，美国密歇根大学教授加里森（Garnet Garrison）用日记卡法进行了第一次系统的收听率调查。到1949年，美国研究局（ARB）正式将其引入到电视收视率调查中。1953年，ACNielsen公司开始借助日记卡法在美国开展商业性的收视率调查服务。

3. 测量仪调查

1936年，美国麻省理工学院（MIT）两位发明家埃尔德（Robert Elder）和伍德拉夫（Louis F. Woodruff）发明了能够记录电台波段（电视台频段）的选择转换以及使用时间等情况的装置受众测量仪（Audimeter）。1950年，ACNielsen公司开始尝试将其应用于收视率测量，不过这个时期的测量仪仅能监测某个设备的使用情况。到20世纪80年代中后期，英国收视率调查机构AGB公司发明了人员测量仪（people meter）技术，开始引入手控器装置记录个人收视情况。

（二）收视率调查在中国的引进和发展

中国的收视率调查起源于20世纪80年代中期。1986年，按照国际上普遍采用的随机抽样原则，中央电视台率先在北京地区组织了观众收视抽样调查，这次调查被认为是中国收视率调查的起源。随后在1992年，中央电视台与地方台联合成立全国电视观众调查网。到1995年，该调查网建立起51个调查站，形成了一个全国性的调查网络和29个区域调查网络，样本户达一万多户；同年，该调查网经改制，成立央视调查咨询中心。

在中国收视率调查发展早期，除中央电视台外，还有200余家社会公司尝试在中国开展收视率调查业务，其中比较有名的是从70年代开始就在香港从事收视率调查的SRG（Survey Research Group）公司。从1994年开始，ACNielsen公司借助对SRG的收购，逐渐进入东亚市场。1996年至1997年间，ACNielsen完成了对SRG的收购，开始在中国布局收视率调查。

1997年，收视率调查业务从央视调查咨询中心分离，与Sofres集团合作成立央视-索福瑞媒介研究有限公司（CSM）。

（三）收视率调查“谁”

收视率的调查对象，一般被界定为目标区域内4岁及以上的电视家庭人口。这个界定包括以下三个要素：第一，目标区域。目标区域由所要调查收视率的范围决定，可以为全国、一个省，也可以为一个市或一个县。第二，电视家庭人口。电视家庭人口是指拥有电视机的家庭人口。被调查者拥有电视机是进行收视调查的基本条件，而之所以必须是家庭人口，主要是因为收视率调查是一种连续性调查，要求被调查者基本保持稳定，家庭人口的稳定性较强。第三，年龄下限。在收视率调查中一般要求被调查者必须是4岁及以上，主要是考虑到收视率调查的两种主要方式——日记卡法和测量仪法，均要求被调查者具有一定的行为能力，如日记卡法要求填卡，而测量仪法要求被访者在开始看电视和结束看电视时要按手控器，如果年龄太小，则无法做到这一点。

（四）如何界定观众收看电视的行为

《全球电视受众测量指南》（GGTAM）对收视率调查中“观众收视行为”的界定有以下两种情况：

一是观众在房间里，并且电视机开着。即样本观众只要在房间，并且电视机开着，就要在测量仪手控器上进行注册，或者在日记卡上记录相关收看信息。

二是观众宣称自己正在看电视。即当他们自己认为正在收看电视时，就要在手控器上按下代表他们的按钮（或者是在日记卡上做收视记录）。这种“有意识的收视状态”实际上对于节目制作和广告主来说更具吸引力。

CSM媒介研究对收视行为的界定和对样本户的要求如下：“当您能够看到电视机的画面或者能听到电视的声音时，都符合我们对收视行为的定义，请您及时在手控器上按您的编号（或在日记卡上记录相关收视信息），表示您在关注电视节目。”这个表述对收视行为进行了明确的界定，并且能让样本户准确理解，具有很好的可操作性。

资料来源：陈若愚．收视率100问［M］．北京：中国传媒大学出版社，2013：5－10，37－38，63－64.

二、电视收视率调查的方法

传统电视广告效果的评估以电视收视率调查居多，具体方法有三种：日记卡法、人员测量仪法和电话调查法。这里主要介绍前两种调查法。

（一）日记卡法

收视率调查采用的日记卡法是通过样本户中家庭成员填写记录表的方法来收集收视信息的方法。在电视媒体传播效果监测的早期主要采用这种方法。在欠发达的地区，这种方法目前仍被广泛使用。

清水公一在《广告理论与战略》一书中谈到了日记卡法在日本的最初使用。20世纪50年代，开发了想求得个人视听率的日记式调查法（diary method）。日记式调查法是把调查问卷留置在被调查者家庭里，让其在视听电视时自然填写的方法。在该调查问卷里，有开放式调查法和封闭式调查法。开放式调查法让被调查者填写日期、时间、电视台名称等；封闭式调查法则把各个项目都事先印刷好，被调查者只要在符合的项目上做记号就好。封闭式调查以尼尔森公司的Audilog最为著名。它每隔15分钟便调查4 000个家庭的样本量。尼尔森公司在20世纪90年代进行了多频道电视视听率调查。阿比特龙调查公司的日记式调查在201个市场内实施。①

索福瑞的日记卡调查记录时段为15分钟，即以15分钟为一个记录单位，当样本人员在15分钟内收看某一频道的累计时间超过8分钟时才记录。访问员每周一次上门收取已经填好的日记卡，并给样本户留下下一周的空白日记卡，以记录下一周的收视情况。

日记卡法有以下几个特点：一是只能提供最短时间间隔为15分钟的收视率数据，不能精确反映广告时段的收视状况。二是日记卡法的整个过程基本上都是人工进行。发放、收回、检查由访问员完成，填写由样本户的家庭成员完成，日记卡数据录入也由人工完成。由于需要人工完成的工作多，因而日记卡法发生错误的可能性就较大。同时，有的样本户未按要求随时记录，往往凭回忆来填写日记卡，带有一定的主观印象成分。三是从提供数据的及时性来看，日记卡法由于每周收集一次日记卡，再加上几天时间对日记卡数据进行录入、检查及处理，则需要十天左右的时间才能提供收视率数据。②

（二）人员测量仪法

人员测量仪法是目前国际上比较通用的收视调查手段。样本家庭的每个成员在手控器上有自己的按钮，而且还留有客人的按钮。当家庭成员开始看电视时，必须先按一下手控器上代表自己的按钮，不看电视时，再按一下这个按钮。测量仪会把收看电视的所有信息以每分钟为时间段（甚至可以精确到秒）储存下来，然后通过电话传送到总部中心计算机中。目前，主要通过有线电视机顶盒（或者电视内部的高频头）在一个频道节目播出时停留的时间来计算收视信息，如果超过3分钟，那么就算一个收视单位有效，从而获取一定时期内收视单位的有效率数据。③

测量仪法具有以下几个特点：一是从调查时间的精确性来看，测量仪能以每分钟（甚至每秒）为一个记录时间单位，因而测量仪可以提供每分钟甚至每秒钟的收视率数据。在频道数量众多、观众频繁转换频道的情况下，测量仪法由于其记录时间单位小，因此较日记卡法能够提供更为精确的收视率数据。二是从调查数据的准确性来看，测量仪法对收视数据的记录是一种实时记录，它能够比较真实客观地将样本户家庭成员所收看的频道及时段记录下来。另外，测量仪法数据的传输和处理都是由仪器来完成的，准确性较高。三是从提供数据的及时性来看，测量仪法一般在第二天就能提供前一天的收视率数据，较日记卡法及时迅速。④

三、节目收视与广告收视

（一）广告收视率

广告收视率是对广告接触度的一种测定。消费者因为对广告的视觉和听觉接触而产生

---

① 清水公一．广告理论与战略［M］．胡晓云，朱磊，张姮，译．北京：北京大学出版社，2005：245－246.

② 陈若愚．收视率100问［M］．北京：中国传媒大学出版社，2013：69－71.

③ 李晶，昌蕾，吴文涛．广告效果测评理论与方法［M］．北京：社会科学文献出版社，2014：161.

④ 同②72.

对广告及产品的认知，因此，广告收视率也被认为是对广告认知效果的测定。目前对电视广告效果的评价通常以毛评点（GRP）及有效到达率（effective reach）为基准。毛评点是广告收视率的累计，而有效到达率通常被认为是收看过某广告3次及以上的受众数量，即所谓的3+到达率。

（二）植入式广告收视率

植入式广告（product placement）与传统的标版广告相对应，是指把产品、服务中具有代表性的视听品牌符号刻意插入电影电视节目的剧情、场景中的一种广告形式。

植入式广告本身已成为电视节目的一部分，很难清楚地区分出节目和广告。在进行收视率计算时，受制于目前收视调查数据的时间精确程度，同时也囿于这类广告无缝植入节目的特点，通常可以把被植入广告的节目的平均收视率视为植入式广告的收视率，或者将出现植入产品或服务的那1分钟的收视率视为该植入式广告的收视率。例如，在一个30分钟的节目中，某植入式产品广告出现了5次，计算该植入式产品广告的收视率，可以简单地以这30分钟节目的平均收视率为代表，也可以找出该产品广告出现的5个时间点，以这5次广告出现的分钟平均收视率来代表该植入式广告的收视率。

（三）节目收视与广告收视的关系

电视频道的内容播出通过节目和广告的组合在时间轴上展开，根据广告时段所处的位置不同，我们通常把广告分为节目间广告和节目内广告。一般情况下，节目收视往往高于附着在其周边的广告收视。节目收视与广告收视之间是互相影响、互相作用的关系。

节目收视可以带动广告收视。首先，收视率高的节目，特别是观众忠实度较高的节目，能不断加深观众的注意力，对于节目内的广告，观众“爱屋及乌”换台的主动意识较弱。因此，我们经常可以注意到，高收视节目内的广告段，其收视率也比较高。其次，如果广告段的产品内容、表现形式等与节目本身的契合度高，可以减少观众在广告段的换台，使广告段收视率的衰减变弱，从而获得相对高的广告收视率。再次，良好的节目编排可以减少观众在广告时段的换台，使观众在该频道上的节目和广告之间形成“顺流”，这也可以保证广告收视与节目收视之间的差距缩小。一般情况下，广告的收视率是节目收视率的60%～70%。

广告的设置和编排，对节目的收视有很大影响。如果广告段的时间过长，观众就会严重流失，节目的收视率也会降低。特别是节目内广告，中插广告过多，会严重影响观众的顺流。因此，业界曾有广告段不要超过2.5分钟的忠告。

电视台往往更注重节目收视，不希望广告影响节目的收视效果；而广告商则更看重广告的暴露频次和到达率，希望依靠节目附着目标观众的规模与忠实来达成广告的传播、营销目的。节目与广告在频道播出的时长分布和分配，需要考虑节目的特点、频道的优势以及广告与节目的适位，只有这样，才有可能以节目收视带动广告收视。①

---

① 陈若愚．收视率100问［M］．北京：中国传媒大学出版社，2013：133-134.

（四）收视率与广告传播效果

收视率数据可以从不同角度反映电视观众收看广告的行为，如收看广告的观众规模与人次数、接触频次、是否传达到设定的目标观众等，并从成本的角度对广告进行每收视点成本、千人成本的核算与效益评估。

然而，收视率作为描绘观众收视行为的数据，无法全面地反映广告传播效果。当评估从观众收看行为环节进入消费行为、品牌认知环节的转化过程时，则需要借助其他定量或定性的调查方法获得关于观众的认知与态度、发生在电视屏幕之外的消费行为变化的数据支持。正因如此，收视率难以直接解释在广告传播中常出现的一种问题，即产品广告的收视率高、收看观众规模大、接触频次也很高，而产品销售仍然不理想的问题。①

四、有线数字电视广告效果的评估

有线数字电视广告，是随着数字电视的发展应运而生的广电网络运营商经营的、区别于电视台节目内容广告的一种广告形式。具体来说，有线数字电视广告是指采用电视前端技术和终端机顶盒结合的新形式的广告播发体系，目前广告市场上已经成熟的数字电视广告形式有开机画面广告、换台广告、音量条广告、字幕广告等。

传统的数字电视广告如开机广告、换台广告等，都是以固定尺寸静态图片的形式占据电视直播屏幕的一部分，且电视用户不能对广告进行操作。新形式的有线数字电视广告，是基于双向互动平台的。图片、视频、互动页面等各种广告形式极大地丰富了数字电视广告的形式，加强了广告的互动性。双向机顶盒的推广，使得视频点播类节目、各类互动形式的栏目及频道得以在互动电视平台上广泛存在。在电视互动用户日益增加的情况下，“免费＋贴片广告”的形式将成为点播、回看等互动电视栏目的主要运营方式。

有线数字电视广告现阶段普遍采用的广告效果评估模式主要是参考传统电视广告以收视率为核心的广告效果评估模式。②

目前，尼尔森公司通过架设于歌华有线数字电视的服务器传输的数据来采集处理歌华有线数字电视广告数据。这里主要牵涉曝光、点击、触达三个指标。点击是指广告页面链接的被点击次数。曝光是指广告或页面被成功加载的次数，用户每刷新一次记作一次曝光。触达是指浏览过广告页面的人数（去重③）。

① 陈若愚．收视率100问［M］．北京：中国传媒大学出版社，2013：72．

② 黄俊，臧圣国，黄艳萍．有线数字电视精准化广告投放发展探讨［J］．有线电视技术，2014（9）：50－54．

③ 去重是指同一个用户一定时间内刷新多次只记录一次。

第三节　IPTV 广告与互联网电视广告

在电视技术和互联网浪潮的推动下，IPTV 用户和互联网用户得以快速增长。有资料显示，截至 2018 年末，IPTV 用户较上一年增长 3 315.9 万，环比增长 5.15%，用户总量突破 1.5 亿户，收视渗透率达到 27.14%。截至 2018 年 9 月底，互联网电视累计覆盖终端达到 3.22 亿台。7 家互联网电视集成平台主导内容的智能电视终端设备，市场保有量已超过 1 亿台。据统计，2018 年智能电视日均开机率 50%以上。①

一、IPTV 广告

IPTV 广告与传统电视广告相比有很大区别。首先，IPTV 广告形式众多，有点播节目前后插播的电视广告、电子节目指南（electronic program guide，EPG）/页面图片广告、广告专区等多种广告类型；其次，IPTV 广告能更为精准地锁定目标受众。IPTV 广告具有唯一性、主动性、不可快进、不可跳过的特点，通常在一部点播节目的前、后各插播一条电视广告。广告专区的优点则包括信息容量大、表现形式多样，能够将某一品牌大量的产品介绍、推广信息与相关的节目相结合，进一步加深用户对广告产品的印象与理解。②

上海文广百事通 IPTV 团队率先提出“目标人群系数——点击率转换”的作业方法，具有很好的操作性，并已经在一定范围内取得了认可。

例如，在上海，根据收视率数据供应商的推及计算，约有 160 万户家庭中有 30～50 岁的男性成员，而上海约有 350 万户家庭，因此 160/350 得到 46%这一系数。假设目标设定针对 30～50 岁男性在 IPTV 购买 70GRP（总收视点），由于 IPTV 目前是以家庭户的点击数为测量单位的，将 70GRP 转换成家庭户点击数的换算方式为：

160 万户×70GRP/100＝112 万次点击数

112 万/46%目标人群系数≈243 万次

即 243 万次的家庭点击数相当于在 IPTV 中产生针对 30～50 岁男性人群的约 70GRP。该 GRP 可用于与测量传统电视产生的 GRP 做直接比较或累加。③

2016 年 5 月，针对上海 IPTV 用户艾瑞咨询通过入户调研和眼动仪进行广告效果测试，了解上海地区 IPTV 用户的广告态度和广告效果。结果显示，IPTV 在内容资源、大

---

① 李岚．电视媒体融合发展的高度、深度和广度［J］．新闻战线，2019（11）：111－113.

② 李馥岑，于晓静，郑洁，等．复杂传播网络下的电视新媒体受众研究［M］．上海：上海交通大学出版社，2013：69.

③ 李倩玲，等．转向：无界限传播你做主：群邑论后大众传播时代制胜的营销策略［M］．北京：中信出版社，2011：162.

屏场景体验、广告时长方面具有优势。

（1）在内容上，IPTV 拥有电视台直播、点播、回看功能，相对有线电视、网络视频等具有一定的独特性，而优质的内容对广告品牌的形象则有较高的提升。

（2）在大屏场景体验上，IPTV 用户表示电视端往往是在自己较为放松的情况下观看的，观看体验舒适，大屏的影音效果也相对更好，这就增加了 IPTV 内容的吸引力。而相当多的用户也表示，会更信任 IPTV、有线电视上的广告，认为它们更可信，这也是大屏对广告效果的一个提升。

（3）在广告时长上，IPTV 前贴片广告最长为 30 秒，与电视广告、网络视频贴片广告相比较短，广告体验较好，用户普遍反馈这类广告在其接受的范围之内。①

二、互联网电视广告

与传统电视相比，互联网电视（OTT TV）具有便捷性、社交化和个性化等特点，具体如下：

便捷性是指通过 OTT TV，观众不再像以往看电视一样，必须坐在固定空间里等待固定时间电视节目的播放，而是可以在任何时间、任何地方、任何设备上观看电视。

社交化是指在 OTT TV 上，观众可以实现“实时分享”，对自己喜爱的节目向朋友进行推荐。OTT TV 也使得观众与观众、观众与平台、观众与内容之间有了更多的互动。

个性化是指观众完全可以根据自身喜好选择观看节目。不仅如此，随着大数据与智能技术的发展，OTT TV 还可以实现“猜你喜欢”这类栏目，为每一个观众推送其可能喜欢的节目，实现个性化定制。②

2012 年发布的智能电视盒子产品拉开了 OTT 广告市场的序幕，这成为了 OTT 广告市场发展的基础。2013 年开始，便有代理商进入 OTT 广告市场，搭建广告系统，与厂商等媒体资源方展开合作，推动广告主尝试 OTT 广告。

目前，OTT 广告主要有两大类型。一类是系统层广告，又分为传统型系统层广告和创新型系统层广告。系统层广告依托于 OTT 操作系统，由终端厂商所有，其中，传统型系统层广告以开关机广告为代表，多以 CPT 和 CPM 售卖，创新型系统层广告则以定制化的形式进行合作，价格随着项目类型和难度等的不同而不同。另一类是内容层广告，这类广告依托于视频内容，以贴片广告为代表，终端厂商、牌照方、内容提供方、应用开发商等均有此部分广告资源，主要通过 CPM 售卖。③

另有资料显示，CSM 目前已开展“TV＋OTT 电视大屏同源数据测量研究”，基于 CSM 收视数据中已包含的电视大屏点播、回看收视数据，通过同源样本整合爱奇艺、腾

---

① 王艳萍．艾瑞：大屏广告体验和优质广告效果凸显 IPTV 广告价值［EB/OL］．（2016－05－17）［2019－11－02］．http：//report. iresearch. cn/content/2016/05/261021. shtml.

② 张晓伟．OTT TV 兴起背景下电视的“变形”之策［J］．传媒，2018（6）：35－37.

③ 中国 OTT 广告市场研究报告（2017 年）［R］．艾瑞咨询系列研究报告，2017（9）：49.

讯视频 TV 端的大屏全量收视数据，经过多重校验和认证后融合形成电视大屏跨传统直播与 OTT 点播的综合测量体系。此方法精准还原电视大屏多人收视场景，为客户提供全面、真实、到人、工具化的 TV+OTT 同源收视产品。[①]

案例 3-1

不做电视广告的华为

1987 年任正非以 21 000 元人民币创立华为，随后选择自主研发道路，到 2008 年华为实现了在欧洲的广泛业务运作。面对内外商业环境的主要变化和发展趋势，2011 年起华为经过业务重组，划分为三大运营中心（BG）即运营商网络 BG、企业业务 BG、消费者业务 BG，适应不同客户群的商业规律和经营特点，针对客户的需求、痛点和挑战，整合公司内部的各种能力和资源，提供创新的、差异化的、领先的解决方案。

2016 年对全球手机市场是极其重要的一年。在这一年，三星 Note7、苹果系列手机电池“爆炸”事件轰动全球，而另一方面中国国产手机业已在全球取得了一定的市场份额，各大手机厂商都在摩拳擦掌规划下一步的高端化战略，三星和苹果的丑闻无疑给了国内手机冲刺的理由。也正是在这一年，华为主打精品手机，并且从一个不在电视上打广告的品牌转变为电视品牌营销的行家。

时隔六年，当人们谈到手机时一定会谈到华为。2017 年华为实现全球销售收入 6 036 亿元人民币，同比增长 15.7%；消费者业务最亮眼，占总收入的 39.30%。智能手机（含荣耀）全年发货 1.53 亿台，全球份额突破 10%，稳居全球前三。

消费者业务的崛起成就了今天强大的华为，同时也帮助华为建立起了品牌形象。华为手机品牌价值增长强劲，在国内的关键品牌指标（品牌的考虑度和偏好度等）已经完全超越其他国际一线品牌（来自 IPSOS 市场研究集团）。华为品牌的国际认知也在大幅提升，在英图博略（Interbrand）发布的“全球最佳品牌排行榜”中，华为从 2015 年的第 88 位上升到 2016 年的第 72 位，再到 2017 年的第 70 位，是品牌价值增长最快的品牌。

2016 年 9 月，华为入选 2017 年 CCTV“CCTV 国家品牌计划”，这个从来没有做过电视广告的品牌，开始了它品牌传播狂飙突进的时代。

CTR 效果报告显示，如图 3-1，在电视媒体方面华为 76%的广告投放在央视，CCTV-1 成为其投放量最多的频道，综艺类、新闻/时事类、专题类的节目是华为投放的主要资源，主力投放时段在 19：00—24：00。投放数据显示，华为无论是媒体选择还是内容类型甚至是时段频次，都与苹果相类似。华为选择高端媒体平台，形成与其他竞争对手相区隔的投放领域，为品牌的高端化提供了有力的支撑。

---

① 本刊编辑部．CSM TV+OTT 同源测量解决方案获国际业界首肯［J］．声屏世界·广告人，2019（5）：120．

品牌	华为	OPPO	VIVO	苹果	三星
媒体选择（频次）	央视76% 卫视24%	央视1% 卫视99%	央视35% 卫视65%	央视67% 卫视33%	央视63% 卫视37%
媒体效果（29省GRP）	央视91% 卫视9%	央视1% 卫视99%	央视28% 卫视72%	央视64% 卫视36%	央视37% 卫视63%
频道选择（频次）	CCTV-1 25% 浙江卫视 23% CCTV-8 12% CCTV-13 11% CCTV-3 9%	浙江卫视38% 湖南卫视28% 北京卫视18% 东方卫视10%	江苏卫视24% 浙江卫视23% CCTV-6 22% 湖南卫视14% CCTV-5 10%	CCTV-6 17% CCTV-5 17% CCTV-10 17% CCTV-3 16% 江苏卫视10%	CCTV-6 30% CCTV-10 16% 湖南卫视12% CCTV-2 8% 北京卫视8%
节目类型（频次）	综艺类38% 新闻/时事类34% 专题类7%	综艺类46% 电视剧类20% 生活服务类11%	综艺类37% 电视剧类24% 体育类10%	综艺类39% 专题类16% 体育类16%	综艺类29% 电影类20% 专题类17%
投放时段（频次）	19:00—24:00 63%	19:00—24:00 47% 13:00—18:00 28%	19:00—24:00 42% 06:00—12:00 27%	19:00—24:00 89%	19:00—24:00 78%

图 3-1　主要手机品牌的媒体投放情况

资料来源：2017“CCTV 国家品牌计划”综合影响力报告。

从投放的产品来看，华为在央视的投放以定位商务人士的高端旗舰产品为主，定位较为年轻的品牌产品 NOVA 和荣耀为辅助投放，其中荣耀的前身是华为电商部，荣耀是用互联网手机的方法论做的手机，主体投放在网络，但是电视端的曝光成为它强有力的护卫。虽然产品有精准定位，但是消费的可能性并不局限于所定位的某类人群，因此在央视黄金广告位上向全国人民展示它的旗舰机型 Mate 9 系列，把目标受众由之前的商务人士拓展到普通消费者。

CTR 效果报告显示，2017 年 1—6 月华为央视广告累计获得 2 603 个毛评点，占央视整体毛评点的 91%；在省级卫视获得 258 个毛评点，占比为 9%。通过投放央视，华为付出的传播成本最有效，把每一分钱都花在了刀刃上。根据 CTR 的效果监测数据，央视贡献的毛评点占华为整体电视投放毛评点的 91%。华为在央视“CCTV 国家品牌计划”的广告点成本为 5.76 万元，千人成本仅为 4.6 元，仅仅是竞争对手的 1/3。

在华为走向世界、扩大品牌影响力、树立品牌自信的过程中，电视媒体占有重要的一席。

资料来源：任学安．突破：一场非典型广告实验［M］. 北京：中国传媒大学出版社，2018：148-155.

案例 3-2

高端营销变革的海尔

作为拥有三十多年历史的老牌家电企业，海尔自上世纪起就积累了一代代忠实用户，大众化的品牌形象深入人心，但进入 21 世纪，这一经典品牌形象开始面临一系列挑战：一是新一代年轻人成为消费主力，他们对海尔的印象充满矛盾，既觉得亲切又稍感“老派”，认为海尔是属于上一代的品牌记忆，而不是“自己的”；二是消费升级逐渐展开，虽然当时看来局势尚不明朗，但今天我们已能清楚地看到，高端品牌从这一时期开始取得了长足增长，低端品牌则受到步步挤压；三是海尔作为最早进入国际市场的中国家电企业，未来要尽快在海外实现大的发展，亟待制定新的战略，寻路突破。

在观察到上述趋势后，海尔为了提升自身在国内外市场的竞争力，打破消费者对其“低端品牌”的固有印象，于 2006 年创立了高端子品牌卡萨帝。2013 年，比利时布鲁塞尔自由大学欧洲研究所进行的欧洲消费者调研显示，海尔是为数不多的在欧洲知名的中国家电品牌，尤其是卡萨帝冰箱，在当地市场颇受青睐。

然而，新的问题来了，当卡萨帝在国外大受欢迎的时候，国内市场的销量却始终不见起色，问题绝对不在市场，因为中国庞大的中等收入群体已经成长起来，他们对高品质产品的需求旺盛。伴随品牌升级战略，如何将海尔的新形象传递给目标受众，成为海尔品牌建设的重要课题。

2016 年央视首次公布“CCTV 国家品牌计划”，海尔最终入选“CCTV 国家品牌计划-TOP 合作伙伴”，成为首批二十余家企业之一。仅 2017 年上半年，海尔通过“CCTV 国家品牌计划”硬广资源累计获得 2 390 个毛评点，累计触达超过 297 亿人次，覆盖全国 9.4 亿观众，人均看过海尔广告 31.5 次，看过广告 3 次及以上的人占电视人口的 59.1%，取得了出色的传播效果。同时，分品类来看，海尔仅通过“CCTV 国家品牌计划”一项投入，就在空调、洗衣机、冰箱领域达到了行业领先的传播声量。

2017 年 11 月，海尔马上又携手央视《挑战不可能》第三季，成为栏目战略合作伙伴。《挑战不可能》是一档大型励志向、极限挑战类节目。作为栏目战略合作伙伴，海尔将产品深植挑战环节，做到了从容而精准的表达。

在 2018 年 1 月 7 日的节目中，如图 3-2 所示，由平衡大师钟荣芳挑战 4 米高空跷跷板棕榈叶平衡系统，跷跷板上放有三台高速运转的海尔卡萨帝洗衣机，挑战者需利用 15 根棕榈树树枝让一根羽毛保持平衡，放在卡萨帝洗衣机上保持纹丝不动。在挑战中，洗衣机是挑战必须攻克的难关，但从站上跷跷板的那一刻起，洗衣机本身也在挑战行业的不可能。这期节目取得了非常惊人的效果，收视率高达 1.96%，位居全国收视率第一，而极限的挑战也显示了卡萨帝品质的极致平衡，在传播的质与量上都达到最佳的植入效果。

图 3-2 海尔卡萨帝洗衣机植入《挑战不可能》节目

2017 年，海尔全年实现营收 1 592.54 亿元，同比增长 33.68%，其中卡萨帝营收同比增长 41%，超过了整体增速，且卡萨帝在中国万元以上家电的市场份额已经达到 35%，较 2016 年又提升 9 个百分点。现在，海尔已经让产品走进 160 多个国家和地区，成为中国家电全球化第一品牌。

资料来源：任学安．突破：一场非典型广告实验［M］．北京：中国传媒大学出版社，2018：156-163.

案例 3-3

民族品牌弯道超车的广汽传祺

广汽传祺是广汽集团于 2008 年创立的自主品牌，首款产品上市是在 2010 年底。2016 年是中国汽车产业发展的分水岭，也是中国品牌全面崛起时代的起点。广汽传祺牢牢把握住了这一节点。得益于坚持正向研发与国际标准带来的高品质积累，广汽传祺在产品力上迅速建立优势，在自主品牌阵营中脱颖而出，以高达 85%的年复合增长率位居行业前列，2017 年销量超过 50 万辆。同时，传祺的品质也得到了业界权威的高度认可，在 J. D. Power 最新发布的 2017 年中国品牌新车质量研究中，广汽传祺荣膺五连冠，充分体现了其产品质量的一致性与可靠性。

尽管产品力已经得到了广泛的认可，品牌力、知名度却有限，制约了销量与品牌形象的进一步提升。“一条腿”走路的广汽传祺，急需建立起更有影响力的品牌形象，进一步拓宽向上的空间。

广汽传祺在2016年上半年连续三个月投放《新闻联播》提示收看资源，收获了良好的传播效果，并取得上半年销量增长170%的耀眼成绩。《长征》则是2016年纪念中国工农红军长征胜利80周年宣传项目中的唯一核心项目，广汽传祺成为唯一一家在片中露出的客户，以GS4/GA8/GS8作为指定用车全程护航，历时2个月奔赴全国22个相关省市拍摄采访，协助完成了“车轮上的长征”，将勇往直前、迎难而上、开拓创新的长征精神与自身品牌主张结合（如图3-3和图3-4所示）。该项目合作的一大亮点，是首次从经营角度主动支持和配合央视主题主线宣传任务，在广告创收与主线宣传两方面实现了双赢。

图3-3　广汽传祺植入《长征》纪录片（一）

图3-4　广汽传祺植入《长征》纪录片（二）

广汽传祺同《新闻联播》提示收看资源与《长征》纪录片的两次成功合作，大大强化了企业的信心，其后不仅追加投放，而且坚定不移地开始与央视建立深入的品牌传播合作。

2016年底，广汽传祺选择投放重磅创新项目“2016年中央电视台诚信合作伙伴”，同时占据《天气预报》《焦点访谈》及黄金档剧场等CCTV-1的顶级资源，并搭配CCTV-2、CCTV-4、CCTV-13的核心广告资源，全方位传播作为“中央电视台诚信合作伙伴”的广汽传祺品牌，最终在年底完成了销量冲刺。这一次合作使得广汽传祺在塑造品牌、提升销量之外，还得到了汽车行业其他企业的关注。可以说，央视不仅帮助广汽传祺成功影响了消费者，还塑造了广汽传祺在汽车业内的影响力。

在2016年底，广汽传祺还为自身及央视提出了另一项挑战，即希望能够突破春晚原有的广告形式，实现品牌元素在春晚中的露出。

众所周知，央视春节联欢晚会从2011年起就停止了广告植入，广告合作被压缩在了硬广、报时及公益广告落版等非常有限的空间中。为此双方进行了持续的沟通，最终确定广汽传祺在投放春晚硬广、公益广告的基础上，冠名《@春晚》节目，利用春晚主持人口播提示观众参与《@春晚》互动的形式实现品牌元素在晚会中露出的目的，并进一步用大屏连小屏线上线下结合的方式进行企业品牌传播，在不违背政策的前提下，拓宽了春晚广告的合作范围，成为近年央视春晚广告植入的一大创新和突破。

春晚及《@春晚》的播出，使广汽传祺在电视与手机端同时成为亿万观众关注的对象，当晚就在汽车业内引发了大量的讨论，实现了史无前例的爆点传播。这一次成功的投放，对广汽传祺的销量带动作用非常明显，2017 年 1 月份实现销售 46 219 辆，同比增长 31.4%，其中旗舰七座 SUV GS8 单月销量达 9 418 辆，超越福特锐界，直逼汉兰达，成为七座 SUV 销量亚军，与合资品牌分庭抗礼，赢得新春开门红。

资料来源：任学安．突破：一场非典型广告实验［M］. 北京：中国传媒大学出版社，2018：164-172.

案例 3-4

CIBN 用智能大屏开启畅快世界杯

中国国际广播电视网络台（简称 CIBN）是新媒体领域的国家广播电视播出机构，成立以来一直坚守媒体本位，希望做出更多符合国家级媒体身份的精品内容，为用户提供专业化、规模化、平台化及应用级的内容服务。2012 年 5 月 28 日，CIBN 互联网电视正式上线商用，由中国国际广播电台授权国广东方网络（北京）有限公司独家建设及运营。2018 年世界杯期间，CIBN 利用国家级媒体资源围绕世界杯打造了一系列精品内容，巧妙地借助了互联网电视平台、热点内容、活动运营中的各种优质资源，采取了“内容运营＋广告营销”的整合规划，提前为客户规划软硬结合的营销切口，帮助客户品牌提升品牌形象、传播品牌理念。用智能大屏给受众带来了畅快的世界杯体验，也为客户策划了精彩的营销案例。

在节目内容策划上，围绕 2018 年世界杯赛事推出三档系列原创节目，多视角带领球迷走近世界杯，以优质内容作为吸引受众的突破口。其中原创日播资讯《足球风云榜》主要为球迷提供及时全面的比分回顾和赛程预告资讯（见图 3-5）；《前沿热点》则主打前方资讯，由前方记者现场深挖世界杯赛场及赛事周边的热点事件，将最新鲜的、最有趣的赛事信息一网打尽，带球迷走进比赛的精彩瞬间；CIBN 还推出了 5 分钟的电影级短视频《我们为什么奔跑——凡所经历必有意义》（见图 3-6），讲述了一群怀揣足球梦的孩子在逐梦路上的感人故事。这些节目从资讯、知识、情感等多个角度为受众解读世界杯，突破了其仅仅作为体育比赛的内涵，使受众“一键操作”就能畅享大屏、纵览世界杯。节目推出后不仅受到球迷们的喜爱，也吸引了众多非球迷观众的关注。

在内容分发上，CIBN 采取了多终端传播、多平台分发、多渠道话题炒作的策略。内容的传播矩阵由 OTT 端、移动端、PC 端、IPTV 端、航空电视、火车站 WiFi 六大终端构成。在这样的终端架构下，CIBN 选取用户市场庞大的优酷、腾讯、爱奇艺、搜狐、一点资讯、Acfun、哔哩哔哩（Bilibili）、美拍、秒拍、今日头条等媒体平台实现内容的多级传播，对各圈层的潜在受众都可以实现较高的触达率，图 3-7 就是经由腾讯

图 3-5 CIBN《足球风云榜》节目

图 3-6 CIBN 短视频《我们为什么奔跑——凡所经历必有意义》

视频在世界杯期间进行的内容分发。除此之外，微信、微博等社交媒体也是帮助 CIBN 进行话题炒作的重要渠道，CIBN 在社交媒体上热推相关话题，鼓励受众参与互动和话题讨论，提高了节目热度，拉近了与观众间的距离。

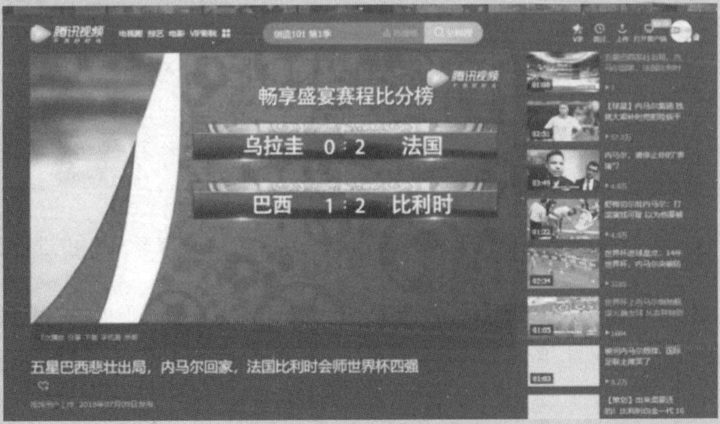

图 3-7 CIBN 打造的节目在腾讯视频上分发

在优质内容造势、多平台引流的内容运营模式下，CIBN采取了多种广告形式来帮助客户品牌形象的树立和品牌理念的传播。首先，它为客户进行了全方位的权益展现，包括在节目中用赞助冠名、角标广告等多种形式露出品牌商标（见图3－8），不断强化受众的品牌记忆，还在节目中进行产品植入，比如在短视频《我们为什么奔跑——凡所经历必有意义》中植入了四特东方韵品牌的产品（见图3－9），这一短视频不仅与四特东方韵品牌传播理念产生情感诉求的共鸣，还获得了今日头条金秒奖的提名。此外，CIBN还使用硬广为客户营销活动护航：一方面在TCL、海信、康佳、长虹等电视品牌上投放开屏与开机广告；另一方面特别制作了贴片内容广告和联播插片广告，还基于终端可非线性观看的特性制作了暂停贴片广告。多种广告类型的组合投放有效地实现了内容与广告的深度融合。

图3－8　CIBN为四特东方韵打造的角标广告

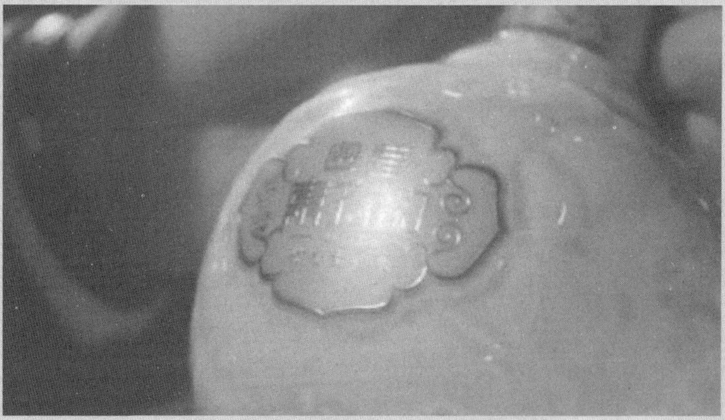

图3－9　CIBN在短视频《我们为什么奔跑——凡所经历必有意义》中进行产品植入

CIBN还为客户打造了跨平台的互动营销，充分利用OTT端的互动性，结合世界杯这一主题举行了“猜胜负得大奖”的活动。通过在OTT端参与猜胜负活动、关注节目、了解品牌产品信息，再到移动端留资料待抽奖这样一个活动流程，实现了OTT端与移动端的关联互动。在这一活动中，品牌方也利用提醒观众参与活动和关注比赛结果等方式，提高了观众对品牌的认知度。

在这样的整体战略部署下，CIBN打破了固有的电视广告思维，实现了家庭智能大屏化的整合营销。

据统计，截至2018年7月底，这次2018年世界杯赛事的整合传播实现了超过5亿的曝光次数，受众对于客户品牌的认知度、美誉度以及品牌销售额均有所提升，内容+多平台+广告+互动的组合营销模式也为OTT广告市场的发展提供了思路。

资料来源：国广东方网络（北京）有限公司。

【本章小结】

电视从发明至今，经历了从机械电视到电子电视、从黑白电视到彩色电视、从模拟电视到数字电视的过程。现如今，在新技术和互联网浪潮的推动下，IPTV、互联网电视、智能电视得以出现并快速发展。介质的革新带来电视媒体传播方式的变化：在收视终端上，从“一屏独大”到“多屏共存”；在收视情境上，从“全家围坐”到“一人独享”；在收视行为上，从“单向接收”到“双向互动”。

传统电视媒体效果的测评可以从电视媒体自身和电视媒体受众两个层面归纳评价指标。与传统电视广告相比，IPTV广告和互联网电视广告的形式更为多样，广告效果测评必然以海量数据为依托，以广告与受众的精准互动为评价指标。

【思考题】

1. 简述电视媒体的发展，并分析由此带来的收视终端、收视情境和收视行为的变化。
2. 传统电视广告效果的评价指标及方法分别有哪些？
3. 电视收视率调查经历了怎样的发展历程？
4. 不同于传统电视广告，IPTV广告和互联网电视广告分别有哪些特点？这为电视广告效果测评带来哪些影响？

【推荐阅读书目】

1. 黄升民．数字化时代的中国广电媒体［M］．北京：中国轻工业出版社，2003.
2. 李晶，昌蕾，吴文涛．广告效果测评理论与方法［M］．北京：社会科学文献出版社，2014.
3. 王晓华．广告效果［M］．北京：高等教育出版社，2012.
4. 清水公一．广告理论与战略［M］．胡晓云，朱磊，张姮，译．北京：北京大学出版社，2005.

第四章

广播广告效果测评

【本章学习要点】

- 广播媒体和广播广告在我国的发展历程。
- 互联网技术推动下广播广告的新形态。
- 传统广播时期广播媒体与听众的测评。
- 互联网音频的发展及收听测量方式。

纵观近些年广播媒体和广播广告的发展，有两次比较大的机遇。一是由于私家车数量的激增，广播以其独有的伴随收听的特性在传统媒体中逆势上扬；二是移动互联网的飞速发展带动了互联网音频产业，私家车＋客户端的“移动收听”正在改变受众的收听习惯。传播形态的变革需要重新考量广播广告的效果测评。

第一节　广播媒体与广播广告

本节较为详细地介绍了广播媒体的发展历程以及广播广告在我国的发展历程，重点分析了不同历史背景下广播以及广播广告出现的新形态。

一、广播媒体的发展历程

从学理层面来说，凡是通过无线电波或导线向广大地区或特定范围传送声音和图像的电子媒介，均统称广播。通过无线电波传送节目的，称为无线广播；通过导线传送节目的，称为有线广播。根据传播符号的不同，广播可分为声音广播和电视广播。也就是说，广义上的广播包括了广播和电视，而我们通常情况下所说的“广播”一词，则仅指狭义上的广播，即仅传送声音的电子媒介，其主要传播手段为有声语言、音响和音乐。①

① 宫承波．广播电视概论［M］．北京：中国广播电视出版社，2014：1.

（一）传统广播的出现

早在 1864 年，苏格兰科学家麦克斯韦就提出了著名的电磁波存在理论。1887 年，德国物理学家赫兹首先验证了电磁波的发生和接收理论。1888 年，赫兹测量了电磁波的速度和各种不同波长的电磁波的参数，从而为电磁学的发展和无线电广播的应用奠定了基础。1895 年，俄国人波波夫和意大利人马可尼分别制成了世界上最早的无线电接收机。从此，无线电的传播时代到来。①

1906 年圣诞节前夕，美国匹兹堡大学物理学教授金纳德·奥布里·费森登（加拿大人）在美国马萨诸塞州布兰特岩城的无线电广播实验室首次成功地进行了无线电有声广播。当时航行在大西洋海面的一艘船上的无线电报务员从耳机里听到了女歌手的歌声、小提琴演奏声和讲圣诞故事的声音。1907 年，美国人李·德·福斯特发明三极管，用于广播的播音。1910 年，福斯特从纽约的大都会歌剧院转播了恩里科·卡鲁索的歌唱演出。随后他播送的报纸要闻，成了最早的广播简讯。1920 年 8 月 31 日，美国底特律建立了一家试验性电台，播送州长竞选新闻，被称为首次广播新闻。1920 年 11 月 2 日由美国匹兹堡西屋电气公司开办的商业广播电台开始播音，呼号为 KDKA。这被公认为世界上第一座广播电台。

1921 年，法国邮电部建立了本国第一座广播电台，通过巴黎埃菲尔铁塔（312 米）进行定时广播。1922 年英国建立英国广播公司（BBC）。德国于 1923 年、意大利于 1924 年建立了无线电广播电台。日本在 1925 年开始办无线电广播。中国、印度、加拿大、澳大利亚等国的无线电广播也相继问世。②

（二）传统广播的“黄金年代”

1929 年 10 月美国华尔街股市崩溃，随之而来的是资本主义历史上最严重的一次世界经济危机，然而这场经济危机却成为了广播的黄金时代。广播网的形成促进了 20 世纪 30 年代无线电广播节目的成熟，它通过娱乐节目吸引了全国的广大受众，电台的娱乐功能表现得淋漓尽致。与此同时，广播的宣传功能也逐渐受到重视。富兰克林·罗斯福被称为第一个“广播总统”。在大萧条最严重的时期和二战时期，他发表了 30 次“炉边谈话”。著名评论家沃尔特·李普曼称罗斯福的“炉边谈话”起到意想不到的“呼风唤雨”作用。③

第二次世界大战的爆发为国际广播的发展提供了机遇。战争开始后，报刊的出版、印刷和发行受到很大影响，但人们对各种时政信息的需求却空前增长。这时，无线电广播传递迅速及时、无远弗届的优势就充分展现出来。参与战争的各国政府纷纷开办国际广播，大打舆论战和心理战，广播成了海陆空三种军事力量之外的“第四战线”。其中，英国广播公司（BBC）使用的语言从 9 种增加到 46 种，每天累计播音时间达到 125 个小时，被

---

① 蔡尚伟，等．广播电视新闻学［M］．上海：复旦大学出版社，2006：32.

② 黄匡宇．广播电视学概论［M］．广州：暨南大学出版社，2005：3.

③ 同①33.

认为是当时的“第一广播大国”。战争进程推动了广播的发展，提升了广播的地位，使广播在当时成为毋庸置疑的强势媒体。

（三）广播功能的转变

和平时代的到来为广播科技的研发和应用提供了适宜的社会条件。20 世纪 50 年代，调频广播发展迅速。这种广播的优点是音质好、抗干扰能力强，尤其是在传送音乐节目方面具有很大优势，而且其频率资源相对丰富，维护改造费用较为低廉。仅在美国，到 1955 年就已建立调频电台 552 座。

从广播所发挥的功能来看，二战结束后，在实行商营体制的美国，节目内容转向以娱乐化和新闻性、服务性为特色。而在实行公营体制的英国、日本等国家，广播节目就相对较严肃且富于教育意义。在另外一些新独立的国家，广播事业则被当作国家发展战略的一部分，由政府统一管理和使用，服务于民族发展和国家建设，并在大众教育和政治动员等方面发挥着巨大的组织动员作用，如中国、印度以及非洲和拉美许多国家。[①]

随着汽车业的迅速崛起，广播媒体迎来了复兴机遇。美、日等发达国家的广播媒体在 20 世纪五六十年代便由于汽车的普及而迅速兴起。[②]

（四）传统广播的市场细分

电视的日益普及对广播造成前所未有的冲击，广播收听率明显下滑。面对这一冲击，一些电台充分发掘自身潜力，力争以差异化战略谋得新的生存与发展空间：一是细分节目内容，按照节目类别设置不同的频率，如综合台、音乐台、新闻台、文艺台等；二是细分受众群体，按照不同的对象设置名称不同的频率，如老年台、青少台等；三是利用收音机便携易带等特点，拓展业务范围，开办交通台、气象台等。

现代通信技术的更新换代，也大大拓宽了广播的发展空间。20 世纪 80 年代以来，在传统的调频、调幅广播基础上，卫星广播、手机广播、互联网广播等新兴手段的发明和应用使广播的覆盖范围进一步扩大。广播的接收设备更加方便携带，收音机日益小型化，成为便携式的“随身伴侣”。继调幅广播、调频广播之后出现的调频立体声广播，又使广播媒介在音乐、交通节目的传递上显示出了独特的优势。而随着信息高速公路的搭建，世界范围的广播普遍开始向数字化、网络化方向转变。[③]

（五）数字广播优势明显

第一次数字广播即 DAB 试验是在 1988 年的日内瓦世界无线电行政会议（WARC）上进行的。1995 年，根据加拿大广播电视及电信委员会实施数字广播的政策 CRTC 1995－184 号，加拿大广播电视及电信委员会确定了数字广播分两步走，即短期内确立过渡阶段

---

① 宫承波．广播电视概论［M］．北京：中国广播电视出版社，2014：7．

② 黄匡宇．广播电视学概论［M］．广州：暨南大学出版社，2005：5．

③ 同①．

办理颁发数字广播执照的办法，长期内向公众推开数字承载（DRB）等，现有的 AM 和 FM 广播优先但不排他性地进行数字化。我国政府也高度重视广播电视数字化工作。20 世纪 90 年代初开始 DAB 广播的立项研究；1996 年，数字音频广播项目被正式列入国家重点科技产业工程之一；2005 年 4 月，北京人民广播电台开始试播 DAB 和 DMB；2006 年 5 月，国家广播电影电视总局发布了国家数字音频广播标准。

相对于传统广播，数字广播具有明显优势：第一是音质清晰、纯净，堪比 CD 的音质；第二是抗干扰能力强，收听效果好；第三是适合于便携和移动收听，快速移动时抗干扰能力强。此外，数字广播除了音频节目还可以提供数字多媒体广播和数据服务。①

二、我国广播广告的发展历程

（一）广播广告的出现

1922 年 12 月，美国人奥斯邦（Osborn）在上海设立了“中国无线电公司”，在广东路大来公司楼上装设了一座 50 瓦特的电台。该电台于 1923 年 1 月 23 日开始播音，是中国境内出现的第一座广播电台。该电台推销无线电器材（包括矿石收音机、真空管收音机等）的广告，揭开了我国广播广告的序幕。

1924 年 5 月，经营无线电器材的美商开洛公司在上海福开森路（今淮海西路）建造了一座 100 瓦的广播电台（后增至 250 瓦），其广告内容主要是外商广告，推销外国洋货，这是我国早期广播电台中开播时间较长、影响较大的一座电台。

旧中国官办广播电台始于 1926 年 10 月，无线电专家刘瀚在哈尔滨建成了我国第一座国人自办的官办广播电台——哈尔滨广播无线电台。1927 年，北洋政府交通部又在天津、北京相继开设广播无线电台。这些电台开播伊始便承揽广告业务。

1927 年 3 月，上海新新公司广东籍高级职员邝赞在公司六楼屋顶花园办了一座 50 瓦特的电台，节目内容多为广告，替公司推销商品，这是第一座中国人办的私营广播电台。民营广播电台的广告分为两种：一种是“小报告”，即一日数次由播音员播报，广告之间穿插播放唱片；另一种是广告客商“买时间”承包节目，按 30 分钟、40 分钟一档买下一个月或几个月，专门为其做广告。

到 1934 年前后，出现了最早的专门承揽广播广告业务的专业广告社。②

（二）中华人民共和国成立初期广播广告的活跃

为了有效地利用广播这一宣传工具，中华人民共和国成立初期人民政府就很重视对广播广告的管理。在接管了各地广播电台后，一些大城市开办了专门的商业广播电台，增设广告节目，播放经济、文化和社会广告，从而大大活跃了城乡物资交流，减少了国家事业

---

① 潘可武．移动的广播：技术进步与广播的发展趋势［J］．现代传播（中国传媒大学学报），2013（11）：121-124.

② 杨海军．中外广告史［M］．武汉：武汉大学出版社，2006：159.

费开支。[①]

中华人民共和国成立初期，广播广告有很好的发展势头，多数广播电台广告经营活跃，广告收入增长。20世纪50年代前后的广播广告十分简单，在节目当中或结尾衬上一小段音乐（包括戏曲的过门），接着便照着广告稿宣读。1953年，我国开始了对农业、手工业和资本主义工商业的社会主义改造，实行计划供应、计划收购和统购统销的经营政策，计划经济占了主导地位。许多企业已没有再做广告的必要，广播广告开始出现滑坡。1957年，“以阶级斗争为纲”的指导思想使广播的经营举步维艰，许多广播电台先后停止了广告经营。[②]

（三）改革之初广播广告的复苏

1979年被认为是当代中国广告市场重新恢复的起点。1979年初，一条300字的“王开照相馆”软广告在上海人民广播电台新闻节目中播出，广告连播三天，逢三个整点播出，广告费7元。此后不久，上海人民广播电台于1979年3月5日正式恢复成立电台广告组，并在当天的广播中播出“春蕾药性发乳”广告，这被认为是改革开放后我国第一条广播广告。继上海之后，1979年5月广东人民广播电台恢复了停办多年的广告业务，成立广告科，承办国内外广告业务。紧接着，北京人民广播电台在时隔26年后重开广告业务，于1979年11月1日开办《广告》节目，每天播音半个小时。

从1979年到20世纪80年代末，在上海、广东、北京等地电台的率先示范下，我国广播广告走过了原始积累期。这段历史虽然没有创造出惊人奇迹，但却坚定了经营的方向，培养锻炼了一批经营人才，并逐步建立起广告经营体系。1983年起我国开始进行广告行业数据统计工作，当年广播广告的营业额仅为1 806.9万元，到1988年营业额达到6 383.7万元，广播广告经营单位达到442户。[③]

（四）广播广告的发展与挑战

进入20世纪90年代，广播媒体广告市场发展表现活跃，各级广播电台发展到近900座，各具特色的专业台纷纷建立。以交通电台和经济电台为主要形式，广播电台开始了全国范围内的频率扩充，并且增加了播出时间。不少广播广告通过Rap、对话（包括相声）、小品及摇滚乐的表现手法来体现创意。广播广告作品在探索微型广播剧方面获得一些突破，同时又有一批反喧闹、反城市快节奏的广播广告作品出现。

20世纪90年代中后期，广播广告经营面临两方面的压力：一是外部压力，主要是部分境外电波媒体进入中国，从非新闻类节目开始开拓市场，参与瓜分现有的广告份额。二是内部压力，主要来自过高的任务指标、变革，以及频率的调整对收听率稳定性的影响

① 陈培爱．中外广告史［M］．北京：中国物价出版社，1997：72.

② 刘英华．广播广告理论与实务教程［M］．北京：中国传媒大学出版社，2006：9.

③ 王春美．中国广播广告40年经营变迁与特征呈现［J］．广告大观（理论版），2019（2）：73-82.

等。另外，网络等新兴媒介对广播广告的挤压使广播广告占有份额逐年下降。[①]

（五）广播广告的新形态

广播广告通常是由“广告产品群”构成的，广告产品群包括专题广告、固定套播广告（主题套播广告）、客户指定位置套播广告（自组套播广告）、节目或栏目冠名协办广告、单点位播出的普通广告等几种类型。[②]

随着互联网和移动互联网在广播领域的渗透，广播广告不断呈现出新形态。例如，中央人民广播电台将传统广播广告和搜索引擎相结合推出的“百度搜索型广告”是台网合作形式。很多人在听广播的同时都会玩手机，当受众在广播中听到某个内容时，会随手拿起手机进行搜索。将听众“摆渡”到互联网上，从而进入广告主的页面，这就解决了广播与新媒体融合的问题。再如，基于地理位置的广告正日益成为广播电台和车联网用户体验的一部分。当汽车连接到车联网时，导航仪便拥有了GPS位置信息，潜在的广播广告商将会利用这一信息。当消费者驾车经过某一个商场时，地理围栏技术探测到用户在广告合作伙伴的零售店或餐馆附近，广播电台就会将这家商场的促销信息投送到车内的屏幕上，并且会将这个促销信息发送到车内的无线电中，以广播的方式向司机进行播报。如果用户听到了自己感兴趣的促销信息，只需轻轻点一下屏幕，就能够将促销信息发送到自己的智能手机上。[③]

内容营销使得传统广播广告再升级。依托于场景因素、情感因素以及娱乐因素，将广播与企业品牌的传播相结合，让广播广告形式更为柔性化、节目化，在潜移默化中达到影响受众的目的。2016年7月26日，上海广播“动感101”完成了2亿元广告订单的突破，其与崂山矿泉水的合作就是一个典型的例子。为了避免口播广告带来的生硬感和距离感，动感101为崂山矿泉水中的“崂山白花蛇草水”专门定制了“动感101喝水时间”这样一个新颖的广告形式，让这个曾被网络上定义为“最难喝”矿泉水的品牌形象得到了很大的改观。

广播+电商作为重要的营销形式已经变得越来越普遍。2016年“双11”当天，“广东广播电商狂欢节”特别节目《抢闸双十一》由珠江经济广播策划，联合南方经视TVS1、荔枝直播客户端、珠江网络传媒进行“四合一”三小时直播，用户可以边听（广播）、边看（电视和网络视频）、边玩（微信“喊红包”）、边买（在广东广播“呼啦商城”进行下单购物），体验全新的购物模式。自有的电商平台“呼啦商城”访问量超过30万，累计销售额突破550万元，比2015年增长77%。[④]

在2012年、2013年市场出现第一批移动音频平台后，广播媒体陆续跟进，但一路走来并非一帆风顺。直到近来，广播移动客户端的布局和经营才趋于理性，强调客户端与广播属

---

① 刘英华．广播广告理论与实务教程［M］．北京：中国传媒大学出版社，2006：10.

② 周伟，邓伟平．广播广告的产品营销策略［J］．中国广播，2010（10）：57－60.

③ 朱琛，姚琪钰．中国广播广告类型及分析［J］．中国广播，2014（9）：9－13.

④ 黄京华，王冰．2016广播广告：稳定与趋变［J］．中国广播，2017（2）：41－46.

地功能及自身产业布局的联通带动，更新开发出一批前端产品。如上海“阿基米德FM”、南京“在南京”、广东“粤听”、佛山“花生”等客户端，不胜枚举。这一轮迭代，移动客户端定位更为明确，同时客户端盈利探索也成为重点任务。这些在传统广播基础上脱胎而来的新媒体平台，在占领用户心智、吸收流量转化等方面运转成熟。更为重要的是，“阿基米德M店”打通线上广告到线下售卖，“在南京”客户端对本地资源的挖掘转化售卖迅速实现千万元级别的利润，让人们看到了广播在经营客户端方面的独特优势和收益前景。①

第二节 传统广播时期广播媒体与听众的测评

在本节中，我们通过查阅以往的文献，了解到对于传统广播媒体效果的评估大多借鉴和参考了传统电视媒体效果的评估方式。

一、针对广播媒体自身的评价指标

（一）广播媒体普及率

广播媒体普及率通常是指一个地区拥有广播的家庭或人口数占该地区家庭或人口总数的百分比。当今媒体融合时代，收听设备已经远远超出了传统广播的范畴，对广播媒体传播能力的评估需要超越传统上以广播拥有量来界定的思路，重新界定为以任何方式能够提供音频节目的设备占全部人口的百分比。

（二）广播媒体覆盖率

广播媒体覆盖率是指在广告播出时段，特定地区以各种方式收听广播的人口占该地区总人口的比例。

广播媒体覆盖率＝特定时间内收听广播节目的人数÷总人口

它强调的不是收听工具——音频设备的拥有情况，而是实际的收听行为是否发生。

（三）广播开机率

广播开机率是指特定时间内，在指定的区域打开音频设备的人占该地区指定人群的百分比。广播开机率关注的是“打开音频设备”的行为。

（四）节目听众占有率

节目听众占有率是指特定时间内收听某一频率节目的人数占该地区该时段广播受众人

① 方乐.2018年中国广播广告市场盘点［J］. 中国广播，2019（2）：39－42.

数的百分比。这里的“广播受众”是指该时段打开音频设备收听节目的人口。节目听众占有率是比较各频率特定时间内市场占有份额的重要指标。①

二、针对广播媒体受众的评价指标

（一）到达率

到达率指在特定期间暴露于一个媒体执行方案的人口或家庭占总人口或家庭的百分比。到达率为非重复性计算数值，指在特定期间内暴露一次或一次以上的人口或家庭占总数的比例。

到达率＝至少一次听过广播的家庭数÷拥有广播家庭数×100％

（二）收听率

收听率指收听某一特定节目的人口数占拥有广播人口总数的百分比。

收听率＝收听某一特定节目的人口数÷拥有广播人口总数×100％

收听率、开机率、节目听众占有率三个指标相关相连，知道其中任何两个，即可计算出第三个数值。

收听率＝开机率×节目听众占有率×100％

（三）毛评点

毛评点也称为总收听点，指一定时间内收听率的总和。它提供信息送达的总听众数据，而不关心重叠或重复暴露于个别媒体下的听众。毛评点说明了信息送达的总听众人数，可根据收听率和电台、电视台媒体播放表计算得出数据。毛评点（总收听点）表示的是百分数，但通常不标记百分比符号。

毛评点＝每次收听率×插播次数

（四）千人成本

一种媒体或一个媒体播出组合所送达一千个人或家庭的成本计算单位。千人成本概念用于分析广告的费用与广告到达之间的关系，是广告效果分析的重要量化指标，可用于评估一则广告或一个媒体播出组合的性价比。

千人成本＝广告单价÷广告收听人口×1 000

广告收听人口＝总人口×广播普及率×广告收听率

除以上指标之外，与广播广告的到达效果相关的评估指标还包括听众暴露度、覆盖面、暴露频次、收听率每点成本、重叠率、集中度等。②

---

① 王晓华．广告效果［M］．北京：高等教育出版社，2012：81－84.

② 胡晓云，等．品牌传播效果评估指标［M］．北京：中国传媒大学出版社，2007：55.

三、收听率调查现状

2000 年，CSM 在国内几个城市开始了使用日记卡法调查的尝试，2002 年正式向市场提供收听率产品及服务。

所谓“日记卡法”是指由样本户中所有 10 岁及以上的符合调查标准的成员，每个人将自己每天收听广播的频率、时间段随时记录在日记卡上，以获取广播听众收听信息的方法。以 CSM 使用的日记卡法为例，日记卡中最重要的两个部分是广播收听率日记填涂卡和广播频率对照卡。在日记卡上有记录样本人员所收听广播频率的代码、收听时段和收听地点的地方，为方便样本人员随时携带记录，CSM 的收听日记卡被改进设计成 64 开的小册子，一本小册子可以记录一名样本人员一周七天的收听情况。日记卡以 15 分钟为一个记录单位，样本人员在 15 分钟内收听某一频率的累计时间超过 8 分钟时才可记录。在日记卡填涂册中附有日记卡的填写方法细则及举例。

自 20 世纪末以来，美国和英国出现了真正意义上的收听测量仪。收听测量仪由样本户家庭成员中的听众携带，以分钟或秒为记录单位，可监测样本对象的收听广播状态及换频情况，并将收集的信息存储在仪器的内存中，通过特殊渠道回传到数据处理中心。①

在借鉴国外的测量仪技术和吸收最新电子技术的基础上，赛立信研究集团于 2010 年成功研发出拥有独立知识产权的“广播收听测量仪”（broadcast surveying meter，BSM），填补了国内在这个领域的空白。BSM 有效改变了广播收听调查以往单一的“日记卡”模式，实现了广播收听调查数据采集模式从人工到电子技术的重大改革，并且很快在全国范围内推广使用。目前，赛立信已经在北京、上海、广州、深圳、沈阳、武汉、重庆、成都、长沙、贵阳、乌鲁木齐、青岛、扬州等十多个城市使用 BSM 代替日记卡采集收听数据，开展收听率调查。

使用测量仪 BSM 记录调查样本收听行为信息，自动识别频点，数据精确到秒，收听量采集完整、真实，使广播收听率数据更加科学、客观和精密，可以更好地满足广播电台、广告公司对收听率数据的使用要求。较之于传统的日记卡法，BSM 调查具有如下优势：

（1）调查数据更加客观、科学地反映收听市场的真实状况，可靠性强；

（2）可以得到每天播出的所有节目的收听率数据和周、月、年平均数据；

（3）能够得到 3 分钟以内的小节目或线性节目数据（日记卡调查以 15 分钟为单位，无法得出小于 8 分钟的节目的数据）；

（4）能够准确计算出每条播出广告的收听率和一次到达、N 次到达人口等广告公司广告投放效果评估指标。

当然，BSM 也有其不足：一方面，如果使用 BSM 记录汽车广播收听行为，则必须将

---

① 梁帆．收听率调查方法的现状、发展与挑战［J］. 中国广播，2014（8）：11－14.

其安装到汽车音响内，获得样本户的配合有一定难度；另一方面，BSM 调查成本较高，也往往令很多客户望而却步。①

延伸阅读

广播听众调查沿革

谷征在《改革开放 40 年我国听众调查的五个阶段与发展趋势》一文中，以调查主体、调研方法、调研工具、调查内容等为参照，将我国广播听众调查分为听众来信、学界牵头多媒体受众调查、委托性收听习惯调查、商业性收听率调查、日记卡和新技术并存五个阶段。其中通过对前四个阶段的总结可以看出我国广播听众调查的沿革。以下是前四个阶段的简要描述：

（一）第一阶段：听众来信

改革开放后的最初几年，鉴于资金、人员、社会环境等条件限制，我国并没有出现成体系的听众调查。不过在党的群众路线指引下，各广播机构当时都会设置专门的听众联系部门，进行听众工作。然而，这些听众工作并非稍后出现的基于统计学意义上的抽样调查，基本上是通过召开座谈会、接收来电来信与接待来访等方法了解听众，或者进行一些经验性的总结。尤其是听众来信，由于其方便、易操作，成为这一时期电台了解听众的最主要方式。

（二）第二阶段：学界牵头多媒体受众调查

我国传播界一般将受众调研的起始点定在 1982 年的北京调查。北京调查由中国社会科学院新闻研究所发起，与《人民日报》《工人日报》《中国青年报》和当时的北京广播学院共同组织，对报纸、广播、电视的传播效果作了综合考察。调查结果公开报道后，在国内外引起巨大反响，被新闻传播界认为是中国内地受众调研的里程碑。②

这一时期听众调查处于开始阶段，主要特征如下：学者和学术机构在听众调查中起牵头和主导作用；逐渐采用随机抽样调查；均采用问卷形式，由专门的访问员对样本进行问卷调查；听众调查更多是作为全景式受众调查的一部分。

（三）第三阶段：委托性收听习惯调查

从调查主体看，主要由广播媒体或者其主管部门进行委托调查。在此期间，由中央人民广播电台牵头进行了多次全国性听众调查。1988 年上半年，中央人民广播电台听众工作部和中国社会调查所合作，进行了第一次全国范围的听众抽样调查。这一阶段，听众调查基本采用了多阶段分层抽样的抽样方法，既保证了样本的代表性，也便于操作。大部分听众抽样调查一般每年只进行一次，是一种截面式调查，更多反映的是调查期间听众的收听习惯与收听需求，难以呈现全年收听情况。

---

① 赛立信研究集团．移动互联时代最新广播收听数据采集技术［EB/OL］．［2019－11－02］．http：//www.smr.com.cn/media-app.asp.

② 陈崇山．中国受众研究之回顾：上［J］．当代传播，2001（1）：12－14.

（四）第四阶段：商业性收听率调查

调查执行方从城调、农调系统发展为作为第三方的商业调查公司，最后主要集中于CSM和赛立信两家公司。这一时期，由于广播的发展，广播广告市场份额上升，广播电台、广告主、广告公司各方急需一个能够得到各方认可的衡量广播广告效果的简单有效标准，第三方调查公司也希望进行更加连贯的收听率数据调查，使收听率如同收视率数据一样能够成为游走于各方的“通用货币”。

资料来源：谷征．改革开放40年我国听众调查的五个阶段与发展趋势［J］．编辑之友，2018（12）：41－48.

第三节 互联网音频的发展及收听测量

进入21世纪，互联网和移动互联网的飞速发展为传统广播带来冲击的同时，也带来新的发展方向，互联网音频应运而生。《中国互联网视听行业发展报告（2018）》的数据显示，2017年国内互联网视听行业持续高速发展，互联网音频用户规模已超过2.2亿。[①] 现有互联网音频App主要有音乐类、移动电台类、有声阅读类和知识分享类，代表平台如网易云音乐、喜马拉雅FM、懒人听书、得到等，涌现出《晓松奇谈》《罗辑思维》等一批有代表性的音频节目。除了音频App平台方外，互联网音频行业还涉及文字内容授权方和有声内容制作方，包括图书出版机构、音频制作机构、传统广播电台等。在互联网音频的发展浪潮下，传统广播电台开始尝试把传统广播内容迁移到互联网端，推出移动App并开设微信公众号。

一、互联网音频的特征

与传统广播相比，互联网音频呈现出如下特征。

（一）收听终端多样化

传统收音机、车载收音机、手机FM，这是传统广播的收听终端，互联网音频的收听终端除了包含上述终端外，还包括电脑以及其他智能终端。

2014年3月，苹果发布了支持链接智能车载系统的CarPlay，用户只要将iPhone连接到启用了CarPlay的汽车，不仅可以支持电话、音乐、地图等功能，还支持第三方音频应

① 陈锐，司若，陈鹏．中国互联网视听行业发展报告（2018）［R］．北京：社会科学文献出版社，2018.

用程序。

作为唯一的非视觉媒体，广播在汽车上的份额一直保持着优势，交通广播、私家车广播等主打移动收听人群的广播频率得以大发展。CSM 对全国 33 个城市的收听调查数据显示，从 2007 年到 2012 年，在广播人均收听时长总体下降的情况下（由 2007 年的 88.7 分钟下降到 2012 年的 81.2 分钟，六年下降了约 8.5%），车载广播人均收听时长却由 2007 年的 13.8 分钟上升到 2012 年的 18 分钟，上涨了约 30%。而车载终端软件的出现，将抑制这种上升的势头。通过移动互联网，听众可以从海量的音频节目中选择自己喜爱的节目，还可以按照自己的时间点播收听，那么，传统广播电台在车上的优势地位必将受到挑战。①

在智能终端中，智能音箱的出现为互联网音频带来革命性变化。首先，语音输入比触摸屏或遥控器更为简便，易得性始终是受众媒介选择的首要原则；其次，智能音箱的背后都有语音助手作为支撑，如谷歌公司的智能音箱产品 Google Home 的 Assistant、亚马逊公司 Amazon Echo 的 Alexa、苹果公司 Home Pod 的 Siri、微软公司 Invoke 的 Cortana 和我国国内的"天猫精灵""小米助手"等。智能助手既使智能音箱有了人性化的交互意义，也使智能音箱具有了枢纽意义，以此为起点可以实现对智能家居的控制，以此为终点可以接收和参与各类媒体活动。路透新闻研究院《2018 年数字新闻调查报告》显示，Amazon Echo 和 Google Home 等语音激活数字助理继续快速增长，为新闻音频开创了新的机会。美国、德国和英国的使用量增长了一倍多，其中大约一半的人使用这些设备来获取新闻和信息。2018 年 12 月，谷歌公司与美联社等多家媒体合作测试语音新闻点播服务，当用户向 Google Home 智能音箱提问"有什么新闻"时，它会带来一份来自几家精选媒体的新闻简报。该功能使谷歌助理可以"在你想要听新闻的任何时间，比如早晨起床、上下班途中或者慢跑的时候，为你准备好你所喜欢的新闻并进行实时更新"②。

（二）传播渠道呈"流量汇聚"态势

在传统广播时代，传播渠道是各自封闭、互相隔离的，渠道直接汇聚流量、垄断注意力。但在互联网时代，互联网传播渠道作为开放技术被广泛采用，渠道的封闭性被打破，渠道不再具有注意力价值的垄断性，因此，注意力价值开始流向平台，平台是连接渠道和终端的关键节点，因而成为流量的聚集地。

就主流广播媒体整体而言，要想在互联网上建立更大的话语权、获得大规模的用户注意力和影响力，必须发展自己的大平台，只有大平台才能整合更广阔的内容资源、聚合大规模受众、获得大规模用户数据，掌握互联网时代的核心资源。如果缺乏有影响力的大平台，未来就会失去车载互联网终端、移动互联网终端两个最重要的收听入口，成为单一的内容提供商，在渠道、平台、终端、使用场景等一系列长尾化的价值链条当中仅是一个局

① 边建．广播的变革：从传统电台到互联网音频平台［J］．中国广播，2014（9）：48－51．
② 殷乐，朱豆豆．声音媒体的智能化发展：新终端　新应用　新关系［J］．中国广播，2019（4）：31－35．

部环节的参与者。①

2017年，广播的互联网化迁移趋势明显。中央人民广播电台的中国广播云平台已经和全国147家地方电台建立起合作联系。2月24日，西部首家由省级媒体投资运营的以传统广播电视为核心的社交直播平台“青春直播”上线。2017年3月，“津云”客户端实现天津11个电视频道和10个广播频率的直播以及电视节目7天回放功能，为天津广播提供网络直播功能等。2017年7月，中央人民广播电台首个采用内部创业模式打造的新闻客户端“下文”上线，开启全新的交互新闻模式。国际台“China Radio”、上海台“阿基米德FM”、江苏台“大蓝鲸”和湖北台“九头鸟FM”等在业内产生了一定的影响力。2017年8月起，山东电台、吉林人民广播电台的音频客户端，浙江广播电视集团的音频App，广东广播电视台的融媒体移动应用平台相继上线。②

（三）内容生产呈定制化与专业化趋势

在传统广播时代，听众基本为被动地单向接收信息。“听众热线”可以说是听众唯一可以参与节目的形式。然而在互联网音频产品内容生产过程中，听众不仅可以定制专业化音频内容，还可以参与其中，成为音频内容生产过程中的一环。

在过去的20年里，音频内容的制作以广播机构为中心，主要由专业人士完成，呈现出内容集中和制作水准高的特点，但也带来了同质化、数量少等问题。随着互联网音频平台的建立，以广播机构为中心生产音频内容的结构将被打破，取而代之的是更多机构和个人成为了音频内容提供商。尤其是大量的用户生成内容（UGC），如播客、声优等，将与传统电台的主持人在同一个平台上平等工作。同时，众包、众筹等生产方式被广泛采用，普通听众可以参与内容生产。

在传统广播时代，因为地域分隔，同一类型的节目在不同地区还是各有需求的，但当音频内容在互联网平台上分发时，海量内容就必须差异化。所以，未来的音频一定是更加专业化、更加分众的内容。专业的内容提供者（PGC）有着节目制作的优势，在更专业化的转型中占有一定优势。③

二、音频收听测量技术的革新

互联网使得传统广播的传播途径更加泛化，在互联网和移动互联网技术推动下产生的音频产品更为丰富，进而推动了音频收听测量技术的革新。

例如，CSM已经从以色列引进了音频收听测量技术——泛听实时监测技术系统（real time detection system）。该技术已经在世界一些发达地区实现商用。其原理是利用手持智能移动设备，用App插件的模式，将虚拟测量仪安装到样本人员的智能手机中。只要手

---

① 曹毅．互联网下的广播新形态［J］．中国广播，2016（3）：38－42．

② 孟伟．竞合、智媒：2017新广播新征程［J］．中国广播电视学刊，2018（3）：11－17．

③ 边建．广播的变革：从传统电台到互联网音频平台［J］．中国广播，2014（9）：48－51．

机开机，就会自行运行，开始测量工作，不受样本人员生活习惯的影响，实时测量样本人员的收听行为。不管是何时、何地收听任何载体播出的广播声音，都能够被精准地监测到，并转换成数字音频特征码及时回传数据中心，与录制好的频率数字音频特征码库进行识别、匹配，过滤掉冗余信息，高效、精确地生成用户收听记录。该特征码是单向度转换，不可还原成原始声音信号，可以有效保护样本人员隐私，保证数据安全。处理完的数据隔夜向市场提供，数据颗粒度精确到每分钟，是目前较为完美的整合多终端收听测量的技术解决方案。①

赛立信正式推出适应移动互联网广播的收听数据采集工具——“金唛广播汇”（goldmic radio mall，GRM）。金唛广播汇是赛立信研发的一款可用于广播收听率调查数据采集与处理的应用软件，也是一个搭载了国内外 2 000 多个广播电台/频率的大型“广播超市”。经过严格抽样甄选出来的调查样本，通过下载金唛广播汇 App，可以在任何移动互联终端（如智能手机、iPad、平板电脑及未来连接车联网的汽车音响系统等）收听广播，系统将自动记录用户的收听行为（如收听时间、收听时长、收听频率或节目以及互动等信息），这些数据将同步传输到系统的后台服务器，并自动生成标准数据格式文件。赛立信的收听率数据分析系统同时自动截获并识别这些基础数据，结合其他收听终端的调查原始数据进行汇总、运算，从而得到整体收听率数据。金唛广播汇作为一个收听数据采集应用 App，可广泛应用于各类智能手机、平板电脑等便携移动电子产品、台式或笔记本电脑、接入车联网的车载音响系统等等。②

案例 4-1

用流媒体抓住消费者的 Adidas Originals

近年来，随着国内 QQ 音乐、网易云音乐、酷狗音乐、咪咕音乐，以及国外 Spotify、Pandora、iTunes、SoundCloud、iHeartRadio 等音乐流媒体服务的日渐崛起，音频广告获得了蓬勃发展。在此过程中，诞生于移动互联网环境下的实时竞价（real time bidding，RTB）③ 音频广告也在竞争激烈的流媒体服务市场中成为了吸引广告商的筹码。

---

① 梁帆．收听率调查方法的现状、发展与挑战［J］．中国广播，2014（8）：11－14.

② 赛立信研究集团．移动互联时代最新广播收听数据采集技术［EB/OL］．［2019－11－02］．http：//www.smr.com.cn/media-app.asp.

③ 实时竞价是指一种利用第三方技术在数以百万计的网站上针对每个用户展示行为进行评估以及出价的竞价技术。简言之，就是把每一个用户每一次的页面浏览以拍卖的形式卖给广告主，以实现互联网广告的智能化、精准化和实时性投放。参见谷虹，林碧洪．实时竞价的 RTB 广告模式［J］．销售与市场（管理版），2015（4）：39－41。

创始于2006年的瑞典Spotify技术股份公司作为一家媒体服务提供商，主要业务就是在2008年推出正版流媒体音乐服务平台Spotify，为用户提供付费和免费两种服务。免费用户在使用Spotify收听音乐或播客时会被插播一定的广告；而付费订阅的用户则不会接收到广告，并且能够拥有更好的音质，在移动设备上使用时也可以享受所有的功能。

作为当前全球最大的流媒体音乐服务商，2016年Spotify率先推出程序化数字平台，发布了测试版广告平台Spotify Ad Studio（见图4-1），推出首个允许用户对音频广告进行近乎实时的竞价行为的流媒体服务，此后便一直处于RTB营销解决方案领域的龙头地位。Spotify向美国证券交易委员会提交的F-1上市申请中显示，2017年RTB音频广告占Spotify广告收入的18%。①

图4-1　Spotify于2016年推出的测试版广告平台Spotify Ad Studio

Spotify在RTB音频广告领域的种种领先优势吸引了体育用品巨头阿迪达斯（Adidas），它选择在Spotify上为其旗下的运动经典系列Adidas Originals的全新All Originals活动进行宣传造势。Spotify打造了多种广告形式将用户吸引到Adidas Originals的品牌页面上。在此次活动中，Spotify用户可以为自己和朋友创建一个Adidas All Originals Represent歌单，通过在歌单中添加歌曲，然后标记自己的Facebook好友并分享歌单，就有机会赢得Adidas Originals的购物优惠券或Spotify高级订阅的邀请码。

最终Spotify上的Adidas Originals广告页面的访问量高达3万次，同时有近3 000首歌曲被添加到了Adidas Originals Crew歌单中，700多人在Facebook上被标记，有效地提高了消费者对Adidas Originals的品牌认知度，并扩大了品牌影响力。

资料来源：Spotify for Brands. Adidas Originals的共创歌单［EB/OL］.［2019-09-27］. https：//www.spotifyforbrands.com/cn-US/ad-experiences/adidas/.

① WEISSBROT A. Spotify的F-1上市申请显示程序化广告占其广告收入的18%［EB/OL］.（2018-02-28）［2019-09-29］. https：//adexchanger.com/digital-audio-radio/spotifys-f-1-shows-programmatic-makes-18-ad-revenue/#close-olyticsmodal.

案例 4-2

圣诞季成功逆袭的 Lane Bryant

2016 年，专注于大码服装的美国女装零售商 Lane Bryant 推出了一支“This Body”广告片，这支由一众“大码模特”出镜的广告却被美国全国广播公司（National Broadcasting Company，NBC）和美国广播公司（American Broadcasting Corporation，ABC）两家电视台以其未达到“广播电视禁止出现的不良信息标准”为由拒绝播出①，这也使得 Lane Bryant 品牌因此陷入了风波之中。

此后随着争议的淡去，Lane Bryant 开始寻求品牌和媒体宣传活动的优化以及收入的增加，于是瞄准了消费潜力巨大的美国圣诞季（Holiday Season），并且选择了正处于蓬勃发展阶段的声音媒体——Pandora 网络电台。Pandora 作为一家美国流媒体音乐服务商，致力于为用户提供免费的在线音乐和广播。用户只要在 Pandora 上输入自己喜欢的一首歌或者一位歌手，Pandora 就会为其建立一个电台，利用智能搜索提供与用户喜好相近的音乐。虽然该网络电台以免费服务为主，但用户也可以选择付费订阅以跳过广告、改进流媒体质量、进行音乐下载和获得离线频道等。

在圣诞季期间，Lane Bryant 与 Pandora 的合作采用了以移动设备为主的媒体组合策略，推动客流量增加。Pandora 首先对 Lane Bryant 的核心顾客进行了精准的细分，在其 8 600 万独立听众群中培养出了一个主要由 Lane Bryant 的核心消费者组成的定制听众群体，以保证品牌活动有效地针对最适当的潜在消费群体；同时为了扩大信息传播而采用了移动端优先的战略，以确保能够接触到那些忙碌的人群，采取了用电台陪伴消费者度过一天的方式；此外还打造了包括显示广告（见图 4-2）及音频等在内的多种广告形式，以充分到达消费者，并确保信息能够与消费者产生共鸣。最终，通过 Pandora 这一系列的定制受众群和最优移动媒体组合策略，Lane Bryant 触达了品牌的核心客户，并抓住了一年中对于零售商而言最为重要的一段时期，有效地将商店的客流量提高了 17%。

图 4-2　Lane Bryant 在 Pandora 网络电台上植入的显示广告

---

① GARCIA A. Lane Bryant 抨击广播电视网因其拒绝播出“This Body”广告 [EB/OL].（2016-03-11）[2019-09-29]. https://money.cnn.com/2016/03/11/news/companies/lane-bryant-ad-thisbody/index.html.

资料来源：Pandora. Lane Bryant 采用移动端优先的策略以提高商店客流量［EB/OL］.（2018-09-24）［2019-10-03］. https：//www. pandoraforbrands. com/success-story/pandora-drives-lift-in-store-traffic-with-mobile-first-media-strategy. DOUPNIK E. Lane Bryant 与 Pandora 合作制定了移动端优先的营销策略［EB/OL］.（2017-07-13）［2019-09-27］. https：//wwd. com/business-news/marketing-promotion/lane-bryant-pandora-partnership-10945852/.

案例 4-3

用声音传递城市魅力的“赌城”拉斯维加斯

素有“赌城”之称的世界知名度假胜地——拉斯维加斯有着以赌博业为中心的庞大的旅游、购物和度假产业，然而炫目的赌场却往往使游客忽略了这座城市中充斥着新兴电子舞曲和众多音乐界知名 DJ 的酒店和夜总会。

为了将这一消费场景植入到年龄在 25～54 岁的消费者头脑中，进一步提高游客对拉斯维加斯除了赌博产业之外的城市形象认知度，拉斯维加斯会展和观光局（Las Vegas Convention and Visitors Authority，LVCVA）在 2014 年 10 月至 2015 年 9 月间展开了与美国知名流媒体音乐服务平台 Pandora 的合作，将目标市场瞄准了芝加哥、圣迭哥、凤凰城、旧金山、洛杉矶、达拉斯和休斯敦这七个拉斯维加斯的热门客源地。

首先，Pandora 网络电台根据 LVCVA 的需求为其定制跨平台音频信息广告，用以宣传拉斯维加斯的 Rock in Rio 等城市热门活动。在该策略中，LVCVA 通过 Pandora，以线下、移动端、平板电脑、连接设备以及车载等多种途径和方式向 75%以上的听众发送了消息（见图 4-3），在多个平台上抓住了听众的注意力，创造了一种无所不在的强大触及。基于听众与他们个人设备之间的联系，LVCVA 通过接触这些平台上的用户，创造了品牌与消费者之间更深层次的情感联系，进而吸引听众进一步获取活动相关的更多信息，并直接通过网站进行旅游行程的消费，将消费动机和消费行为的产生有效地联结在了一起。①

除了在 Pandora 上播放音频广告外，此次营销活动还为 LVCVA 打造了一个全新的“Vegas 24/7”品牌电台（见图 4-4），专门播放 Calvin Harris、Phantogram 以及 Krewella 等曾在拉斯维加斯的酒店和夜总会演出过的电音歌手的音乐，并且均链接到了 LasVegas. com 网站。据 Pandora 的数据统计，用户收听该网络电台的平均时长为 34 分钟，

① Pandora. 拉斯维加斯会展和观光局通过跨平台音频广告来增加收入和吸引游客［EB/OL］.（2018-09-24）［2019-09-29］. https：//www. pandoraforbrands. com/success-story/capture-audience-attention.

图 4-3　LVCVA 在 Pandora 上投放的广告效果图

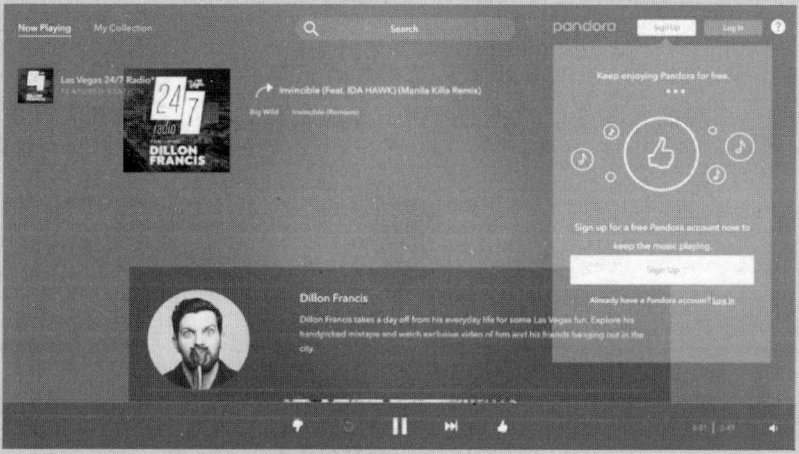

图 4-4　"Vegas 24/7" 品牌电台

并且最终通过一系列的营销推广行为，Pandora 的听众群中去拉斯维加斯旅游的人数增加了 6%，相当于 152 462 名游客。LVCVA 估算，拉斯维加斯游客平均一次的旅行花费为 724 美元，这也就意味着此次营销活动为拉斯维加斯带来了 1.1 亿美元的收入增长。

资料来源：JOHNSON L. 拉斯维加斯的旅游收入得益于数字广告和 Pandora 增加了 1.1 亿美元[EB/OL].（2016-03-23）[2019-09-27]. https：//www.adweek.com/digital/las-vegas-made-extra-110-million-tourism-revenue-thanks-digital-ads-and-pandora-170328/.

案例 4-4

杜蕾斯试水网络电台，继续不走寻常路

作为一个两性健康品牌，杜蕾斯一直致力于通过社交媒体渠道扩大品牌影响力和曝光度，但是除了在微博、微信等自媒体上的品牌形象塑造和宣传之外，品牌也会借助热门渠道的强大影响力，以较低的成本获得高互动。

2012 年，杜蕾斯开始试水网络电台，通过制作电台节目进行品牌推广。当时还没有像微博、微信这样强大的内容发布和推广渠道，因此"杜杜电台"暂未能形成较大的影响力。[①] 同年 8 月，致力于在线音频分享平台的建设与运营的喜马拉雅平台建成，旗下的移动客户端"喜马拉雅"随后于 2013 年 3 月正式上线，仅两年多时间手机用户规模就已突破 2 亿。

2014 年 5 月，杜蕾斯旗下的"杜杜电台"正式入驻喜马拉雅，最先播放的两期《段子来了》"羞羞版"（见图 4-5）仅 13 天播放量已超过 62 万[②]。一年多来，杜蕾斯通过喜马拉雅知名人气主播采采及其团队策划，开设《杜杜＃边走边爱＃故事集》《日常爱爱指南》《不高潮不许停》等优质音频互动栏目，节目内容主打情感故事和性知识方面的插科打诨，与其在微博和微信平台上塑造的虚拟人格形象十分吻合。杜蕾斯将品牌内容通过声音的媒介进行传递，以低成本传播，维系更多粉丝，获得更多互动。

图 4-5　杜蕾斯联手喜马拉雅推出的《段子来了》"羞羞版"

---

① 美通社．杜蕾斯携手喜马拉雅 FM：13 天点播破 60 万［EB/OL］.（2014-08-14）［2019-09-27］. https://www.prnasia.com/story/102714-1.shtml.

② 麦迪逊邦．杜蕾斯"杜杜电台"入驻喜马拉雅 FM［EB/OL］.（2014-08-15）［2019-09-27］. http://www.madisonboom.com/2014/08/15/杜蕾斯"杜杜电台"入驻喜马拉雅fm/.

在制作优秀内容的同时，杜杜电台还在喜马拉雅中多个位置投放广告。对一些两性相关的节目进行冠名和软性植入，增加品牌曝光的同时不断吸引 KOL 和名人主播自发参与，加入杜杜阵营，收到极佳的传播效果。

杜杜电台成立以来，总曝光达到 40 亿次以上，品牌内容获得的总播放量超过 1 500 万次，节目上线后长期占领喜马拉雅电台中最火电台排行总榜 Top10。①

资料来源：麦迪逊邦．杜蕾斯“杜杜电台”入驻喜马拉雅 FM [EB/OL]．(2014-08-15) [2019-09-27]．http：//www.madisonboom.com/2014/08/15/杜蕾斯“杜杜电台”入驻喜马拉雅 fm/.

案例 4-5

一汽马自达全新体验营销之旅

一汽马自达在 2018 年夏天联手蜻蜓 FM，开启了网络电台营销新模式。在此次商业化投放中，蜻蜓 FM 携手一汽马自达 CX-4 开启了其体验营销项目“秘境之旅”第三季。蜻蜓 FM 不仅整合了自身的展示广告资源，以视觉形式将产品信息投放至汽车、旅游和音乐类关注人群，为活动与车型招揽关注，还特别设计了以“秘境探索”为主题的专题页面，用以节目呈现。专题页面不仅仅为展示广告部分视觉信息的表达进行了进一步的补充，更将原声的音频节目、UGC 语音互动接口、活动报名与车型试驾等功能纳入其中，让用户一站式了解、收听、参与活动成为可能。②

此次秘境探索之旅中，蜻蜓 FM 精选音乐、情感频道的四位知名主播打造了四档专栏节目《李峙的不老歌》《富江的千里之外》《沐语》和《程一电台》。根据一汽马自达 CX-4 的品牌调性，为项目进行多角度的内容定制。在《李峙的不老歌》里，蜻蜓 FM 特别邀请了蜻蜓音乐领域当红主播李峙，量身打造四期节目，植入品牌及活动信息强化用户的品牌印象，同时最大限度地还原自驾路上听歌的使用场景，给听众一种“收听即在自驾途中”的强烈代入感。短短不到半个月的时间，该专题页面收听量就已经突破百万，还收集到了诸多用户参与的“语音评论”。③《富江的千里之外》则以美食为切入点，和听众讲述自己的黔东南美食之旅。《沐语》以主播本人经历为例，讲述一汽马自达 CX-4 的内蒙古之旅。《程一电台》以朋友的故事为切入点，讲述朋友去新疆的秘境之旅而得到的感悟。后三档节目均以部分文案植入的方式加强用户的品牌记忆。与此同时，蜻蜓 FM 充分整合站内优质资源，同期配合开屏、首页焦点图、频道页面焦点图、

---

① 胖鲸．以低成本获得高互动?“杜杜电台”会是不错的案例 [EB/OL]．(2016-04-19) [2019-09-28]．https：//socialone.com.cn/durex-channel-ximalayafm-2016/.

② 本刊编辑部．移动音频的营销“魔法师” [J]．声屏世界·广告人，2018 (2)：36-37，35.

③ 同②.

频道页面信息流，并联合微博实现品牌的高曝光。

资料来源：IT168. 音频广告复兴 蜻蜓 FM 获评 ADMEN 2019 年度最具营销价值的用户平台奖 [EB/OL].（2019-06-26）[2019-10-08]. http：//software.it168.com/a2019/0626/6009/000006009702.shtml.

案例 4-6

互联网音频受众市场研究

2018 年 5 月至 6 月，中国传媒大学广告学院广告学系课题组进行了互联网音频受众市场研究。该研究将视角聚焦于音频受众，采用资料收集、实地问卷调查、在问卷调查基础上的小组访谈三种方式进行。

实地问卷调查在北京实施。调研的目标人群是在北京市居住一年以上且年满 15 周岁的居民。总有效样本规模为 2 002 人。小组访谈作为辅助调查内容，共选取 18 位填写问卷的受访者，分四场进行小组访谈，访谈样本是在问卷调查的样本中选取典型的广播听众和网络音频用户。

调查所使用的问卷分为六部分，分别是音频收听概况、互联网音频收听、传统广播收听、网络媒体接触、生活形态和人口统计情况。问卷前三部分设计的问题和部分选项示例如下。

问卷编号________

访问城区：1. 朝阳区 2. 海淀区 3. 丰台区 4. 东城区 5. 西城区 6. 石景山区

访问时间________ 具体地点________

督导员姓名________ 访员姓名________

音频受众调研问卷

您好！

中国传媒大学广告学院正在进行一项关于北京市居民音频收听情况的调研，耽误您几分钟时间填写问卷。您的回答将为我们的研究提供重要帮助，您所填答的信息仅供学术研究使用，绝不外泄！

谢谢您的合作！

中国传媒大学广告学院

2018 年 5 月

在填写之前，请阅读下面的填写说明。

填写说明：
1. 答案没有对错之分，请根据您的实际情况填写。
2. 请您按照符合自身情况的问题逐项回答，如无特殊说明，请在选项上画圈。
3. 个别题目需要跳答，请您注意每一题目的具体要求，不要漏掉题目。

S1. 请问您的年龄是

S3. 请访员记录被访者性别：

第一部分　音频收听概况

说明：收听传统广播是指通过无线广播、利用传统收音机、车载收音机等设备收听音频。

收听互联网音频是指通过互联网和移动互联网，利用电脑、手机等可上网设备收听音频。

注意：通过网络收听传统广播电台内容属于收听互联网音频。

Q1－1. 请问您最近一年收听音频主要有哪些方式（可多选）

收听传统广播	1. 利用传统收音机收听	2. 利用手机 FM 收听	3. 利用车载收音机收听
通过网络收听传统广播内容	4. 利用电脑上网收听	5. 利用手机上网收听	6. 利用其他智能终端收听
收听互联网音频	7. 利用电脑上网收听	8. 利用手机上网收听	9. 利用其他智能终端收听
	10. 不收听无线广播和互联网音频（跳答至第四部分 Q4－1）		

Q1－2. 请问您最近一年收听互联网音频和传统广播的情况是（单选）

1. 只收听互联网音频　　2. 收听互联网音频多　　3. 二者差不多

4. 收听传统广播多　　5. 只收听传统广播（跳答至第三部分 Q3－1）

Q1－3. 请问您收听互联网音频时是否只是收听纯音乐或歌曲（“纯音乐或歌曲”区别于“音乐节目”，“音乐节目”是指有主播或人声说话的节目）（单选）

Q1－4. 请问您收听互联网音频的主要内容是（单选）

1. 广播电台直播流节目（包括节目直播和节目回听）　　2. 非广播电台节目

Q1－5. 请问您在通过互联网收听广播电台节目之前，是否有收听传统广播的习惯？（单选）

第二部分　互联网音频收听

Q2－1. 请问您是从什么时候开始收听互联网音频的（单选）

Q2－2. 请问您平时收听互联网音频的频次是（单选）

Q2－3. 请问您平时每次收听互联网音频的时长通常为（单选）

Q2－4. 请问您是否会根据互联网音频节目的时间长短决定是否收听该音频（单选）

Q2－5. 请问您工作日（周一至周五）一般会在什么时段收听互联网音频（可多选）

Q2－6. 请问您周末（周六周日）一般会在什么时段收听互联网音频（可多选）

Q2－7. 请问您收听互联网音频的设备是（可多选）

Q2－8. 您使用智能音箱后，收听音频的时长是否增加？（单选）

Q2－9. 请问您收听互联网音频的场景大多为（可多选）

Q2－10. 请问您收听互联网音频的内容类型主要是（可多选）

Q2－11. 请问您选择收听以上互联网音频节目内容的主要原因是什么？（可多选）

Q2－12. 请问您是否能说出一档最喜欢的互联网音频节目？（单选）

Q2－13. 请问您选择音频网站/App 时看重的是（可多选）

Q2－14. 请问您经常使用的音乐类网站/App 和经常收听的内容有哪些（请先在第一列多选，然后针对选定的网站/App 横向多选）

	音乐	新闻资讯	有声书	综艺娱乐	知识教育	情感	亲子	生活服务	其他（请注明）
1. 酷狗音乐	1	2	3	4	5	6	7	8	9________
2. QQ 音乐	1	2	3	4	5	6	7	8	9________
3. 酷我音乐	1	2	3	4	5	6	7	8	9________
4. 网易云音乐	1	2	3	4	5	6	7	8	9________
5. 虾米音乐	1	2	3	4	5	6	7	8	9________
6. 百度音乐	1	2	3	4	5	6	7	8	9________
7. 咪咕音乐	1	2	3	4	5	6	7	8	9________
8. 多米音乐	1	2	3	4	5	6	7	8	9________
9. 其他____	1	2	3	4	5	6	7	8	9________
10. 不使用									

Q2－15. 请问您经常使用的电台类网站/App 和经常收听的内容是什么（请先在第一列多选，然后针对选定的网站/App 横向多选）

Q2－16. 请问您经常使用的听书类网站/App 和经常收听的内容是什么（请先在第一列多选，然后针对选定的网站/App 横向多选）

Q2－17. 请问您经常使用的知识分享网站/App 和经常收听的内容是什么（请先在第一列多选，然后针对选定的网站/App 横向多选）

Q2－18. 请问您平时通过电台微信公众号、App 或官网收听的内容是什么（请先在第一列多选，然后针对选定的网站/App 横向多选）

Q2－19. 请问您平时收听互联网音频时，是否会下载或离线收听？（单选）

…………

Q2－27. 请问您是否通过互联网或移动互联网收听传统广播节目内容（可多选）

Q2－28. 请问您通过互联网收听传统广播的类型主要有（可多选）

第三部分　传统广播收听

Q3－1. 请问您是从什么时候开始收听广播的（单选）

Q3－2. 请问您平时收听广播的频次是（单选）

Q3－3. 请问您每次收听广播的时长是（单选）

Q3－4. 请问您工作日（周一至周五）一般会在什么时段收听广播（可多选）

Q3－5. 请问您周末（周六周日）一般会在什么时段收听广播（可多选）

Q3－6. 请问您收听广播的设备是（可多选）

Q3－7. 请问您通常在什么场景下收听广播（可多选）

Q3－8. 请问您收听广播的主要目的是（可多选）

Q3－9. 请问您经常收听的电台和相应的频率是（可多选）

中央人民广播电台	1. 中国之声 FM106.1	2. 经济之声 FM96.6	3. 音乐之声 FM90.0	4. 经典音乐广播 FM101.8
	5. 老年之声 AM1053	6. 文艺之声 FM106.6	7. 娱乐广播 AM747	8. 中国交通广播 FM99.6
	9. 其他________（请注明）			
中国国际广播电台	10. 轻松调频 FM91.5	11. 劲曲调频 FM88.7	12. 外语教学广播 AM1008	
	13. 环球资讯广播 FM90.5		14. 其他________（请注明）	
北京人民广播电台	15. 新闻广播 FM100.6	16. 交通广播 FM103.9	17. 音乐广播 FM97.4	18. 文艺广播 FM87.6
	19. 体育广播 FM102.5	20. 故事广播 AM603	21. 外语广播 AM774	22. 爱家广播 AM927
	23. 其他________（请注明）			
	其他电台________（请注明具体频率）			

Q3－10. 请问您经常收听这些广播频率的主要原因是（可多选）

…………

Q3－14. 请问您知道通过互联网可以收听传统广播内容吗（单选）

Q3－15. 请问您未来是否愿意通过互联网收听传统广播内容（单选）

通过本次研究，对音频受众市场有了基本了解。部分结论如下：音频受众市场形成量化规模。本次调查共收集 2 002 份有效问卷，其中，近一年内收听过音频的受访者有 1 825 人，占比 91.2%。既不收听无线广播也不收听互联网音频的人只占 8.8%。以北京市城镇人口总量 1 879.6 万人[①]推算，北京市的音频受众有 1 714.2 万人，形成较为庞大的音频受众市场。其中互联网音频受众，即通过互联网和移动互联网，利用电脑、手机等可上网设备收听音频的受众，占比 88.2%；传统广播受众，即通过无线广播，利用传统收音机、车载收音机等设备收听音频的受众，占比 58.5%；两者的重合度高达 46.7%。

互联网音频网站/App 的使用相当普及。互联网音频受众中，经常使用音乐类网站/App 的受众比例高达 94.5%。电台类网站/App 的使用比例达到 56.8%。知识分享

① 北京市统计局官方网站 2017 年发布的常住人口统计数据，参见http：//tjj.beijing.gov.cn/nj/main/2017－tjnj/zk/indexch.htm。

类和听书类网站/App 的使用比例也分别达到 38.3%和 21.6%。

传统广播媒体依然保有较大规模的受众群体。传统广播受众中，收听中央人民广播电台的受众比例有 68.3%，北京人民广播电台是 63.0%，中国国际广播电台的受众相对较少，有 22.7%。

无论是互联网音频受众还是传统广播受众，都具有习惯收听的特点，不过传统广播受众受习惯收听的影响更甚。

资料来源：中国传媒大学广告学院广告学系。

【本章小结】

广播媒体从出现至今，其传播影响力受时代变迁的影响起起伏伏。在电视媒体出现后，私家车数量的激增和互联网技术的革新是推动广播媒体不断向前发展的两大主要动力。随着互联网和移动互联网在广播领域的渗透，广播广告不断呈现出新形态。传统广播媒体效果的评估大多借鉴和参考传统电视媒体效果的评估方式。经过几十年的发展，广播听众的收听率调查技术不断革新和发展。

进入 21 世纪，互联网和移动互联网的飞速发展为传统广播带来冲击的同时也带来新的发展方向，互联网音频应运而生。与传统广播相比，互联网音频呈现出如下特征：收听终端多样化、传播渠道呈“流量汇聚”态势、内容生产呈定制化与专业化趋势。

【思考题】

1. 我国广播广告的发展经历了怎样的阶段？
2. 为什么说私家车数量激增推动了广播媒体的发展？
3. 除了书中提到的广播广告新形态，你还能列举出哪些例证？
4. 我国收听率调查经历了哪些发展阶段？
5. 互联网音频的特征有哪些？查阅资料，了解最新的互联网音频收听测量技术。

【推荐阅读书目】

1. 宫承波．广播电视概论［M］．北京：中国广播电视出版社，2014.
2. 周小普．广播电视概论［M］．北京：中国人民大学出版社，2014.
3. 刘英华．广播广告理论与实务教程［M］．北京：中国传媒大学出版社，2006.
4. 王晓华．广告效果［M］．北京：高等教育出版社，2012.

第五章

报刊广告效果测评

【本章学习要点】

- 改革开放以来我国报纸和期刊的发展概况。
- 报纸广告效果评价指标及测量方法。
- 数字报刊的发展与广告效果测量。

一般说来，电波媒体发布的信息转瞬即逝，报刊则具有信息可保存的特性。受众对报刊媒体的卷入度高于电波媒体，因此，报刊广告更适用于发布商品或服务的详细信息。数字时代到来，数字报刊便于携带，在线阅读可随时随地进行。传统报刊广告的效果测量已经形成一套较为完整的体系，而对于数字报刊的效果测量业内正在积极探索。

第一节　报刊媒体与报刊广告

报刊是以纸张为载体，传播文字和图片资料的媒介总称。报刊包括报纸和期刊。本节将回顾报纸和期刊以及报刊广告的发展概况。

一、报刊媒体发展概况

（一）报纸

《中国报业四十年的改革发展之路》一文较为详尽地阐述了改革开放至今我国报纸媒体的发展历程。

1978 年至 1988 年是解放思想、迎来春天的十年。1978 年 1 月 1 日《人民日报》刊登《新彩色故事片——〈熊迹〉〈青春〉》的介绍，以及 1 月 4 日刊登中国话剧团演出话剧《转折》的演出信息，这应是报业“融冰”的第一滴小水珠。在报业的经济属性重新确立的背景下，1979 年 1 月 4 日，《天津日报》刊登了改革开放后中国第一则商业广告——

“蓝天”牙膏广告，成为第一家恢复广告业务的报纸。1979 年 3 月 12 日，《人民日报》刊登了一篇《上海恢复商品广告业务》的新闻。1979 年 11 月，中宣部发布了《关于报刊、广播、电视台刊登和播放外国商品广告的通知》和《1979 年中宣部 21 号文件》，报社从事广告经营获得了政策上的合法性。1978 年到 1988 年的十年，是我国报业发展的黄金时期。自 1980 年 1 月 1 日到 1985 年 3 月 1 日，平均每两天就有一份新的报纸问世。

1988 年至 1998 年是报业市场形成与繁荣的十年。报纸变得越来越厚，在晚报蓬勃发展的同时，都市报被创办出来，晚报又陷入与都市报的苦斗，市场竞争与报业集团化发展成为这段时期最重要的趋势和方向。1996 年 5 月 29 日，广州日报报业集团正式挂牌运行，成为我国第一家报业集团。1993 年 12 月 6 日，《杭州日报》通过网站传输报纸内容，这被认为是中国报纸最早的数字化尝试。1995 年 10 月 20 日，《中国贸易报》也开始“上网”，很多人认为这是中国报纸进入电子化时代的标志。

1998 年至 2008 年是我国报业的鼎盛时期。到 2005 年，全国平均每份报纸的印张数达到 3.98 印张，折合对开报纸平均每份 15.9 版。换言之，我国报纸厚度的平均水平达到对开 16 版或四开 32 版。邮发、自办发行及两者并行的多渠道发行格局已初步形成。广告出现了井喷式增长，出现了一批广告收入在 5 亿元以上甚至高达 10 多亿元的报业巨人。这段时期我国报纸进入普遍布局网络媒体阶段。1998 年 1 月 1 日，《光明日报》网站开通。1998 年 10 月 7 日，《中国青年报》也创办了网络版。到 2005 年为止，全国绝大部分报纸都已在网上安家落户，中央级、省级报纸的网络版已颇具影响力。

2008 年至 2018 年是我国报业的转折期。2005 年，在互联网冲击下，报业广告增幅下降，“报业寒冬”出现。报纸的发行正在逐渐萎缩。受经济大环境影响，房地产、汽车等行业不景气，中国报业在 2012 年又再次遭遇困境，表现为广告收入大幅下降。传统报业与新兴媒体的融合大抵呈现为四种，即报办网站、报网互动、全媒体战略和数字化平台。传统报业纷纷探索自己的融媒转型之路，但众多因素依旧使得报业融媒转型动力不足，最后成效不高。①

（二）期刊

《路径与特征：改革开放 40 年中国期刊业发展回望》一文阐述了改革开放至今我国期刊的发展历程。

1978 年至 1987 年是行业复苏与增量发展时期。1978 年，由《人民日报》等首都 8 家报纸共同向财政部提交报告，申请在新闻单位试行“事业单位、企业化管理”。对这一联名报告的批准成为对我国期刊业发展模式产生重大影响的“双轨制”制度选择的初始起点，我国期刊业的市场化探索亦以此为始。1978 年至 1979 年复刊的期刊包括《中国青年》《收获》《故事会》等知名刊物；同时也有一批重要刊物先后创立，包括《新华文摘》的前身《新华月报》文摘版、《读书》等。青年类期刊兴起成为这一时期最具时

---

① 唐绪军，崔保国．中国报业四十年的改革发展之路［J］．中国报业，2018（13）：50－55.

代特色的期刊类型化发展动向。1986 年 12 月，《中华人民共和国邮政法》颁布，允许报刊自主定价、自办发行。

1988 年至 1997 年是产业属性显现与数字化进程初启时期。受当时国内通货膨胀的影响，1990 年，期刊出版种数与每期平均印数呈现“双降”。1993 年创刊的《时尚》开启了中国期刊产品化、品牌化经营的新阶段。《时尚》的目标受众瞄准 20 世纪 90 年代逐渐兴起的“白领阶层”，定位为综合性精品杂志，定价 10 元，成为当年定价最高的期刊。在“产品化”的经营思路影响下，期刊业出现了新的产品形态——“周刊”。期刊对报纸、电视等其他媒体的影响力以及对社会发展的介入程度随之提升。20 世纪 90 年代中期，网络期刊与期刊上网热潮兴起。1995 年 1 月 12 日，中国第一份中文电子杂志《神州学人》(China Scholars Abroad，CHISA）电子版正式通过互联网发行。

1998 年至 2007 年是行业格局重构与深层改革探索时期。“资本化”“集团化”“转企改制”成为改革开放第三个十年里期刊业发展的主题词，且相互作用、相互影响。1999 年 2 月，全国第一家出版集团——上海世纪出版集团正式成立，业务范围涉及图书、期刊、报纸等多个领域，其中包括《中外书摘》《看图说话》《语文学习》《译文》《外国文艺》等数十种期刊。2005 年 11 月 26 日上海世纪出版股份有限公司正式挂牌成立，成为国内第一家出版领域的股份有限公司。2005 年 12 月 21 日，辽宁出版传媒股份有限公司在上海证券交易所上市，实现编辑业务和经营业务的整体上市。

2008 年至 2017 年是步入产业化发展与融媒体转型的新阶段。随着体制改革深入推进和基本完成，我国期刊行业步入产业化发展的快车道。然而在数字化浪潮的影响下，从 2014 年开始，全国期刊的总印数、总印张数、营业收入、利润总额等指标均显示连续下降的趋势；2015 年以后期刊业陆续出现停刊、停止纸质版发行等现象。期刊业数字化实践的尝试是将其作为拓展纸质出版物影响力的辅助性传播渠道，具体方式包括开设网站、微博认证号、微信公众号（服务号)，部分期刊还研发了自有 App 等。随后，期刊数字化实践转向“融媒体产品化”阶段，对新的盈利模式进行探索。例如，上海报业集团推出的新媒体业务“澎湃”“界面”，分别整合了集团内部报纸、期刊的时政和财经资源，并采用与其他新闻客户端不同的“细分人群”“深耕内容”策略，成为我国新闻类 App 行业中的特色性产品。①

二、报刊广告发展概况

1650 年，英国《新闻周刊》在“国会诉讼程序”栏目里登载了一则寻找被盗的 12 匹马的“寻马悬赏启事”，这被认为是世界上第一则名副其实的报纸广告。17 世纪中期开始，报纸业以及随之而来的报纸广告业都在稳步增长，广告在报纸版面的占有率越来越

① 王润珏，张晓．路径与特征：改革开放 40 年中国期刊业发展回望［J］．出版科学，2019（2）：15－21.

大，有的报纸从头版到尾版都有广告。[①]

中国近代报刊广告的出现是在鸦片战争前后。随着西方资本主义入侵中国，外国人在中国境内纷纷办报，报刊广告逐渐兴起。1815 年创办的《察世俗每月统记传》是外国人创办的第一家中文近代报刊，该刊刊登的"告贴"是中国近代报刊最早的广告。在外国人办报活动的影响下，从 19 世纪中叶开始，国人陆续开始办报，并且大都以一定版面登载广告。中国人创办的第一份刊登广告的刊物是 1858 年香港的《香港船头货价纸》(后改名为《中外新报》)，每期报纸广告版面占全部版面的三分之二，是一张典型的商业报纸。[②]

中华人民共和国成立后，报刊业务逐渐恢复发展，但报刊广告数量不多，形式比较单一，竞争性不强。[③] 改革开放伊始，1979 年 1 月 4 日，《天津日报》率先刊登了"蓝天"牙膏广告，成为第一家复苏广告业务的报纸。[④] 此后，从京、津、沪地区开始，报刊广告业务逐步在国内恢复。

报刊广告和报刊的发展相辅相成。从 20 世纪 80 年代起，随着私营经济的发展以及外国企业的涌入，产品不断丰富，报刊广告的市场空间逐渐扩大，广告形态由此丰富起来。从 90 年代中期开始，报业广告经营飞速上升，经营大户从早年的机关党报、行业报转向新型都市报。这一时期，为满足市场需求，报纸纷纷增张扩版，大大拓展了广告的刊载空间，专栏广告、分类广告、专版广告篇幅大增，广告展现形式从以文字为主到日趋图像化。再加上都市报广告份额之间的竞争，商业广告形成了繁荣发展态势。报刊广告从广而告之的"告示"作用，逐渐强调产品情绪的传达。

20 世纪 90 年代以后，在互联网浪潮的冲击下，报刊媒体的传统强势地位受到挑战，报刊广告增长出现了大幅度下降。与此同时，报刊媒体在网络媒体领域不断尝试，相继出现了电子报纸、手机报、App 客户端、云报纸、"二维码新闻"等多种形态。伴随着数字化转型，报刊广告从单一的纸质载体进一步延伸和拓展，突破简单的图文表现形式，朝着多媒体互动形式发展，力求广告内容和表达方式的创新。

第二节　报刊广告效果的评价指标及方法

通过对相关文献的查阅，本节总结了针对报刊和针对受众的评价指标，以及实际操作中常用的六种测评方法。

---

① 杨海军．中外广告史［M］．武汉：武汉大学出版社，2006：322－323.

② 苏士梅．中国近现代商业广告史［M］．开封：河南大学出版社，2006：2－8.

③ 赵琛．中国广告史［M］．北京：高等教育出版社，2005：356.

④ 许俊基．中国广告史［M］．北京：中国传媒大学出版社，2006：231.

一、报刊广告效果的评价指标

考察某个报刊媒体是否适合投放广告、广告效果如何，不仅仅要考虑报刊媒体自身的因素，也要考察其面对的受众群体。因此，测量报刊广告效果的指标可以分为针对报刊的指标和针对受众的指标。

（一）针对报刊的指标

针对报刊的评价指标主要有报刊的发行量、发行区域和发行密度。

1. 发行量

发行量是指一份报刊实际发行到读者手中的份数，是报刊媒体最主要的评价指标，通常包括宣称发行量和稽核发行量。

宣称发行量是指报刊本身根据实际印刷量扣除未发行份数所宣布的发行量。稽核发行量是指由独立的第三单位对刊物发行量查证后所提供的发行量数据。目前国际上对报刊发行量的调查普遍使用的是报刊发行量核查制度（audit bureaus of circulation），简称ABC。美国首先于1914年成立了ABC机构，目前世界上有五十多个国家和地区成立了ABC组织。[①]

发行量根据不同特点可分为以下类型：

（1）订阅发行量，指发行量中属于长期订阅部分的发行量。通常情况下，订阅发行量占总发行量的比例越高，则越能说明读者对其的信心、兴趣和投入程度。

（2）零售发行量，指发行量中属于单期购买的发行量。

（3）赠阅发行量，指发行量中以免费方式发行的份数。赠阅发行量占总发行量比例越高，则越表明该报刊在品牌建立上还需要做些努力。

发行量是广告主进行报刊媒体选择时主要的决策依据，一般而言，报刊发行量越大，越受广告主喜欢，刊登广告的价格也越高。但对于广告公司而言，除了要考虑发行量，还要考虑特定区域的发行密度和目标群体的覆盖率。一般全国性报刊发行量较大，但由于其发行范围广，在各个地区的发行密度就不一定很大。地方报刊虽然在发行量上无法和全国性报刊相比，但在特定地区，其发行密度往往超过其他类型的报刊。此外，读者主要关注切身相关的问题，在某一特定地区，往往最受读者关注的是当地的权威报刊。因此，广告公司非常有必要根据产品的营销策略来选择合适的媒体。

2. 发行区域

不同报刊的覆盖范围有很大差异，一般可以从地理区域和行业两个角度进行考量。

（1）地理区域覆盖。一般以省市级报刊为代表的区域性报刊，以当地读者为主要的目标对象，以当地信息为主要刊载内容，对于一些区域性的产品广告是比较好的媒体选择。

---

① 宋若涛．广告效果分析［M］．郑州：郑州大学出版社，2008：156．

而对于一些跨地区发布的报刊而言，报刊在不同区域的接触情况会有所差别，就会形成跨地区阅读人口各项指标上的差异，从而带来广告传播效果上的差异。例如《重庆晚报》就是主要针对重庆市市民发行的区域性报刊，而《人民日报》《中国青年报》等则是全国性报刊，广告主要根据其产品营销目标合理选择报刊媒体。

（2）行业性覆盖。一些专业性报刊主要是以满足某方面专业人员的阅读需要为主的，覆盖人群具有非常明显的行业特征，适合专业性的产品广告。例如《中国医药导报》《中外医药》等医药类报刊便是专门针对医药学类专业人士出版发行的，更适合投放医药类产品广告。

3. 发行密度

发行密度是指报纸杂志在特定地区的读者占该地区阅读人口的百分比，通常在一个地区发行密度大的报刊往往是在该地区有影响的报刊，在该地区刊登广告的价格最高。因此，广告主在进行广告投放时必须考虑目标人群的发行密度，即媒体在产品目标消费者和潜在消费者中的发行密度。[①]

4. 其他细分标准

针对报刊媒体的评估，除了以上主要的评价指标外，还有一些细分的评估标准，例如：

（1）版面大小、数量以及广告在总体版面中的占比。

（2）纸张纸质和印刷质量，例如两者会影响色彩传达效果。

（3）报刊的编辑风格、版面设计、形象定位与广告的匹配程度。

（二）针对受众的指标

针对受众的评价指标主要有受众的阅读人口及其构成、目标消费群与读者吻合度、阅读率、阅读频率、传阅率等。

1. 阅读人口及其构成

（1）阅读人口。阅读人口是指固定时间内阅读报刊的总人口。阅读人口包括：第一，付费阅读人口，即通过付费取得报刊的阅读人口；第二，传阅人口，即阅读人口中属于非付费间接取得报刊的阅读人口；第三，目标群阅读人口，即固定时间内目标消费者与潜在消费者阅读特定报刊的人数。[②]

阅读人口和发行量的出发角度不同，发行量是从媒体角度出发，计算每期刊物发行的份数，而阅读人口则是从受众角度出发，统计特定时间内阅读报刊的人数。由于一份刊物可能会被多人传阅，所以发行量一般小于阅读人口。

（2）阅读人口构成。阅读人口构成是从人口统计学角度分析特定报刊的人口学特征，是指在特定报刊读者中具有不同特征的读者相对集中的程度。通常以整份报刊为单位分析

---

① 王晓华．广告效果［M］．北京：高等教育出版社，2012：59－60.

② 宋若涛．广告效果分析［M］．郑州：郑州大学出版社，2008：157.

读者结构，也可以根据报刊中的具体版面或板块分析其读者结构。

在对阅读人口构成的分析中经常关注的指标主要包括读者的性别构成、年龄结构、文化程度、职业结构、婚姻状况、经济状况等。广告公司要根据产品目标消费者的人口学特征、报刊读者或者具体版面读者的人口学特征判断并选择合适的报刊或版面，有针对性地发布广告。

2. 目标消费群与读者吻合度

目标消费群是广告产品特定的服务人群，包括目标消费者（已经消费过该产品的人，是该产品的主要服务对象）、潜在消费者（消费同类产品，但是没有消费指定产品的人）、兴趣消费者（虽然没有消费指定产品，但是对该产品有兴趣的人），他们都是特定产品的广告主要针对的目标消费群。[①]

广告主购买报刊版面的本质是购买阅读该版面读者的注意力，因此报刊读者与产品目标消费群的契合度越高，才能确保传播越有效。报纸杂志读者与产品目标消费群某些特征的一致程度称为吻合度。吻合度越高，广告媒体购买效果越好，广告越有可能有效地传递给目标消费群。

目标消费群与读者的吻合度通常用不同的指标进行拟合，如通过年龄、文化程度、生活方式与价值观吻合程度等指标拟合来判断哪份报纸、杂志及哪个版面最适合投放该产品的广告。在进行媒体组合时，既可以考虑单一指标的吻合度，也可以参照多个指标的吻合度，综合各方面条件寻找与目标消费群人口学特征最接近的报纸、杂志或版面。

3. 阅读率、阅读频率、传阅率

（1）阅读率（rating）。阅读率是指在固定时间内阅读特定刊物的人口占总人口的比例。在报刊阅读率测量上有三个层次的阅读指标，即报刊读者阅读率、刊登广告的版面阅读率以及广告阅读率。真正准确反映广告信息传递效果的是广告阅读率，广告阅读率的高低与前两种阅读率有着直接关系。

报刊阅读率是指阅读某报刊的人数占特定基础人数的百分比，是测评特定报刊吸引读者数量的指标。根据报刊阅读率可以准确推算阅读人口。版面阅读率是阅读某版面的人数占特定基础人数的百分比，是测量指定报刊的特定版面吸引读者数量的指标。根据版面阅读率可以准确推算版面阅读人口，是广告发布版面选择的重要参考指标。广告阅读率是指阅读指定广告的人数占特定基础人数的百分比，是测量指定报刊刊登广告吸引读者数量的指标。根据广告阅读率可以准确推算广告到达人口，是广告发布后信息传递效果评价的重要参考指标。

（2）阅读频率（frequency of reading）。阅读频率指读者在特定时间内阅读某特定刊物的频率，可以用来衡量读者对刊物的忠诚度。根据读者对刊物的阅读频率不同，我们可以判断读者对刊物是经常阅读还是偶尔阅读。经常阅读的刊物其内容价值较高，也说明读者对其忠诚度更高。

---

① 王晓华．广告效果［M］．北京：高等教育出版社，2012：62．

（3）传阅率（reader per copy）。传阅率是指每份刊物包括本人在内被传阅给其他人的比例。一份刊物为 2 人所阅读，其传阅率即为 2；为 5 个人所阅读，其传阅率即为 5。传阅率可以通过抽样调查来计算出一个平均值。阅读人数、发行量与传阅率之间的关系为阅读人数＝发行量×传阅率。[①] 传阅率反映刊物被更多人阅读的可能性，可以作为评估刊物内容的指标，也可以用来衡量刊物的价值。

4. 其他细分评价指标

除了以上主要的评价指标外，针对受众还有一些更为细化的评价指标，如平均每期阅读人数、平均每期阅读率、重复阅读率、读者忠诚度、千人成本、广告精读率等。

二、报刊广告效果的测评方法

（一）回忆法

回忆法主要通过让被访者回忆来确定最近一定时间内读过哪些报纸、杂志。这是在媒体和广告信息传递效果的测评中使用较多的办法。这种调查方法通常需要以“面对面访问”的方式配合，通过在未提示和提示相关报头两种情况下调查各报纸、杂志“未提示知名度”和“提示后知名度”，以及报纸、杂志各版面或板块“未提示下回忆阅读率”和“提示后识别阅读率”，调查刊登在报纸、杂志上的广告“未提示到达率”和“提示后到达率”等。[②] 为了帮助被访者回忆，还可以将有关报纸、杂志的报头提示给被访者看。

（二）日记法

日记法通过被访者对每天阅读情况的记录来收集报纸、杂志阅读调查资料。调查人员事先将设计好的表格或问卷送到被访者手中，被访者根据每天的实际阅读情况填写表格或问卷，以每周为单位进行循环。调查结束后，研究人员对回收的表格进行统计分析。这是一种比较容易操作的方法，它通常用于媒体与消费调查的数据收集。在多种媒体同时进行广告投放时，采用这种方法有利于比较不同媒体广告投放的效率，长期跟踪还能有助于建立起广告投放与销售量变化的关系。

日记法最大优势在于能比较详细地观察被访者每天的阅读情况，对于比较一周内不同时间报纸、杂志阅读率的变化非常有帮助，对于广告媒体组合和时间、版面选择都具有指导意义。[③]

（三）视向测验法

视向测验法指通过使用眼动记录仪来记录读者在阅读过程中的眼动情况，包括读者阅

---

① 李晶，昌蕾，吴文涛．广告效果测评理论与方法［M］．北京：社会科学文献出版社，2014：176.

② 王晓华．广告效果［M］．北京：高等教育出版社，2012：66.

③ 宋若涛．广告效果分析［M］．郑州：郑州大学出版社，2008：162.

读广告作品各部分或要素的时间、顺序和次数，由此推断广告作品的布局、插图及文案的合理性。

视向测验法是一种文案测验方法，通常用于测量报纸广告、杂志广告的传播效果，以及各种商品包装的设计、招贴和其他印刷品的传播效力，有时也用于电视广告作品的测验。①

（四）速视器测验法

速视器测验法是一种典型的文案测验方法。这个方法借助了测量仪器——速视器进行测量，它是一种能在极短时间（如 0.25 秒）内呈现刺激，以检查观众对广告各要素注目程度的装置。测量时，先在极短的时间内呈现刺激物（广告作品），此时看不清刺激物，然后逐渐延长呈现时间，要求受试者把看到的东西画在纸上，根据刺激内容的注目程度和刺激呈现时间的关系就可以判断广告或广告要素的效力。一般而言，先引起受试者注目的广告或广告要素，其效力比较大。从另一角度来说，达到某一注目程度的呈现时间越短，效力越大。②

（五）阅读程度测评法

阅读程度测评法通常用于印刷广告效果的事后测评。它的基本假设是一则广告对读者的吸引力越大，促销力也越大。这个方法由著名广告学家斯塔奇（D. Starch）最先提出并运用。他曾对美国定期发行的刊物（如《星期六晚报》《商业周刊》）进行追踪测量，依据刊物性质和其读者对象选择合适的受试者，测量他们对报刊广告的注意率（也叫注目率，指记住看过某一广告的读者比例）、联想率（也叫泛读率，指记住看过该广告，且能够把它与品牌和广告主联系起来的读者的比例）、阅读多数率（也叫精读率，指至少读过该广告一半以上材料的读者的比例）等。

刊物每期发行时，在全国选取 150 位男性和 150 位女性或仅选其中一种性别的被访者。在测评过程中，给被访者一本杂志，如果被访者读过该杂志，就一页一页地翻下去，询问他们有关其中每一则广告的阅读情况，并对被访者的反应做记录，然后把记录资料加以统计处理就可以获得上述几种指标。

阅读程度测评法可用于不同报刊的比较，也可用于同一报刊在不同时期的比较。这个方法花费少，并易于理解，但也存在问题，主要是测试对象在做记录或回答问题时容易高报自己的广告接触率。③

（六）征询测评法

征询测评法常用于个别广告发布后的效果测量，消费者的回复率被假定为广告导致销

---

① 黄合水．广告调研方法［M］．厦门：厦门大学出版社，2006：444－445.

② 同①446.

③ 宋若涛．广告效果分析［M］．郑州：郑州大学出版社，2008：163.

售效果的客观指标。这种方法不仅可用于印刷广告的效果测量，而且可用于广播广告、电视广告的效力测定。

征询测评法会在广告上向消费者提供一些好消息，如可以函索赠品、奖券或进行有奖征答等。如果消费者进行征答或函索赠品，说明他们看过广告，受到广告的影响。消费者的回复率大，说明广告的效力大；回复率小，说明广告的效力小。这种方法也用于不同广告效果的比较，但具体运用时，条件控制很严格。例如除了广告本身不同外，广告刊登位置、时间和媒体以及提供的奖酬条件都要求相同或相似。

这种方法的特点是测量的内容与购买关系比较密切，也就是说回复的消费者比较可能购买广告中的产品。这种方法易于理解，费用低。不足之处是它把消费者的回复率作为销售效果的指标，至今尚未有可靠证据证明其有效性。

由征询测评法引申出来的另一种方法叫作分半测验法。分半测验法主要用于同一商品不同广告作品的比较。例如对同一种商品设计出 A、B 两种广告文案，将它们在同一种报纸、同一版面位置以同样的面积刊出，两种文案印数各占一半。报刊发布后，根据两种文案的读者回复率大小来决定今后该使用哪一种文案。①

第三节　数字报刊的发展与广告效果测量

随着智能手机和移动互联网逐渐渗透到人们的日常生活中，数字阅读变得越来越普遍，综合性的新闻客户端在用户的移动新闻信息消费中扮演的角色举足轻重。② 在新闻获取渠道多样化的背景下，各个平台对移动新闻客户端的争夺进入白热化，其中《人民日报》《光明日报》等传统媒体，新浪、搜狐等门户网站，以及今日头条、鲜闻等网络新闻生产和传播新兴力量都纷纷推出移动新闻客户端。随着互联网“去中心化”的发展，网民通过微博、微信等社交平台都可以成为新闻提供者。新闻来源的多元化使得传统媒体的数字报纸优势减弱，竞争压力更加严峻。③

一、报刊生态的重构

报业的本真即新闻，新闻即信息。虽然新媒体对报业的冲击已经是既成事实，但是这种冲击基本体现在纸媒这个载体上，并不是对报业“信息提供”这个功能的否定。根据世界报纸和新闻出版商协会的年度调查报告《世界报业趋势》，2015 年全球报纸和新闻媒体的发行和广告收入预计达到了 1 680 亿美元，其中 900 亿美元来自印刷和数字发行，而

① 黄合水．广告调研方法［M］．厦门：厦门大学出版社，2006：448－449.

② 彭兰．网络传播概论［M］．4 版．北京：中国人民大学出版社，2017：146.

③ 万智，艾顺刚，孙晓翠，等．2017—2018 中国数字报出版产业年度报告［J］．中国传媒科技，2018（11）：7－13.

780 亿美元来自广告。该报告指出，伴随着传统收入来源持续受到压力，数字化创新收入将成为报业的重要动力，优质的内容平台才能吸引品牌注意。①

报业生态的重构体现在两方面：

一方面，是对技术的不断创新。近年来，VR、AR、5G 等更多新媒体技术应用于数字报纸，打破了传统的图片＋文字的报道方式，将视频、声音、动画等元素融入新闻叙事之中，优化其视觉呈现效果。H5、微视频和直播更是当前新闻报道中运用最为广泛的传播形式。在媒介融合的大背景下，各报业机构制作了一批高质量的视频作品，例如新华社在“一带一路”国家合作高峰论坛系列报道中推出的动画《Let′s go Belt and Road 一带一路世界合奏》、新华网在建军 90 周年到来之际发布的《大国强军梦》等视频，封面新闻直播《俯瞰“川藏第一桥”》等直播，以优质的内容及创新的形式吸引了大量用户。

在 2019 年“两会”的报道中，《人民日报》就利用了 5G 直播和 VR 全景相机的结合，在人民大会堂前开展了一场别开生面的现场直播。用户只需通过《人民日报》“两微两端”打开专题页面，就宛如站在人民大会堂前，旋转手机还能看到广场上不同方向的实时画面，为用户营造身临其境的现场感，增强了这场大型报道的吸引力和感染力。

此外，《人民日报》还在“两会”报道中与科大讯飞实现合作，联手打造“声速两会”。“声速两会”主要利用科大讯飞的声音识别技术，为“两会”提供智能语音转写解决方案。现场记者通过随身可携带的转写工具——讯飞听见 M1，与讯飞听见 App 一键连接就能够迅速将录音转写成文字报道，再将文字传输进入《人民日报》新闻业务系统，实现移动查看、电脑端写稿、投送稿库的全流程采访写稿，同时支持实时采访翻译转文字稿，极大地提升了“两会”的播报效率。②

另一方面，是两微一端格局的形成与凸显。目前，报业机构逐渐重视微博、微信的运营，纷纷开设了官方微博和微信公众号，部分实力雄厚的报业机构推出了 App，“微博＋微信＋客户端”的构架日趋稳健，尤以移动新闻客户端的建设最为重要。

2014 年，在政策、资本的助推以及自身转型的巨大压力之下，专业新闻机构纷纷加入新闻客户端战场。首先是中央级媒体相继推出新闻客户端，如《人民日报》、新华社。接着就是地方报业集团，如上海报业集团先后上线主打时政的“澎湃”、主打财经的“界面”。2015 年更是国内专业媒体机构新闻客户端红火发展的一年。③

二、数字期刊的“社会化阅读”

数字期刊是指以数字化方式存储，通过终端设备读取的连续出版物。第一代数字期刊

---

① 刘珊，黄升民．盲从还是坚守：模式化概念能否拯救中国报业［J］．新闻与写作，2018（11）：41－47.

② 郑晓琦，陆梦婷，内容和技术双向发力，人民日报铺就纸媒融合之路［J］．媒介，2019（9）：35－40.

③ 刘颂杰，张晨露．从“技术跟随者”到“媒体创新者”的尝试：传统媒体“新闻客户端 2.0”热潮分析［J］．新闻记者，2016（2）：29－39.

将纸质内容进行原文扫描，以数据库形式进行整合、销售。

伴随数字终端的快速发展与互联网、移动互联网的应用普及，内容产业获得了较快增长，图片、音乐、视频消费迅速成长，成为与文字流量并重的网民消费内容。期刊数字化因此开始走向富媒体阶段，即在单纯的文字与图片内容基础上插入音视频文件，赋予电子期刊一种多媒体的阅读体验，这一阶段可以归结为期刊数字化发展的第二阶段。2005 年之后，尤其是近些年，社交网络迅速崛起，互动分享与网民自组织逐渐成为互联网发展的新趋势，数字期刊开始探索一种新形态，即社交化阅读平台，阅读脱离既有的以内容为主架构的建构模式，开始以人为架构主体，以自组织作为内容生成的一种方式，形成以人际传播带动期刊内容的社交＋内容的传播形态。

目前最为成功的社会化阅读应用是美国的飞丽博（Flipboard，2012 年进入中国），它既是一款互动分享和个性化定制的移动互联网杂志，也是一款具有互动交流功能的阅读软件。但从外观上看，Flipboard 的精致布局与精美的杂志布局一样，只是它将这种布局的呈现选择权归于读者，自己承担算法与推送。进入 Flipboard 后，首先呈现在屏幕上的是一张高清图片，来自用户此前定制的社交网络内容。点击进入可以发现，Flipboard 直接关联 Twitter、Google Reader、Facebook、新浪微博账户，Flipboard 以用户在 Facebook 等上的评论数量、访问频率等方方面面的基数作为参考值，进而推算出用户所喜好的内容。同时，用户可以方便地将自己喜欢的内容以及批注等通过社会化媒体分享出去。如果用户对一些特定话题感兴趣，可以在搜索栏中键入该话题，程序会自动将博客、微博、指定新闻源中与该关键词有关的内容聚合为杂志形态，供用户阅读。

国内社会化阅读应用最早的践行者是百阅网，百阅网早在 2006 年起就已开始尝试社会化阅读。目前比较有影响力的是扎客与网易阅读。扎客将微博、博客、报纸、杂志、网络新闻、图片、RSS、团购、Google Reader 等众多内容按照用户个人意愿聚合起来，用户可根据个人意愿个性化定制阅读。网易阅读的功能与扎客大同小异，但其依托自身的门户网站，从而拥有了更强大的内容提供与更新能力。

社会化阅读应用打破了以往读者被动阅读的静态方式，其内容来源不再局限于专业的内容提供者，读者也可以参与到内容的创作与传播中去，拓展了阅读内容的丰富性，增加了读者的话语权。基于社会网络建构的强关系，也大大提升了数字内容的传播效率。①

三、数字报刊的广告形式与效果测量

数字报纸和数字期刊出现之后，其广告形式逐渐多样化。其中，信息流广告、开屏广告、详情页广告是新闻客户端的主要广告形式。

---

① 汤雪梅．数字期刊发展的三阶段及其特点［J］．出版广角，2013（15）：22－25．

关于信息流广告，学界和业界并未对其形成统一而明确的定义，但总体而言，现有定义都在以下两点达成共识：信息流广告与承载媒体具有内容和形式上的一致性和适配性；基于大数据和智能体系，能够针对用户偏好进行精准投放。图 5-1 是信息流广告示例。开屏广告即是在 App 启动时进行展现的广告位，可以呈现静态、动态和视频化的广告内容，具有高曝光、强视觉冲击的特点（见图 5-2）。详情页广告则是在文章详情中所展示的广告，可以支持小图、大图、组图、视频等多种形式的广告（见图 5-3）。

图 5-1　信息流广告示例

图 5-2　开屏广告示例

图 5-3　详情页广告示例

然而，由于互联网媒体平台强调受众的互动性，纸质报刊的测评指标难以全面评估广告效果，便产生了诸多针对互联网媒体平台的测评指标。其中，广告曝光次数、点击率和转化率最为关键。

广告曝光次数（advertising impressing）是指广告页面被访问的次数。但是广告曝光次数并不等于实际阅读广告的人数。因为网民通常会习惯性地定期浏览同一个网站，在广告投放期间，一个人可能看了好几次相同的广告，当然这对于最终促进受众的购买行动是有利的。

广告点击率（click through rate）是指某网站页面上某一广告被点击的次数占该网页访问者总数的比例，是最直接、最有说服力的量化指标之一。这种方法主要是通过网民对广告的点击率或者回应率来测定广告的接触效果。点击率的高低除了与访问量和广告目标受众的多少有关系外，广告创意也是至关重要的因素。

广告转化率（conversion rate）是指在一个统计周期内完成转化行为的次数占推广信息总点击次数的比例。在广告投放前，出版商和广告主商定一个特定的用户反馈行为（如加入购物车、收藏商品、购买商品等）作为广告投放效果的衡量标准。广告的转化率是指在广告投放过程中用户发生这个特定行为的整体比例。

案例 5-1

奇瑞捷豹路虎打响精准投放闪电战

奇瑞捷豹路虎汽车是国内首家中英合资的高端汽车企业，在中国市场已推出路虎揽胜极光、路虎发现神行多款畅销车型。为促进新车销售，奇瑞捷豹路虎利用今日头条信息流广告进行“精准定向＋智能分发”。

首先，信息流的精准定向需要建立丰富的多维度数据标签作为投放依据。基于用户数据的长期积累和打通，今日头条针对奇瑞捷豹路虎旗下路虎 L550 与 L538、捷豹 XEL 与 XFL 四大车型分别定制了涉及人口学基本特征、消费行为属性、阅读行为属性的不同潜在顾客兴趣标签，以此清晰描绘出奇瑞捷豹路虎的用户画像，并基于此指导后续广告的精准投放。

其次，今日头条在这些细分标签中沉淀出对分期、低价或利率具有敏感倾向的购买诱因标签，并据此设计个性化广告素材形式与文案。通过将这些标签与今日头条自身用户的自动匹配，奇瑞捷豹路虎能够以远低于传统大众传播的成本精准、迅速锁定目标市场，在今日头条 App 推荐频道和汽车频道的黄金曝光资源位进行多素材的智能分发，从而以千人千面的广告创意激发不同类型目标人群的潜在购车欲望。与此同时，该信息流广告还与奇瑞捷豹路虎天猫官方旗舰店进行关联，在用户产生兴趣时即可直接跳转至销售页面，有效缩短购买路径。

最终，该次广告投放获得远超预期的投放效果。不仅曝光总量超 1.46 亿、信息流广告总点击超 290 万次、最高点击率达 3.01%，更带动了天猫订单数及线下到店率的提升。Admaster 调研评估结果显示用户提升了对奇瑞捷豹路虎的认知度，提升了用户的购买意愿、试驾意愿、推荐意愿。

资料来源：今日头条．车企营销如何出奇制胜？奇瑞捷豹路虎打响精准投放闪电战［EB/OL］．［2019-10-17］．https：//ad.oceanengine.com/school/case/detail/？case_id=6602122569141190664.

案例 5-2

当“千人千面”的今日头条遇上“就要不凡”的光大银行与银联

中国光大银行成立于 1992 年 8 月，是中国国内第一家国有控股并有国际金融组织参股的全国性股份制商业银行。其信用卡业务发端于 2004 年，是国内较早开展信用卡业务的股份制商业银行之一。随着移动互联网变革和消费转型的到来，光大银行亟须突破发展瓶颈。

2017 年上半年，光大银行与今日头条联合，在广告、产品、服务三大维度由浅入深进行跨界联盟，以个性化广告触达兴趣用户，为千人定制千面体验。

首先，今日头条、光大银行和中国银联三方联合举行发布会进行预热，发布《泛 90 后大数据报告》点燃舆论关注。该报告不仅通过今日头条大数据分析每个用户的多重兴趣属性，提取 111 种兴趣标签，精准捕捉个性化年轻群体最鲜明特征，而且利用本次“千人千面”所涉及的标签和关键词，如“娱乐”“时尚”“健康”“运动”“美食”“旅游”“科技”七大兴趣标签，为后续活动提供全面准确的用户画像，奠定了品牌口碑形象，提升了用户黏性和加深了品牌理解。

其次，结合以上基于用户清晰画像和深入洞察所获得的标签数据库，光大银行一方面将今日头条“千人千面”的阅读体验融入信用卡“千人千面”的用卡体验中，推出个性化定制信用卡卡面。如旅游达人联名卡卡面“我有诗和远方　就要追”和“我有颜值　就要担当”，科技达人联名卡卡面“我有数据　就要建模”等（见图 5-4），满足当下年轻消费人群的需求。另一方面，更将阅读行为数据与信用卡消费数据高度融合，多维度覆盖不同消费群体，从而实现传统金融与互联网渠道的深度融合，真正建立起“人群定制＋兴趣定制＋服务定制”的多维度定制化服务体系。

图 5-4　“千人千面”定制主张的信用卡个性化卡面

同时，光大银行在今日头条上进行开屏广告＋信息流广告等一系列组合投放。今日头条将高度耦合的卡片宣言与相对应的细分年轻人群进行自动适配、智能分发广告内容，以此强化兴趣关联度，提高活动关注度和参与度。

最终，本次活动 30 天投放期内在传播效果方面获得活动总曝光 1.5 亿，总点击量达 400 万次，百度上“头条信用卡”相关词条量达 272 万，光大银行头条指数攀升 20%。另外，在行业内引发 10＋KOL 红人参与讨论，活动主题“我有千面，就要不凡”词条量更高达 2.7 万。从转化效果来看，更有 42 万今日头条网友点击办卡按钮，4.5 万网友已申请完成，线下面签通过率高达45.38%，超出行业平均水平126.9%。

资料来源：巨量引擎．光大银行　个性化体验［EB/OL］．［2019－10－17］．https：//www.oceanengine.com/case/87？source=pchometop．肖明超．刷爆朋友圈的不只有军装照和地铁歌词还有这张卡！［EB/OL］．（2017－08－03）［2019－10－17］．https：//mp.weixin.qq.com/s/tU8XdTGV2zKR3V7SdJoBRw.

【本章小结】

改革开放以来，我国报纸和期刊都经历了复苏、繁荣、数字化转型的阶段。互联网和移动终端改变了人们的阅读习惯和阅读方式，促使数字报纸和数字期刊不断跟进新技术浪潮，转变原有的信息传播方式；反过来，信息传播方式的改变又进一步引发人们媒介使用习惯的改变。报刊广告效果的评价可以从报刊本身和受众两个层面进行，具体的测评方法有回忆法、日记法等。数字报纸和数字期刊出现之后，其广告形式逐渐多样化。其中，信息流广告、开屏广告、详情页广告是新闻客户端的主要广告形式。

【思考题】

1. 搜集资料，了解国外报纸和期刊的发展历史。
2. 改革开放后，我国的报纸和期刊分别经历了哪些发展阶段？
3. 报刊广告效果的评价指标有哪些？
4. 报刊广告效果的测量方法有哪些？
5. 近年来，数字报纸和数字期刊在运营模式上出现了哪些新变化？对广告有哪些影响？

【推荐阅读书目】

1. 黄合水．广告调研方法［M］．厦门：厦门大学出版社，2006.
2. 宋若涛．广告效果分析［M］．郑州：郑州大学出版社，2008.
3. 王晓华．广告效果［M］．北京：高等教育出版社，2012.
4. 李晶，昌蕾，吴文涛．广告效果测评理论与方法［M］．北京：社会科学文献出版社，2014.

第六章

户外广告效果测评

【本章学习要点】

- 户外广告的类型及作用。
- 户外媒体效果测评的方法。
- 户外广告如何融入场景营销。

户外媒体形式多样，既是城市景观的重要组成部分，也是广告的重要载体。随着新技术的发展，户外广告突破传统平面的形式，越来越多以视频形式呈现。户外视频广告以其“声画并行”的特点不断攫取受众的注意力。户外广告也成为场景营销的关键构成。场景既包含在线虚拟场景，也包含线下传统场景。场景营销以消费者生活圈为支点，结合多种表现形式，为受众打造全方位、多角度的感官体验。

第一节　户外广告概述

2004 年，《中国户外广告产业上海宣言》称：户外广告是为了吸引对广告商品或服务的注意，选择在户外恰当的场所并采取合适的形式，在一段时间内向公众持续展示明了的视觉信息的广告物。① 就一般意义而言，户外广告就是设置在户外露天公共场所的广告。户外广告是一种动静兼具的综合性广告形式。常见的静态户外广告有路牌、招贴、墙壁广告、海报、条幅、灯箱广告等。另一种是利用传播媒介的动态性而产生的动态户外广告，如户外电视广告、车体广告、霓虹灯广告、立体充气造型广告等户外广告形式。②

---

① 岑明．城市户外广告规划与设计［M］．武汉：华中科技大学出版社，2012：7.
② 马泉．城市视觉重构：宏观视野下的户外广告规划［M］．北京：人民美术出版社，2012：54.

一、户外广告的缘起

我国最古老的广告形式是由口头叫卖、吆喝逐渐发展而成的各种形式的销售现场广告。早在殷、周时代，我国便形成了“日中为市”。之后，又有各种各样的交易形式出现。各种行业的店铺为了招徕顾客，发展出了比叫卖更为丰富的广告形式，主要有旗子、幌子、招牌等。[①] 这可以说是户外广告的雏形。

近代中国，1926 年在上海南京东路伊文思图书公司的橱窗内首次出现霓虹灯广告——宣传皇家牌（ROYAL）打字机的英文广告灯。在 20 世纪初成立的上海先施、新新、永安、大新四大百货公司均设置了大型橱窗。[②]

改革开放后，1979 年 2 月上海南京路出现第一块户外广告牌，随后南京路上出现了第一块外商路牌广告——日本航空公司的广告。[③] 同年，北京广告公司在王府井竖起来 10 块广告牌，其中 6 块是国内广告主的广告，4 块是外国广告主的广告。[④] 此后，城市户外广告的载体渐趋多样化，出现了诸如公交车身广告、电梯广告、地铁广告、墙体广告、灯箱广告等多种形式的户外广告。

随着互联网发展和科技进步，人们外出时间不断增加、活动范围不断扩展，网络化的数字户外媒体促进我国户外广告业迎来新发展。

二、户外广告的类型

（一）静态户外广告与动态户外广告

关于户外广告，根据其设置的承载体本身的性质，可以分为城市静态户外广告和城市动态户外广告。

城市静态户外广告是广告附着物相对静止的户外广告，可以再具体分为三类。第一类是街道户外广告，是指设置在道路两边、城市广场、商场大型橱窗等大众公共活动视觉空间的广告；第二类是建筑类户外广告，指建筑立面、建筑楼顶等建筑区域内视觉空间广告；第三类是交通设施和交通环境内的户外广告，指公交站台、高速路高立柱、机场、铁路两旁、地铁环境等公共交通设施环境视觉空间广告。

城市动态户外广告是广告附着物有相对移动特征的户外广告，大致也可以分为三类。第一类是交通工具户外广告，是指公交车车体、自行车、公交车内车厢、地铁车体与车厢、火车车厢、水上航运运输船、出租车内等大众交通工具公共视觉空间的广告；第二类

---

① 丁俊杰，康瑾．现代广告通论［M］. 2 版．北京：中国传媒大学出版社，2007：43.

② 陈培爱．中外广告史［M］. 北京：中国物价出版社，1997：49.

③ 岑明．城市户外广告规划与设计［M］. 武汉：华中科技大学出版社，2012：6.

④ 同①46.

是航空工具户外广告，指飞艇广告、小型飞行器搭载广告、气球广告等存在于公共航空视觉空间的广告；第三类是行为、活动广告，指行为衣着广告、行为艺术广告、城市艺术活动、行人与广告牌等基本附着于人身体上，以及以人为活动为主体，并活动在大众公共视觉空间中的户外广告形式。①

（二）户外视频广告

伴随着城市化建设的进程，城市居民外出活动的时间日益增多，外出活动的范围不断扩展。21 世纪初，一种以电视广告为表现形式的户外视频广告逐渐走入人们的视野，从楼宇到卖场、从公寓楼到餐厅、从公交车到地铁，户外视频广告在新技术的推动下以其“声画并行”的特点成为户外媒体的新亮点。

我国户外视频的出现最早可以追溯到 1999 年列车视频运营商广源传媒的成立。但在当时，户外视频并没有引起广告界的重视，甚至只是被看作长途汽车上 DVD 播放机的升级版而已。一直到 2003 年，户外视频才正式进入发展的快车道。既有本土户外视频广告公司成立，也有美国、日本国际风险投资机构进入中国户外视频领域。从写字楼、医院、公共交通工具到大学食堂，无不成为各大运营商的目标。②

以下就几种主要的户外视频形式做简要介绍。③

1. 楼宇视频

楼宇液晶电视的创始者是一家叫作 Captivate Network Inc 的加拿大公司。1995 年，这家公司在加拿大和北美其他地区创立了高档场所液晶显示媒体。在我国，从 2003 年下半年起，京粤沪各大标志性商业大楼中，从地下车库到办公室电梯内，都出现了液晶壁挂电视，播放商业广告等信息。至 2007 年，楼宇液晶电视在中国多数城市商务楼宇内得到快速发展。

2. 卖场视频

卖场视频指的是安装在卖场销售区域内的以信息传播技术、卖场、媒体运营三个专业领域为基础组成的卖场零售终端广告平台，主要为在卖场销售的各类产品提供广告宣传。2003 年，卖场视频广告在我国出现，随后迎来爆发式增长。

3. 医院视频

医院视频是指将液晶电视设置在医院挂号处、分诊台、候诊室、收费处、休息处、输液室等场所的媒体形式。

4. 公交和地铁视频

公交视频是指将液晶电视安装在巴士、的士、列车、飞机等公共交通工具上的媒体形式。地铁视频则是指将液晶电视安装在地铁站台内以及地铁车厢内的媒体形式。

以上列举的户外视频媒体中播放的广告就是户外视频广告。

---

① 马泉．城市视觉重构：宏观视野下的户外广告规划［M］．北京：人民美术出版社，2012：111.

② 郑欣．空间的分割：新媒体广告效果研究［M］．北京：中国传媒大学出版社，2008：165.

③ 同②174－284.

（三）新技术支持的户外广告

不断涌现的新技术使得户外广告的形式更加多样。新技术升级了户外广告屏显技术，LED隧道动态广告、全息投影给了户外广告更多展现方式。

1. 隧道LED阵列光柱打造动态广告

在地铁隧道内投放的灯箱广告很难抓住人们的眼球，因为地铁停车时间短、启动速度快，地铁乘客对这类灯箱广告仅是匆匆一瞥。2015年开始，一种全新的媒体形式开始出现，可以达到隧道内的动态广告效果，类似于电影院里播放电影一样，一格一格的电影胶片上每一帧图像是不同的，当放映机以合适的帧频播放，观众眼前就产生了清晰稳定的动态电影效果。

利用这一现象，将运行的列车转化成播放器，从而使乘客眼前的广告图像产生运动效果，在乘车时间内，人们也可以看到动态广告，而且隧道内比较暗，呈现的动态广告更加突出。目前市场中隧道动画都是基于LED阵列光柱，在隧道内壁安装一条条垂直的LED阵列光柱，每个光柱高度近1米，上面分布着近600个LED作为一列像素，两个发光器之间间隔约1.2米。当列车静止时，只能看到每根光柱上各种颜色的光点；当列车快速运动起来的时候，利用“视觉暂留”的原理可以形成动态画面。

2. 全息投影模拟产品实物

以往的全息投影技术多运用在博物馆等公共场所，用来展示一些复原的古代遗物，可以360度观察该遗物的细节，全方位还原。现在全息投影技术的发展更加成熟，利用全息投影技术，直接投射品牌最新产品的浮空影像，产品展示效果生动逼真，并且这种效果的视觉冲击力非常大，远比直接摆放实物要吸引消费者。

三、户外广告的作用

在户外出现的各种形式的广告都可以统称为户外广告，其中既有静态的，也有动态的，有些还兼具流动性以及声画同步，这就使得户外广告同时具有平面广告和电波广告的双重特性。

（一）城市景观的重要组成部分

在道路两旁、城市广场、商场橱窗、建筑物外墙面等空间出现的户外广告已然成为城市景观的重要组成部分。从城市管理和建设的角度来看，管理者可以通过户外广告的空间优化来提升城市商业活力、烘托商业氛围和优化商业空间，进而传播和提升城市形象。

不同于路牌、灯箱等静态的户外广告，既有声音又有图像的户外视频广告更能抓住行人眼球，引起行人关注，同时也为城市景观提升活力，增添亮丽风景。

（二）信息传播和品牌形象树立的“补位”

随着城市化进程的加快以及居住区域的不断扩大，人们在户外活动的时间越来越长。

2007年，中国传媒大学广告学院广告学系进行的“城市受众移动生活形态与新媒体接触”研究结果显示，针对北京和上海有固定上下班时间的人群，上下班在路上花费的时间分别是81.4分钟和72.6分钟，工作日晚饭后外出活动时间分别为1.5小时和1.6小时，周末外出活动时间分别为3.9小时和3.6小时。①

王琪延等分别在1986年和2016年进行了北京市居民生活时间分配调查。结果显示，1986年北京市居民工作时间、家务劳动时间、个人生活必需时间和休闲时间的比例关系为31.5%、10.5%、40.5%和17.5%，2016年改变为23.2%、7.3%、50.5%和19.0%。②由此可见，居民工作时间和家务劳动时间均有所下降，而个人生活必需时间和休闲时间均有所提升。

人们户外时间的不断增多为户外媒体的发展奠定了受众基础，随着户外媒体形式的不断改进升级，户外广告成为信息传播和品牌形象树立的有力补充，成为整合营销传播中重要的一环。

第二节　户外广告效果测评

关于户外广告效果测评，可以从户外媒体自身和受众两个层面进行。户外媒体自身传播效果受其所处环境影响。受众接触情况可以通过观察法、问卷调查等方式进行测量，也可以利用大数据得出更细致全面的结论。

一、户外媒体传播效果测评指标

户外媒体所处环境对其传播效果有着直接影响，可以从以下层面进行考察。

（一）地理区域

地理区域决定了户外媒体可能面对的受众规模和观看状态。商业区人流量大，户外媒体的传播范围相对广泛，但就观看状态而言，多为匆匆一瞥，较少驻足观看。在旅游景点等景观地区，人流量也相对较大，受众多处于休闲状态。受众如果对户外媒体展示或者播放的内容感兴趣，就可以有较长时间停留。居民区人流相对固定，户外媒体传播范围虽然有限，但是由于受众可以多次反复观看，其传播效果相对较好。

---

① 黄升民，丁俊杰，黄京华．2007 IMI城市受众移动生活形态与新媒体接触研究报告［R］．北京：中国广播电视出版社，2007．

② 王琪延，韦佳佳．居民休闲消费不平等研究：以北京市为例［J］．经济理论与经济管理，2019（5）：103－112．

（二）场所和位置

户外媒体所处的场所和位置也是影响其传播效果的重要因素。在医院放置的户外媒体上展示或播放与医疗相关的内容，更容易引起受众关注，尤其是在医院排队等候时间较长时，受众更有可能详细了解到户外媒体展示或播放的内容。在机场、站台等场所出现的户外媒体同样也会吸引候机者、候车者的注意力。

在同一场所中出现的户外媒体，由于所在位置的特点，其传播效果也会有所差别。以超市为例，电梯旁、电梯内、收银台旁，这些地方可能需要等候，人们就有更多机会接触户外媒体。尼尔森公司《2015 电梯海报基础研究》报告的数据显示，相比于其他媒体形式，受众会更加仔细地观看电梯海报广告，这是由于电梯媒体能够在受众必经的封闭性电梯空间内形成强制性收视，从而形成极高的广告关注度。① 而货架旁、门口、卖场内等户外媒体位置多位于人们途经之处，受众停留的可能性较小，很容易对户外媒体“视而不见”。

（三）媒体运营情况

户外媒体运营情况主要包含户外媒体主体条件和内容运营两个层面。

户外媒体的主体条件主要指该媒体的外形、尺寸、完整性和媒体特质等内容，其中媒体特质是用来评估具体媒体影响力的指标，涵盖了广告干扰度、媒体偏好度、媒体质量和媒体美誉度等指标。以户外 LED 大屏为例，LED 大屏作为广告信息的载体，其尺寸大小、破损情况和外观维系都会影响信息的内容完整度和表现效果，因此会对传播效果产生较大影响。而一些被人们熟知的 LED 大屏，如西安雁塔天幕，由于本身就具有较高的知名度和美誉度，则更容易吸引受众观看。

户外媒体的内容运营可以从内容质量、内容类型、表现效果等方面来衡量。上海渤思信息技术公司在 2017 年 7 月推出的云播控管理系统就针对户外大屏联播联控的运营，设置了播出情况监控、智能节目编排、分时段播出等功能，帮助广告主或其他媒介购买者对内容进行管理。②

二、受众特征与行为监测

随着数字技术在广告行业的不断深入应用，户外广告日益追求个性化的广告传播与更精准的效果监测，因此受众信息的数据收集变得愈发重要。传统的受众特征调查需要依靠问卷调查等方式，而如今得益于大数据，受众特征和行为监测有了更为便捷的方案，可以通过与运营商合作或者借助网络技术实现，为广告主提供更细致全面的受众洞察。

---

① 分众传媒．分众电梯海报介绍［EB/OL］．［2019－11－02］．https：//www. focusmedia. cn/elevator/＃jump.

② 渤思户外观察．渤思户外 LED 大屏智能播控系统正式上线［EB/OL］．（2017－07－07）［2019－11－02］．https：//mp. weixin. qq. com/s/2jCwoDImj-tR0TlssnW7VA.

MODS系统（mobile OOH data system）是近年来户外广告受众监测较为前沿的技术手段。这一系统通过与中国联通运营商合作获取相关数据，可以实现受众数据精确统计、受众精准分析、估计受众规模、受众行动轨迹和行为记录等功能。该系统可自动抓取户外广告可视范围内全部手机用户，通过运营商后台大数据中手机用户登记信息可以准确统计受众群体规模，而数据库中记录的受众自然信息、生活特征、消费支出、手机操作记录、位置信息、移动数据等信息可以相对准确地刻画受众形象，精准分析预测受众需求，帮助广告主实现广告投放的精确性。这一系统还实现了同源数据合并，即受众手机搜索数据和定位数据是同源的，都来自同一个手机机主，使得分析结果更加精准。①

目前多数互联网公司推出的户外广告监测系统也都架构了自己的网络数据库，利用AI技术、IBeacon、LBS等先进技术手段实现受众定位，并结合自己积累的内部网络数据完成受众分析。百度公司的百度聚屏定位为数字屏幕程序化广告投放平台，应用了相关AI技术如DuerOS、LBS技术、语音技术、人脸识别技术、图像技术等，综合百度大数据数据库，能够按照地域、场景、屏幕类型、广告位类型、商圈定向和检测人群。②

三、户外广告监测技术实例

CloudXink于2017年6月对某App在地铁站投放的广告进行效果测量评估。传统的调研访问中依靠受访者回忆来评估广告触达情况会存在一定误差。其创新的广告效果评估解决方案ROI Meter实质上是将媒体方的广告曝光数据与电商等平台的用户行为数据连接起来，解决了非数字化的线下环境中实际广告曝光量、触达人数都很难精确测量的问题。

基于运营商在地铁站内的基站数据，能精确统计有多少人、哪些人在广告投放期间进入过该地铁站，进入地铁站的人群可近似作为广告曝光人群。这样既可以得到该地铁站在广告投放期间的经过人数规模及频次（即reach & frequency，触达人数 & 频次），还能了解触达人群的特征数据，并可以通过热力图显示其居住地分布。

通过云思数据中枢可以将运营商与客户在该App的用户数据连接，即把广告曝光人群与该App的用户进行匹配，并分析其在App上后续的行为情况如新安装、注册、使用频率和时长等行为数据的提升情况，进一步了解被广告触达的人群，评估地铁广告的最终效果。如果是大众消费品类的客户，还可以分析看过广告的人群在电商平台上进一步搜索、浏览和购买行为的数据情况。③

---

① 毕艳红，聂辰晟，郑君．MODS：基于大数据的户外媒体价值评估体系［J］．传媒，2015（23）：8－11.

② 印纪芳．数字户外广告交易平台研究［J］．今传媒，2018（10）：97－100.

③ CloudXink云思博客．ROI Meter地铁站户外广告效果评估案例［EB/OL］．（2017－06－28）［2019－10－25］．http：//blog.cloudxink.com/archives/1267.

第三节　场景营销

随着移动互联网的发展和普及，户外广告成为场景营销中的关键构成。户外媒体如车载电视、地铁广告牌、商圈楼宇 LED 大屏等，遍布受众的生活圈，打造不同场景。在场景营销的过程中，有些户外广告会出现在特定的场所，为受众提供特定信息或推销特定产品；有些户外广告会以独特的设计吸引受众的目光，同时通过二维码、AR、VR 等技术与受众的移动互联网终端进行连接，从而精确获知消费者的状态，以进行有针对性的营销推广。

一、场景营销概述

场景营销是指基于对用户数据的挖掘、追踪和分析，在由时间、地点、用户和关系构成的特定场景下，连接用户线上和线下行为，理解并判断用户情感、态度和需求，为用户提供实时、定向、有创意的信息和内容服务，通过与用户的互动沟通，树立品牌形象或提升转化率，实现精准营销的营销行为。①

目前场景主要划分为两大类：一是传统类型的场景；二是移动互联网带来的虚拟场景，即虚拟的移动场景。两类场景具备以下特点：

传统类型的场景具有以真实场景作为实体系统的基本特点，包括客观实在性、独立性以及象征性、可创造性等特点。图书馆就是一个传统类型的场景。随着人们生活品质和精神需求的提升，当下许多场景正在融合成全新的场景，比如图书馆与咖啡厅合成书咖。受众会对场景进行解读，因而场景具有一定的象征性。场景营销正是利用了这种象征性与消费者之间建立情感连接。

虚拟的移动场景诞生于移动互联网时代，代表着场景已打破最初的现实场景概念，成为了同时连接线上虚拟环境与线下真实生活的互动体验。因此，移动化、多元化、用户共创开始成为场景的新特性。场景的移动化主要表现在手机成为了场景的载体。人们的多元化需求促成了多元化的场景诞生，技术的发展也使场景的表现形式越来越丰富，因而虚拟场景呈现多元化特征。用户共创代表着用户与场景发布者成为当下实现移动场景交互式共创的两大主体：场景发布者根据用户需求创建并发布场景，用户与移动终端进行即时互动并反馈到场景发布者手中，场景发布者再实时更新场景，继续与用户进行互动，形成一种良好的互动共创循环。②

---

① 中国场景营销市场研究报告（2016 年）[R]. 艾瑞咨询系列研究报告，2016（10）：49.

② 邬镇宁，黄贵莲．场景化营销的传播应用探析：构建场景 [J]. 广告大观（理论版），2017（5）：4 - 13.

综合来看，场景营销的主要目的是让消费者产生心理共鸣，构建出符合消费者内心需求、互动性强、应时应景的营销场景，将场景转化为流量，然后让流量变成销量或者是二次传播。①

二、场景营销应用技术

（一）传统场景的线下互动技术

随着各种技术、算法的突破和创新，诸多商业和生活场景正在变得更加智能和高效，同时催生出许多新的业态和商业模式。线下传统场景的场景技术应用主要包括以下几个方面。

1. 蓝牙互动

蓝牙互动是以 IBeacon 为基础的远距离、微距离（5cm 以上）的识别和内容服务。比较常见的就是蓝牙耳麦，在传统的手机听歌或唱歌场景上，运用蓝牙技术，让耳麦等设备脱离线的束缚，从而给用户带来更好的语音通话、听歌和唱歌等场景体验。

2. 跨屏互动

跨屏互动是以 LED、Pad、智能屏及手机屏为多屏基础的跨屏与多屏幕互动。例如，很多汽车上的多媒体设备就可以实现跨屏互动，可以无线互联手机同屏。目前很多户外 LED 大屏广告也应用了这种技术，使受众可以参与其中、得到更有趣的体验。

3. 扫码互动

扫码互动以二维码为基础，结合视觉创意，使二维码呈现出多种颜色、背景图案、前景图案，并可以结合企业 Logo 进行定制。丰富多样的二维码使互动转化得到提升。

4. 图像互动

图像互动是以图像识别、AR、VR 及 360 度全景直播为视觉基础形成的交互。例如，人脸识别就是一种图像识别技术，通过将人脸图像或者相关视频输入系统，然后根据人脸的特征，分析每个脸的大小、位置及各个面部器官的位置信息。如今，人脸识别技术也被应用到场景营销中，并且识别率已经得到质的提升。同时，人脸识别在场景营销中还具有一定优势：通过摄像头直接获取人脸图像，以非接触的方式完成识别过程，方便快捷。

5. 声音互动

声音互动以听音识别为基础，通过嫁接 App 可以形成复杂场景的交互。如“讯飞听见”就是通过语音识别技术将声音转化为文字，适用于演讲授课、媒体访谈、会议及视频字幕等场景，可以省去烦琐的操作，提高工作效率。声音互动技术的应用也为户外广告带来了更新颖有趣的交互形式。

6. 地理位置互动

地理位置互动是以地理位置为基础，通过识别区域用户形成的交互。例如，微信中基

① 罗敏．场景连接一切 场景思维＋场景构建＋场景营销＋案例实战［M］．北京：电子工业出版社，2018：4－6.

于地理位置的功能插件“附近的人”，可以根据自己的地理位置查找周围的微信用户，并将促销信息推送附近用户进行准确投放。①

（二）虚拟场景的线上交互技术

在移动互联网技术的推动下，虚拟场景中的应用技术已经越来越多，这也增加了场景的可玩性，吸引了更多的用户参与互动和分享。

1. H5 技术

H5 技术是一种娱乐化的社会营销新技术，广泛应用于基于虚拟场景的营销活动中。H5 中的 H 是指 HTML，它是“超文本标记语言”（hyper text markup language）的英文单词缩写。简单来说，H5 就是一种标准，它会以网页的形式呈现在受众面前。H5 中的“5”指的是“第 5 代”HTML 技术，也称为 HTML5，其主要功能包括语义、离线与存储、设备访问、连接、多媒体、3D 与图形及 CSS3 等，可以用于网页端与移动端的连接，是能够让用户在互联网上轻松体验各种类似桌面的应用。

H5 的制作流程非常简单快捷，但能呈现出多变的画面形式，而且可以精准地投放，保证传播效果，同时营销过程中的各种数据可以随时跟踪反馈，从营销到再营销，从传播到二次传播，可以轻松实现“入口—内容—效果”的一站式场景营销，是移动互联网时代企业不可多得的场景营销工具。

2. 全景技术

全景技术可以给用户带来较强的交互性和沉浸性，能够在短时间内吸引用户的全部注意力，在全景场景下用户可以更真实地感受商家的产品特点和服务环境，是一个线上、线下完美结合的场景媒介和载体。360 度全景场景和 720 度全景漫游，可以扩展人们的视野，而且能带来“浸入式”的看图体验，同时能够满足更多的商业需求。全景场景还可以与各种多媒体形式相结合，如音频、视频、文字、动画及网页等都可以添加到全景场景中。

在全景中植入数字化、完美逼真的营销场景，可以为电商、家装、旅游及展览等行业打造身临其境的交互场景，吸引用户关注，实现流量增长，提升转化率。在场景营销中运用 720 度全景技术，可以更好地展示企业的环境和产品等特点，适用于旅游景点、地图导航、视频课程、酒店展示、房产全景、试穿试戴、公司宣传、商业展示、空间展示、汽车三维、特色场馆、虚拟校园以及政府开发等多种场景下的营销需求，让场景变成一个 24 小时不间断的在线展示窗口。

3. VR 技术

VR 技术即虚拟现实（virtual reality）技术，这个词最初是在 20 世纪 80 年代初提出来的。虚拟现实技术就是一种仿真技术，也是一门极具挑战性的时尚前沿交叉学科，它建立在计算机图形学、计算机仿真技术学、传感技术学等学科基础上，通过计算机将仿真技术和计算机图形学、人机接口技术、传感技术及多媒体技术相结合。它可以创建出一个虚

---

① 罗敏．场景连接一切　场景思维＋场景构建＋场景营销＋案例实战［M］．北京：电子工业出版社，2018：103－105.

拟场景，增强用户的体验感，提供更多的交互方式。

在场景营销中不仅可以运用 VR 技术生成虚拟的、融合多元信息的三维立体动态情景，还可以用 VR 技术 1∶1 真实还原实景，让体验者漫游，身临其境感知实景魅力，并可以设置交互体验，模拟日常生活等，使企业更好地与消费者建立连接。VR 互动通常需要用到 VR 眼镜或 VR 头盔。

VR 技术带来了一种全新的场景营销模式，VR 的真实感和沉浸感让我们可以随时随地体验不同的虚拟生活场景。同时，企业可以将自己的产品、理念等品牌因素嵌入这些虚拟场景，在潜移默化中影响人们的消费观、价值观，从而达到营销目的。

4. AR 技术

AR 技术也叫增强现实（augmented reality）技术，其实是虚拟现实技术的一个分支。它能通过计算机等技术，将现实场景中的一些信息通过模拟后进行叠加，把真实的环境和虚拟环境交织在一起，使两者的信息能够进行"无缝"连接，营造出一种现实与虚拟相结合的三维情景，大大增强了人们的感官体验。

AR 技术可以结合手机大屏幕将品牌植入到各种场景中，并利用体感视频等互动技术吸引顾客参与互动，通过用户在社交平台的分享进行品牌传播。通过 AR 技术实现的各种虚拟场景与现实场景之间的互动，让用户不再是简单地看广告，而是可以与广告进行深度互动，快速引爆用户的朋友圈，适用于发布会、临展活动、现代展示、医疗、军事、教育、娱乐及旅游等场景。①

三、融入场景营销中的户外广告

相对于其他传统广告媒体，城市户外广告形态的可塑造性较强，创意空间更大。数字时代下，户外广告与其他媒体的融合成为产业发展的趋势，各种新的交互技术的使用增强了场景与用户的互动性。场景交互和效果数据统计能帮助客户在不同区域市场形成深度的影响力。

一方面，户外广告的形态互动可以融合人的触觉、味觉、嗅觉等感觉系统。例如通过触摸屏和运动传感器，受众可以参与投票或定制游戏；户外灯箱上的香水广告，通过一个按钮可以实现受众的真实嗅觉体验。

另一方面，AR、LBS、二维码等技术使得户外广告的互动体验与口碑传播增强。利用二维码扫描让用户不仅能获得视觉上的品牌接触，还能参与更加真实化的品牌体验。利用 AR 技术将广告的虚拟情景扩展到现实中，实现虚拟情景与实物表现的结合。例如，百事可乐在伦敦街头公交站台上安装具有增强现实功能的玻璃墙，当人们在等候公交车时，透过玻璃墙可以看到人行道或马路上发生的不可思议的场景，以配合其品牌传播主题。②

---

① 罗敏．场景连接一切　场景思维＋场景构建＋场景营销＋案例实战［M］．北京：电子工业出版社，2018：136-149.

② 谢加封，丁敬．城市户外广告：空间分异、场景演化与视觉修辞［J］．广告大观（理论版），2018（2）：93-98.

四、场景营销效果评估

由于场景营销大多依据大数据进行线下布局，挖掘用户需求和痛点，对受众群体进行标签化和场景匹配，实现线上线下场景打通，因此场景营销的评估数据分为线上和线下两个部分。

用户线下行为的量化需要一定的技术手段作为基础，即 IBeacon 技术和地理围栏技术，而依据覆盖范围的不同，地理围栏技术又可细分成 WiFi 探针技术、GPS 技术等。地理围栏是通过虚拟的围栏在现实环境中划出虚拟地理边界，形成特定的地理区域，当用户进入或离开该区域，或在该区域内活动时，其所携带的手机可以接收到设备发出的自动通知和提示。通过这种技术的应用可以识别场景范围内用户规模并记录用户线下行为轨迹。通信运营商还可以提供用户的实时定位与流量使用信息，完善用户线下行为数据库。在识别移动设备的同时，还可以收集智能设备、手机使用数据、各类 App 浏览记录等线上数据，完成人群画像。

线上线下的丰富数据为用户标签的细化提供了基础。首先可以通过人口学基本特征数据分析定向目标人群的性别、年龄、学历等标签。其次可以通过用户状态数据分析定向目标人群的婚恋、消费和居住等标签。再次可以通过终端设备数据分析筛选目标人群的设备类型、型号、系统等标签，还可以通过线下场景数据收集设备和用户的连接，判断用户所处的时间、地点、天气及其他 LBS 信息。最后可以采用 TGI① 算法，分析用户行为兴趣和行为偏好特征，建构行为与兴趣数据库，量化用户偏好程度，对场景营销实现全面评估。②

案例 6-1

北京公共场所液晶电视接触情况及评价研究

2007 年，中国传媒大学广告学院广告学系受众研究课题组曾对北京地区商场、超市、大卖场出现的公共场所液晶电视进行了实地观察和拦截式问卷访问，以测评受众接触和收看公共场所液晶电视的情况。

实地观察调查地点设定为投放了北广传媒城市电视和分众传媒液晶电视的场所，

① TGI 为目标群体指数（target group index），反映了某个群体相对于总体的某种倾向性，用以观察目标群体在特定领域内的强势或弱势，于 1969 年由凯度（Kantar）旗下的研究公司英国市场研究局（BMRB）提出。TGI 越大，目标群体特征越突出。TGI=100×（目标群体中具有某一特征的群体所占比例/总体中具有相同特征的群体所占比例）。参见王黎明，钟琦．基于搜索数据的网民科普需求结构和特征研究［J］．科普研究，2018（4）：51-60，107-108。

② 中国场景营销市场研究报告（2016 年）［R］．艾瑞咨询系列研究报告，2016（10）：49.

共 16 个地点，包括商业系统中的大中型百货商场、综合超市以及写字楼、公寓。而对于北广传媒自身所独有的投放场所（金融系统、政府机构、科研机构、医院、休闲娱乐场所、健身场所等），课题组选择了一家银行和两家专卖店分别进行观察记录。在观察时间的具体选择上，参照以往关于户外液晶电视接触情况的最新统计数据。商场、超市、专卖店等购物场所均以周末人流量最多；而写字楼的人流量则集中在周一到周五的白天；公寓和银行的人流量分布较为平均，工作日和周末的差别不太显著。因此课题组分别选择了这些地点的人流相对高峰期进行观察记录和调查访问。现场观察制定了四种类型的观察卡片，分别记录观察地点液晶电视分布的总体情况、观察地点液晶电视播放的节目内容和广告，以及受众观看液晶电视情况。在观察过程中，还拍摄了现场照片，作为观察和调查结果的佐证。

作为受众观察的补充，课题组还从各个观察点的液晶电视收看者中选取一部分受众进行了一定量的拦截访问。每个观察地点采集大约 10 个样本，总计 122 份拦截式问卷。

具体的观察卡片和问卷如下：

第一部分　液晶电视分布情况记录单

________液晶电视观察记录

观察员 ID ________观察员姓名________负责督导________观察日期________年________月________日星期________

基本情况：

1. 观察地点是________属于________（卖场/楼宇/超市/公寓）

2. 观察地点共有________块液晶电视，其中：

a）________块位于________（收银台/过道/大厅/电梯前/电梯内/其他________）

b）________块位于________（收银台/过道/大厅/电梯前/电梯内/其他________）

c）________块位于________（收银台/过道/大厅/电梯前/电梯内/其他________）

3. 所观察的液晶电视有 2 块，各观察 1 小时：

a）甲处：________时________分—________时________分，观察位于________的液晶电视，（有/无）________信号中断的情况，该处的客流量为________人/5min，其中男________人、女________人，人流量较多的时间段为：________时________分—________时________分、________时________分—________时________分、________时________分—________时________分

b）乙处：________时________分—________时________分，观察位于________的液晶电视，（有/无）________信号中断的情况，该处的客流量为________人/5min，其中男________人，女________人，人流量较多的时间段为：________时________分—________时________分、________时________分—________时________分、________时________分—________时________分

受众统计：

1. 在甲处：总计有________收看；

其中男________人，女________人；

最长的收看了________秒，最短的收看了________秒，年龄分布在________

2. 在乙处：总计有________收看；

其中男________人，女________人；

最长的收看了________秒，最短的收看了________秒，年龄分布在________

观察后记：

一、甲处：

1. 对观看时间最长者的描述：

年龄：________性别：________观看节目：________大约年龄：________

观看状态：____

____

____

____

____（为何观看、如何观看、位置等）

2. 对一般观众的描述：____

____

____

____

____（包括观看时间、观看状态等）

二、乙处：

1. 对观看时间最长者的描述：

年龄：________性别：________观看节目：________大约年龄：________

观看状态：____

____

____

____

____（为何观看、如何观看、位置等）

2. 对一般观众的描述：____

____

____

____

____（包括观看时间、观看状态等）

三、特殊个案（如被节目吸引有特殊偏好的、观看方式特殊的、年龄特殊的等）：

1. 个案一：

年龄：________性别：________观看节目：________大约年龄：________

观看状态：____

____

____

____

____（为何观看、如何观看、位置等）

2. 个案二：

年龄：________性别：________观看节目：________大约年龄：________

观看状态：____

____

____

____

____（为何观看、如何观看、位置等）

3. 个案三：

年龄：________性别：________观看节目：________大约年龄：________

观看状态：____

____

____

____

____（为何观看、如何观看、位置等）

液晶电视播放节目内容观察卡片

	节目名称	所属类别	开始—结束时间	备注	● 节目类别
1					1. 奥运宣传
2					2. 公益宣传
3					（含公益广告）
4					3. 商业广告
5					4. 交通路况
6					5. 天气预报
7					6. 新闻类节目
8					7. 音乐类节目
9					8. 娱乐类节目
10					9. 体育类节目
11					10. 生活服务类节目
12					11. 财经类节目
13					12. 时装类节目
14					13. 法制类节目
15					14. 其他（请说明）

观察日期________时间________地点________位置________观察员签名________

液晶电视播放广告观察卡片

	广告主/品牌名称	产品类别	播放时长（秒）		广告主/品牌名称	产品类别	播放时长(秒)
1				16			
2				17			
3				18			
4				19			
5				20			
6				21			
7				22			
8				23			
9				24			
10				25			
11				26			
12				27			
13				28			
14				29			
15				30			

观察日期________时间________地点________位置________观察员签名________

受众观看液晶电视观察卡片

序号	时长（秒）	开始时间	性别	年龄（估计）	备注
1					
2					
3					
4					
5					
6					
7					
8					
9					
10					
11					
12					
13					
14					
15					
16					
17					

观察日期________时间________地点________位置________观察员签名________

第二部分　拦截式问卷

中国传媒大学“户外液晶电视受众研究”调查问卷

观察员 ID ________ 观察员姓名 ________ 负责督导 ________ 日期 ________ 地点________

您好！

我是中国传媒大学广告学院的学生，我们正在进行一项关于户外液晶电视收看情况的研究，想耽误您几分钟时间了解一下您对这类媒体的接触情况和看法建议。这些信息仅用于学术研究，绝不外泄，请您放心，您看可以吗？

1. 可以（继续访问）　　2. 不可以（结束访问）

Q1. 请问您刚才看了哪些节目？

节目一：内容____________________评价________（1. 喜欢　2. 无所谓　3. 不喜欢）

原因____

节目二：内容____________________评价________（1. 喜欢　2. 无所谓　3. 不喜欢）

原因____

节目三：内容____________________评价________（1. 喜欢　2. 无所谓　3. 不喜欢）

原因____

Q2. 请您说一下刚才看到的广告的产品或品牌。

广告一：产品或品牌____________评价________（1. 喜欢　2. 无所谓　3. 不喜欢）

原因____

广告二：产品或品牌____________评价________（1. 喜欢　2. 无所谓　3. 不喜欢）

原因____

广告三：产品或品牌____________评价________（1. 喜欢　2. 无所谓　3. 不喜欢）

原因____

Q3. 请问您认为液晶电视广告是否有助于产品品牌形象的提升？

1. 有　　2. 说不清　　3. 没有

Q4. 请问您觉得液晶电视里的广告对您平时购物有影响吗？

1. 有　　2. 说不清　　3. 没有

Q5. 请问您对于这类液晶电视有什么想法或建议？

____

基本情况

Q6. 请问您的年龄________

Q7. 职业________

Q8. 性别________（1. 男　2. 女）

Q9. 学历________（1. 初中及以下　2. 高中　3. 大专　4. 本科　5. 研究生及以上）

Q10. 收入________（1. 3 000 元及以上　2. 3 000 元以下　3. 无收入）

案例 6-2

肯德基之国宝耀中华

2018 年 1 月，肯德基与中国国家博物馆携手，从 130 多万件藏品中甄选出来自全国各城市的代表藏品，通过对藏品花纹、元素的演绎，在各个城市打造出风格各异的主题餐厅，让国宝承载的历史文化、光辉成就在主题站中精心呈现，实现“国有珍宝重回故里”的愿景。对于肯德基来说，消费者的需求促成了服务的提升，如何网罗年轻消费群体、贴近他们的生活方式成为肯德基重要的关注点之一。

当时的策略是：在春运客流量高峰期抢占机场最优展示位，以肯德基博物馆的形式展示精心甄选的最能代表全国各个城市的藏品，令消费者在候机时还能大饱眼福。通过扫描相应的二维码，消费者还可以为自己喜欢的国宝投票。在上海人流量巨大的徐家汇地铁站，通过媒体改造将国家博物馆艺术复制品完美地融合在地铁媒体中进行展示，让消费者仿佛置身于博物馆中；同时，它将肯德基和多媒体互动艺术家林俊廷共同打造的《明宪宗元宵行乐图》形象的互动屏引入地铁站内，消费者扫码即可参与互动。

活动执行效果是：短短 2 个月间，在上海浦东机场覆盖出行人群约 940 万人次，参与投票人数 4.5 万人次；截至 2018 年 3 月 4 日，在上海徐家汇地铁覆盖出行群体约为 472 万人次，微博话题#国宝耀中华#阅读量达 6 691.4 万。

资料来源：陈逸舟．场景营销案例：O2O 篇 [J]．中国广告，2018 (8)：119-121.

案例 6-3

阿迪达斯“轰碎篮筐”校园推广

2016 年，阿迪达斯推出全新高帮 Boost 篮球鞋 Crazy Explosive Primeknit，希望快速推广此产品并传达如“轰碎篮筐”般爆发力的产品精神。

基于品牌产品特点，阿迪达斯选择男生居多的高校作为投放场景，在高校篮球场进行投放，精准触达目标消费群。实际执行中选择 14 所高校投放篮球场围网广告牌，其中，选择部分高校配合创意媒体形式（地贴+篮板贴），紧贴产品概念，营造视觉冲击力，提高消费者对产品的关注度。配合线下“摸高”活动，加深消费者体验。

投放结果：活动覆盖北京、上海、广州、杭州四座城市，8 所 985 院校、4 所 211 院校、2 所普通本科院校，30 万消费者，大幅提升品牌曝光率，加深消费者互动，提升消费者好感度，成功传达了“轰碎篮筐”的产品精神。

资料来源：《亚洲户外》．户外场景营销宝典 [M]．上海：东方出版中心，2018：222-223.

案例 6-4

长隆旅游公交场景立体营销

在春节即将来临之际，长隆旅游启动春节营销推广活动，以“趣长隆、乐新年”为核心内容，整合多重资源进行品牌宣传，使品牌信息在一线城市及主流城市迅速扩散。

长隆旅游和巴士在线推出的公交场景立体营销——公交车身印有“趣长隆、乐新年”，主题巴士全城触达；在公交移动电视上高频投放；巴士摇一摇双屏互动；社交媒体上引爆“病毒”分享。

经过本次公交车身 2 个月＋公交电视 1 周＋巴士头条 1 周＋巴士互娱 1 周＋LIVE 官方软文 1 篇的资源整合传播，最终在全国 20 个主流城市实现了有效曝光，广告有效到达人次总计 2.33 亿人次，长隆旅游品牌及活动信息在此期间得到广泛曝光，进一步扩大了影响力。

资料来源：《亚洲户外》. 户外场景营销宝典 [M]. 上海：东方出版中心，2018：224.

案例 6-5

得到 App：让菜市场遇见经济学

2018 年端午小长假期间，北京三源里菜市场迎来了一场别开生面的线下展销，展销的主角是看似与菜市场格格不入的经济学书籍《薛兆丰经济学讲义》。这场展销由知识服务平台得到主办，“菜市场遇见经济学”的主题引发了大量关注。

《薛兆丰经济学讲义》这本书主要强调的理念是“生活里的经济学、身边的经济学家”，基于这个理念，得到巧妙地打造了场景营销活动。主办方选择菜市场作为场景设置地点。“菜市场”这一场景贴近消费者生活，同时菜市场与经济学的巨大反差也在消费者心中设下了悬念。而在具体的场景设置上，得到努力让菜市场的每个人都成为场景的一部分。一方面，对应经济学原理对店铺进行改造，为普通摊主拍摄“大片”，利用网络制造话题度和扩大传播范围。另一方面，利用菜市场和生活常用的产品展品设置，展现经济学原理，切合该书的核心理念，创意醒目的展品也激发受众拍照分享，达成多次传播。除此之外，得到还为薛兆丰设计了独特的出场方式——138 号书摊，把作者完全融合在场景中，真正打造“你身边的经济学家”，同时也促进了品销之间的转换。

这样的场景打造与受众建立了良好的沟通，菜市场里的人虽然没学过经济学，但是作为日常生活中最常见的交易场所，却每天都在使用经济学的原理，这一场景会引发强烈的消费者共鸣，与之建立情感上的联系，也完全符合得到的平台理念——知识不应该束之高阁。打造活动海报时，把看上去距离生活很远的经济学理论转化成贴近生活的文字，把经济学家的话变成菜市场人的话，展品取材于生活却大有深意，媒介与内容的完美融合产生了强有力的品牌传播效果。这一活动精准的场景搭建与心理链接，也鼓励了菜市场中的人们积极融合到场景中，给消费者更完美的线下体验。

在活动期间，"三源里菜市场"的微信指数增长了762%，"薛兆丰"这个关键词增长了348%，也在社交媒体上引发了话题热议。到2019年5月，《薛兆丰经济学讲义》已经卖出近100万册。

资料来源：得到市场公关负责人分享：如何复制一场"菜市场里的经济学展"[EB/OL].(2019-05-27)[2019-10-25]. https://mp.weixin.qq.com/s/KZWdeguHCBmrxISpztIe7g.

案例6-6

奥克斯年货体验馆

2019年新年，空调品牌奥克斯打造了以新年、春运为主题的线下场景营销活动，奥克斯希望能通过别具匠心的春运营销活动传递最温暖、走心的品牌调性，引发用户共鸣。在与美畅传媒的合作下，一场精心打造的"奥克斯年货故事馆"亮相南京。

这一活动选择了春运这一黄金传播节点惊喜"上线"。这一期间，关于回家的话题总能成为春节最大热点，归乡游子与父母之间的情感诉求将达到峰值，节点效应让本次活动更易引发情感共鸣，实现柔性传播。活动地点则选择在南京春运枢纽之一的南京南站，作为亚洲最大的火车站和高铁站，这一地点赋予了营销活动庞大的受众规模，同时也实现了受众的精确触达。

在活动内容设置上，奥克斯以展览、快闪、现场互动、互动H5、KOL直播等手段实现了"吸引—体验—转化—分享"的营销闭环。

首先，奥克斯将年货故事馆搬到高铁站，里边不仅陈列了奥克斯的爆款空调，还有无数个二维码组成的本次活动Slogan"有家的地方，就有奥克斯"，吸引受众围观。

奥克斯新年合唱团还为现场观众献上了精彩的快闪表演，成员从四面八方唱着祝福走向年货故事馆，通过《新年好》《歌声与微笑》等多首歌曲串烧为候车旅客送上惊喜，吸引四面八方旅客围观、拍照，并引发现场大合唱。

奥克斯年货故事馆为受众提供了线下体验平台。故事馆内的插画呈现了不同年代的年货故事，每幅插画均附有二维码，受众可以扫码线上观看完整版的"奥克斯年货故事馆”。馆内还设立了年货礼物墙，人们通过手机扫描年货礼物墙上的二维码，即可获得奥克斯空调为他们准备的暖心年货大礼包。

线下的吸引、体验互动也促进了线上传播。奥克斯制作了精美的 H5，页面内容主要为年货变迁史，由新年礼物回忆杀自然过渡到新时代的年货——空调，实现产品软性植入，也通过生活化的场景设置激发受众 UGC 内容传播与分享。活动现场的内容还通过短视频、图片和文字的形式形成媒体矩阵，深化内容传播，活动期间更邀请网红美女主播来到现场，为五十万粉丝与网友带来精彩的现场直播。

据统计，两天线下活动辐射约 61.8 万人，线上直播参与人数超 46 万人，网络搜索指数环比增长 20%，百度指数整体趋势在 1 月 25 日达到高峰，线上点击量破百万。奥克斯空调的整个活动依靠情感认同作为驱动绑定用户的体验热情与品牌忠诚，最终让“有家的地方，就有奥克斯”的品牌理念得到精准传播。

资料来源：朱涛．场景营销：情感诉求的调动与创意引爆［J］．声屏世界·广告人，2019（9）：60－62.

案例 6－7

小米之家深化用户线下体验场景

一贯以“互联网思维”自居的小米手机都是通过互联网电商渠道来销售产品的。但为了给用户带来更好的体验，打造“小米之家”这个线下直营客户服务中心，为用户提供维修、退换货、硬件检测、咨询、软件升级及现场购物等服务，同时也是小米“粉丝”的交流场所。

在深圳市南山区华润万象天地的黄金商圈内，有一家小米之家深圳旗舰店。旗舰店的面积比普通的小米之家更大，可以为用户带来更多的产品展示和体验内容，除了手机外，还有很多与用户生活息息相关的家居用品。另外，小米之家深圳旗舰店还配备了一间影音室，用户可以在此体验 150 英寸的米家激光投影电视的巨幕效果，同时还有互动购物墙等人工智能应用体验。小米之家以用户为核心来重构商业场景，这种新零售场景不仅很好地提升了用户体验，同时还深度把握用户的需求及痛点，将场景思维变成一种习惯。

据悉，截至 2018 年 1 月，小米之家在国内的门店数量已经突破 300 家，预计到 2018 年底达到 500 家，2019 年将实现 1 000 家。小米将继续在线下体验方面努力，还将推出小米小店和有米商场等线下场景，深化用户体验场景、优化用户服务，让更多人能感受到科技的乐趣。

资料来源：罗敏．场景连接一切 场景思维＋场景构建＋场景营销＋案例实战［M］．北京：电子工业出版社，2018：46－47.

案例 6-8

以场景打开英菲尼迪双年盛会

2016 年 11 月 23 日，英菲尼迪启动线下双年盛会，并推出 QX30 车型。英菲尼迪希望通过全新的营销手段和玩法进行新品与品牌的推广，让用户能够更充分感受产品并与品牌进行深度沟通。

在此之前，英菲尼迪在线下主要以传统广告投放为主。但主流的传统线下广告，一方面只能基于广告资源进行品牌曝光，无法做到深度的产品展示与品牌沟通。另一方面仅仅通过侧面来体现覆盖量，无法精确评估营销活动影响，做数据量化维度有巨大困难。此外，英菲尼迪新款汽车 QX30 的主要目标市场以中青年为主，在制定营销策略时需紧扣这类人群的需求。基于这样的原因，英菲尼迪选择在线下营造全新的互动体验式场景。

英菲尼迪将此次场景展示的落地点选择在年底人流量较大的商圈，通过线下体验活动和线上 H5 互动的方式，吸引了大量行人参与其中与品牌进行深度沟通。

在线上 H5 双屏互动的创意策略中，英菲尼迪首先通过代言人的影响力吸引现场受众关注，并用简单有趣的 H5 游戏传播活动信息、扩大整体受众范围，还为排名前 10 的参与者准备了互动奖品，鼓励全民参与。在活动现场，用户通过手机扫描大屏幕上的二维码进入 H5，填写个人信息，待游戏开始后摇动手机参与游戏，大屏幕右侧及手机端实时更新玩家名次，20～30 秒后游戏结束，出现排行榜单。本次双屏互动活动不仅让受众参与了互动，还获取了用户姓名等重要信息，为销售转化打下良好的基础。

英菲尼迪在场内还设置了多种线下互动区域，这些区域围绕着 QX30 展车布置，包括体验区域、游戏区域和创意区域。在体验区域中，用户可以体验机械臂调制的咖啡，近距离感受这些科技感超强的创新产品，感受“科技之美”。游戏区域中设置了体感游戏和双屏互动，用户可以用身体去感受电子游戏，这一设置为品牌带来了吸睛亮点。创意区域由创意集市和 DIY 方巾两个活动区域构成。在这里，用户可以设计手工作品和收藏品，还可以拍摄属于自己的“时尚大片”，体现出品牌的时尚感。

本次活动覆盖了全国 18 个一、二线城市，总计 80 万用户，并且实现了对目标中青年群体的精准营销，提升了受众对英菲尼迪新品 QX30 及全系车型的受众认知、促进了销售转化，也彰显了英菲尼迪差异化的品牌形象与品牌文化。活动中还收集了 2 万人的真实数据，数字领域的技术应用使活动效果能够被有效地评估。

资料来源：罗敏．场景连接一切 场景思维＋场景构建＋场景营销＋案例实战［M］．北京：电子工业出版社，2018：238－249.

【本章小结】

随着外出活动时间的增加，外出活动空间的扩展，人们的“生活圈”在不断向外延伸。当商业街头、各类建筑、各种交通工具内人头攒动时，户外广告就越来越多地渗透于人们的生活。道路两旁、公交车站、电梯、大卖场、写字楼……人们所经之处，无不为户外广告所包围。当户外广告已然成为人们日常生活中不可磨灭的鲜亮色彩时，其信息传递就真正做到了“润物细无声”。户外广告既是城市景观的重要组成部分，也成为信息传播和品牌形象树立的有力补充。

户外媒体效果测量可以从户外媒体自身和受众两个层面进行。对于户外媒体自身的传播效果可以从地理区域、场所、位置等层面进行。测量受众接触和观看户外媒体的情况可以采用观察法和问卷调查法进行测量，也可以利用大数据得出更细致全面的结论。

在移动互联网浪潮的推动下，结合户外广告，制造场景，进行线上与线下联合的场景营销成为企业产品与品牌推广的重要手段。

【思考题】

1. 户外广告在我国的发展历程如何？
2. 户外广告有哪些分类？请详细说明。
3. 户外广告在产品和品牌的营销推广中起着怎样的作用？
4. 户外媒体自身的测评有哪些指标？
5. 什么是场景营销？户外广告如何融入场景营销？其传播效果如何测评？

【推荐阅读书目】

1. 陈培爱．中外广告史［M］. 北京：中国物价出版社，1997.
2. 何玉杰．中外广告史［M］. 北京：中国人民大学出版社，2017.
3. 郑欣．空间的分割：新媒体广告效果研究［M］. 北京：中国传媒大学出版社，2008.
4. 马泉．城市视觉重构：宏观视野下的户外广告规划［M］. 北京：人民美术出版社，2012.
5.《亚洲户外》．户外场景营销宝典［M］. 上海：东方出版中心，2018.

第七章 互联网广告效果测评

【本章学习要点】

- 互联网在我国的发展历程及其对居民生活的影响。
- 互联网广告的发展及分类。
- 互联网广告效果的评价指标。
- 互联网广告效果的监测工具。

互联网为社会发展和居民生活带来的变革是颠覆性的，具有划时代的意义。在新技术浪潮的推动下，互联网广告形式愈加多样化。本章是对互联网广告及其测量指标、测量工具的总体介绍。由互联网所带来的网络视频广告、网络游戏广告、社交媒体广告的表现形式及效果测评将在第八章和第九章进行详细说明。

第一节 互联网在我国的发展历程

1994 年以前，中国的互联网主要服务于政府、学校和科研机构，其使用大多是为了满足国际交流需要和科研需求，普通大众在日常生活中接触到互联网的机会很少。1994 年，中国接入国际互联网后，受限于昂贵的上网费用和匮乏的网络知识，互联网并未普及。直到 1997 年中国电信推出面向大众的、价格低廉的上网套餐后，互联网才真正开始走进人们的生活，并迅猛发展。

一、互联网发展的阶段划分

作为第三次科技革命的代表，互联网技术发源于 20 世纪 60 年代的美国，并在 70 年代后进入爆发阶段，中国的互联网发展相较欧美国家起步较晚。互联网的出现对经济和社会发展产生了巨大影响，改变了人们的生活方式与交往行为，信息和知识成为重要的生产要素，信息社会由此形成。

对于互联网在中国的发展历程和历史阶段划分，学者们从不同角度出发进行了总结和进一步探索。方兴东等根据中国互联网发展中的三次浪潮，结合互联网在不同时期的特征和主要作用，将中国进入互联网时代后的发展历程划分为四个阶段：第一阶段是 1994—2001 年，为互联网的商业化阶段，互联网的媒体属性突出，代表性企业为新浪、搜狐和网易等；第二阶段是 2001—2008 年，为互联网的社会化阶段，互联网的社交特征突出，代表性应用为博客、SNS；第三阶段是 2009—2014 年，为互联网的即时化阶段，互联网的即时属性突出，微博、微信成为代表性应用；第四阶段为 2015 年后，是互联网的网络空间阶段，各行各业都将在互联网的影响下发生变革。[①] 国家信息中心信息社会课题组则从更宏观的层面构建了信息社会发展水平测评指标体系，以“信息社会指数”（information society index，ISI）来测量信息社会的发展水平，并将信息社会划分为准备阶段和发展阶段。[②] 张红历在一项研究中分析了中国 2007—2016 年信息社会发展水平的变化和地区差异，证明中国正处于由工业社会向信息社会过渡的加速转型期。[③]

二、互联网各阶段的特征

综合以上学者的研究，我们主要以方兴东等的研究为阶段划分依据，下文参考其研究成果，总结了中国互联网发展四个阶段的特点。

互联网刚刚在中国起步时，主要作为一种新的传播途径而存在。从信息传播角度来看，互联网依然和大众媒体一样，提供由专业网站编辑发布以供用户阅读的内容，向受众“一对多”地单向传播信息。在互联网发展的第一阶段，出现了一批以新浪、搜狐、网易为首的门户网站。门户网站整合了各类互联网信息资源，用户可以通过关键词搜索和目录查找两种方式免费搜索信息。门户网站的搜索功能和信息目录起到了指导初代网民使用互联网的作用，开启了人们进入互联网世界的大门，但从信息传播模式和盈利模式上来看，这一时期的互联网仍带有浓重的传统媒体色彩。

随着互联网在中国的普及率迅速提升，网民日益增多，互联网成为人与人、人与社会交流沟通的工具。在互联网的社会化阶段，网络信息的接收者同时也成为内容的生产者，信息不再仅仅由专业组织进行“一对多”的单向传播，而是呈现出“所有人向所有人传播”的特征，以博客、论坛、聊天软件为代表的社交媒体风靡开来。社交媒体是存在于互联网上基于人际关系的信息交流平台，它为庞大的网民群体构建了网络人际关系，成为网民的“公共领域”。人们的社交生活开始逐渐从现实向网络转移，相较于前一阶段的媒体属性，这一时期的互联网更突出人与人之间的关系。

---

① 方兴东，潘可武，李志敏，等．中国互联网 20 年：三次浪潮和三大创新 [J]. 新闻记者，2014 (4)：3 - 14.

② 国家信息中心信息化研究部．信息社会发展水平测评指标与阶段划分：基于信息社会发展报告（2015）的研究 [J]. 中国流通经济，2015 (9)：38 - 45.

③ 张红历．中国信息社会发展水平的时空分异研究：2007—2016 年 [J]. 情报科学，2017 (12)：3 - 15.

在互联网的即时化阶段，移动互联网技术和移动设备的发展使随时随地上网成为可能，用户与设备的对应关系又使得用户行为可以被追踪和分析，由此，互联网才具有了即时性与精准化的特点。微博和微信成为即时社交的两大重要阵地。微博以即时性和裂变传播的特点打破了社会精英对话语权的垄断，微信即时传递信息的功能逐渐替代传统通信工具，二者极大地降低了社会中的信息不对称性。与此同时，物联网的基础设施逐步完善，大数据和云计算技术得到充分应用，各类移动终端和 App 覆盖广泛，网络已成为重要的信息来源和娱乐方式，为互联网的空间化打下基础。

互联网不仅构建了虚拟环境，还推动了现实社会的变革。近年来，网络早已不仅仅是一种工具和手段，更是成为人们日常生活中的“活动空间”。以微信为例，在互联网空间化阶段，其原本突出的社交属性不再是唯一亮点，除通信功能外，微信还推出支付功能，提供订票、订餐、购物等第三方服务。在 2017 年微信小程序发布后，更是连通各类应用，成为网络空间的综合性“入口”。可以说，仅凭一个微信，就能满足生活中衣、食、住、行的大部分需求。

纵观四个阶段，互联网的每一次跨越式发展无不是首先由技术进步推动：互联网的引入给人们提供了接触网络世界的机会，使中国走上信息化道路；移动互联网和移动设备的普及使随时随地上网成为可能；定位技术使网络中的个人行为与现实环境产生联系；大数据和云计算则大大提高了信息处理能力，使各类网络服务更加精准和人性化。近年来，新的技术词汇不断出现在有关互联网的讨论中，人工智能、物联网和区块链成为最新的风口和互联网未来的方向，从而进一步推动信息社会的发展。

三、商业模式与生活方式的双重革新

从宏观层面来看，互联网是信息社会形成和建立的基石；从微观层面来看，互联网又是商业模式与生活方式革新的导火索。商业模式的创新和生活方式的转变相互作用、相互促进，酝酿着新的变革，共同影响着社会的发展方向。

（一）商业模式的变革

传统的商业模式强调中心、壁垒和渠道，然而以开放、平等、协作、快速、分享为核心的互联网精神要求去中心化和合作共享。相较于传统商业模式，企业在数字时代受到的地域限制大为减少，物流取代了传统分销渠道，因而商业活动更加依赖信息传播。

数字时代的商业模式主要有社群模式、平台模式、O2O 模式。[①] 社群化是品牌与消费者之间的关系由单向价值传递到双向价值协同的过程，顾客既是消费者，又参与品牌建设，小米的“米粉”群体就是社群模式的典型例子。平台则打破了信息壁垒，促进了消费

① 董岳，王翔，周冰莲，等．互联网+时代商业模式创新的演变过程研究［J］．中国科技论坛，2017（2）：150－155.

者和生产者的沟通交流，如哈耶特所说，平台是“借以沟通社群中的粉丝和潜在粉丝的工具”①，爱奇艺等在线视频网站就属于平台模式。O2O 模式是平台的延伸和发展，初级的平台以信息交流为主，在物流链和在线支付服务完善后，平台就成为线上和线下的连接点。

除催生新的商业模式外，互联网还推动了其他产业的重大变革。“互联网＋”就是让互联网与传统行业进行深度融合，创造新的发展生态。2015 年 3 月发布的《阿里研究院“互联网＋”研究报告》展示了互联网与零售业、批发业、制造业、外贸等各类产业的结合情况。“互联网＋”最贴近人们生活的应用是与零售行业的结合，淘宝、京东、网易等零售电商促成了全国性大市场的形成，释放出巨大的内需潜力；而互联网与金融行业的结合产生了互联网金融，与传统金融模式相比成本有所降低，效率有所提升，重塑了金融生态。

无论是哪种商业模式，在数字时代，企业都力图使消费者能迅速而直接地接收到商品信息，便捷地购买商品和获取服务，顺畅地进行咨询反馈。数字时代的消费体验在一定程度上使消费者养成了特定的消费习惯，影响着人们的生活方式。

（二）生活方式的革新

互联网影响了人们学习工作、沟通交流、出行购物、投资理财等方方面面，商业模式的变革加速了生活方式的转变。进入数字时代，信息可以通过互联网即时获取和传播，工作和家务越来越多地由各种智能机器和工具代劳，出行和购物在与互联网结合后也更为便捷。一方面，人们在劳动中获得更大程度的解放；另一方面，人们在工作、娱乐、消费中有了更多选择的余地。

人与社会的关系呈现出“互动互通”的特点。得益于网络媒体的发展和操作门槛的降低，人们不再仅仅是被动接收信息的“受众”，在获取信息、参与社会交往时变得更加积极主动，甚至成为网络传播者。在这种积极主动的参与下，人们的社交圈不再局限于现实生活中的好友，而是基于共同的兴趣爱好在网络中自发、主动地聚集到一起形成一个个兴趣圈子；社交软件也早已不再是通信工具，而是在众多内容提供方入驻后，成为用户寻求信息的重要途径；在公开的网络社区上，人人都能开设账号，发布信息，摇身一变成为自媒体。

对“体验”的重视也是一个明显的变化。传统经济模式下的消费行为是占有性的，人们更加重视所购买的商品或服务本身的功能、质量或价格，而在数字时代，人们追求完整而美好的体验和感觉，更加重视包括售前服务、售后服务和日常使用的整个消费过程。在信息技术的支撑下，这种体验甚至结合了线上和线下相结合的方式。

“个性化”成为各方关注的焦点。开放平等的互联网精神使数字时代拥有了一个更加开放包容的社会环境，丰富的商品、通畅的信息和发达的物流也使得不同的需求得到满足。“大众”不再引领潮流；拥有积极向上的价值观、追求高品质生活、具有活跃的共同

---

① 哈耶特．平台：自媒体时代用影响力赢取惊人财富［M］．赵杰，译．北京：中央编译出版社，2013：4.

的消费符号的“精众”人群出现，并成为生活方式的领导者。服装、出行乃至旅游等多个行业都出现了“定制化”服务。

互联网技术的进一步发展和商业模式的变革为生活方式的转变提供了条件，而生活方式的转变创造出新的市场并反作用于商业模式。在数字时代，商业模式和生活方式相互影响、相互促进，酝酿着新一轮的社会变革。

第二节 互联网广告的发展与分类

互联网广告形式多样，已经成为大多数企业进行品牌传播的必选途径。本节在回顾互联网广告发展的基础上，较为详细地阐述了互联网广告的分类。

一、互联网广告的缘起

新闻组（newsgroup）、电子邮件（email）、时事通信（newsletter）、电子杂志（e-zine）和列表服务器（lists sever）等通信手段是网络广告的雏形。Web 专家们从一开始就交换链接，互相引导访问，从某种意义上来讲，这就是一种广告。这些广告形式大多昙花一现，而且多为免费，还不具备现代商业广告的全部特征。①

互联网广告于 1994 年正式在美国诞生。1994 年 10 月，美国杂志《热线》(*Hotwired*) 推出了网络版的 Hotwired（www. hotwired. com)，其主页上开始有 AT&T 等 14 个客户的广告横幅（banner)。这是一种 468×60 像素的横幅图档，广告位于网页的上方，只占用显示页面的很小一部分。让 Hotwired 网站感到欣慰的是，其广告没有引起不满，浏览者接受了这种广告形式，就像接受报纸和杂志上的广告一样。②

我国门户网站的第一个网络广告是 1997 年 ChinaByte 网站的一幅英特尔 468×60 像素的动画广告，英特尔为它 AS400 的产品向 ChinaByte 支付了 3 000 美元的广告费用。③

二、互联网广告的分类

根据其表现形式，互联网广告可以分为四种类型：互联网展示广告、互联网直销广告、企业网站、电商平台广告。④

① 林升梁．网络广告原理与实务［M］．厦门：厦门大学出版社，2007：2.

② 丁俊杰，康瑾．现代广告通论［M］．2 版．北京：中国传媒大学出版社，2007：331.

③ 唐志东．网络广告学［M］．北京：首都经济贸易大学出版社，2010：26.

④ 本部分前三类互联网广告的相关内容参考唐志东．网络广告学［M］．北京：首都经济贸易大学出版社，2010：78－131。

（一）互联网展示广告

互联网展示广告是投置在网页上，把广告信息和其他内容捆绑在一起，在网民浏览网页时强行出现的广告，具体可分为以下几种形式。

1. 文字与按钮广告

文字与按钮广告是互联网展示广告的最简单形式，也是最早出现的广告形式。文字与按钮广告把广告信息作为标题标示在网页上，通过吸引目标受众点击，使其进入下一级的内容链接。一般说来，文字与按钮广告会被按类别集中编排到固定的位置上，与传统分类广告的性质非常接近。

2. 横幅广告（又称旗帜广告）

横幅广告是利用互联网的超文本链接功能，以 GIF、JPG、Flash 等格式的大尺寸图像展示在网页上的广告。横幅广告以静态或动态的图像吸引网民的注意力。广告主一直都有追求大尺寸横幅广告的倾向。美国的 CNET 曾经在 2001 年初首开超大尺寸横幅广告的先河，达到 300×300 甚至更大像素，是常用横幅广告的 3～4 倍。2003 年，许多网站纷纷推出网页两侧的纵巨幅广告（又称为擎天柱广告）和对联式广告。

3. 弹出插播广告

所谓弹出插播广告，是指在访问者浏览网站时弹出或插入一个独立的非请求广告页面，在用户浏览网页时自动开启一个展示广告内容的独立浏览器视窗。访问者虽然可以关闭窗口消除弹出或插播的展示广告的页面，但是关闭之前已经接触了它的信息展示，图 7－1 左下角即为一个弹出插播广告。

为了达到理想的发送效果，一般认为屏幕的 1/4 或者更小是弹出插播广告最佳的尺寸。有调查发现，可以把访问者每小时最多接受两个弹出窗口作为频率考量的底线。很多网站最为常用的方式是把弹出或插播的时间安排在网页退出的时候。

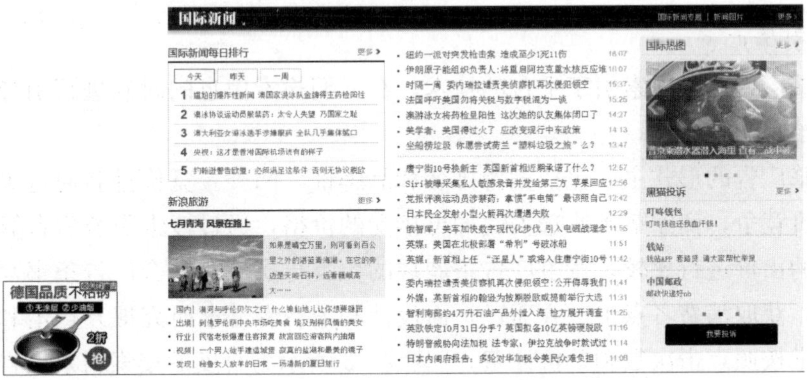

图 7－1　弹出插播广告示例

资料来源：新浪网新闻首页。

4. 互联网情景植入广告

互联网情景植入广告是由广告主付费将广告产品或品牌的要素隐含在互联网作品的载

体（如网络电影、网络电视、网络游戏等）当中，是一种信息隐性推送的广告形式。关于网络视频、网络游戏中的广告，第八章会有详细说明，此处不再赘述。

（二）互联网直销广告

互联网广告中有许多是以获得目标受众的直接反应为目的的直接营销广告，其目的是让目标消费者直接下订单，抑或是通过信息的展露激发潜在消费者，吸引目标消费者。

1. 电子邮件广告

如图 7－2 所示，电子邮件广告是指以电子信件向目标受众推销产品或服务，进行直接营销。电子邮件广告是传统直接营销（direct mail，DM）广告的“网络版”。电子邮件广告除了可以广泛地联络、招徕新的顾客和消费者，投送不定期的产品促销和新产品通知，还可以以固定的邮件列表为基础进行长期关系的建立，发掘更具深度沟通的价值，营造个性化交流空间。

图 7－2　电子邮件广告示例

2. 搜索引擎广告

搜索引擎广告基于搜索引擎平台的技术，在人们检索信息的时候进行引导，将广告主的信息传递给目标受众。

搜索引擎广告的形式主要包括竞价排名和品牌推广两类。竞价排名通过关键词拍卖的形式进行出价竞争，商家赋予所选关键词可接受的价格，通过搜索引擎后台算法与同关键词其他商家的出价进行比较，竞争广告条展现的位置与次序，结合广告条书写质量，刺激消费者感官，获取消费者点击，并通过页面设计和消费者需求研究提升点击和购买之间的转化率，通常按照点击次数和单价计费。[①] 图 7－3 所示为百度的搜索引擎广告。

---

① 蒋茁．新媒体时代互联网广告传播模式［C］//美国信息工程研究学会，新加坡管理与运动科学研究学会．Proceedings of 2018 4th International Conference in Humanities，Social Sciences and Global Business Management（ISSGBM 2018）（Lecture Notes in Management Science，Vol. 87）．美国信息工程研究学会，新加坡管理与运动科学研究学会：智能信息技术应用学会，2018：4.

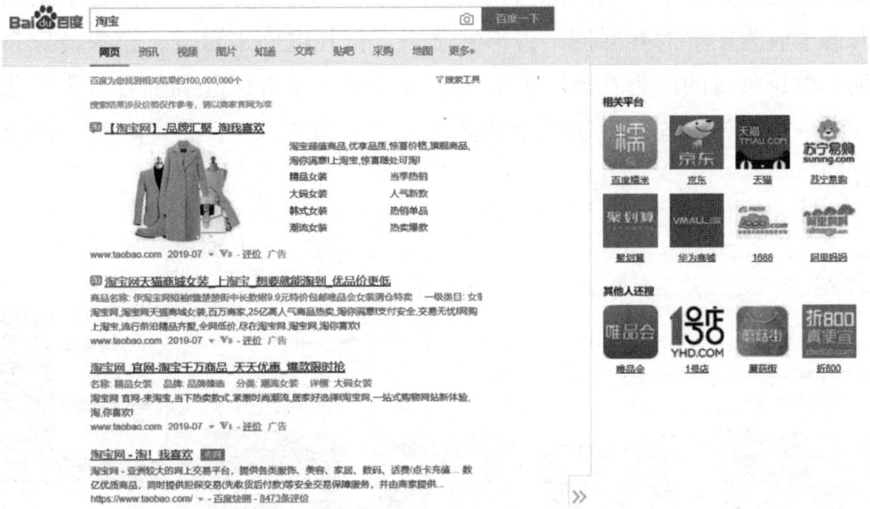

图 7－3　搜索引擎广告示例

资料来源：百度首页搜索。

（三）企业网站

企业网站是指企业自身建立的用于宣传企业产品和品牌形象的互联网网站。企业网站既可以作为企业在互联网上的名片，也可以成为企业信息传播的核心平台。它将品牌展示、商品目录、产品信息与图片、公关活动等放到同一个平台上，为消费者全面、系统、详尽地展示企业概貌、产品特征、品牌定位等信息，如图 7－4 所示为宝马中国官网首页。

图 7－4　企业官网示例

资料来源：宝马中国官网。

（四）电商平台广告

电子商务平台是互联网技术迅速发展与人们生活日益快节奏化相结合的必然产物，其商业大数据整合能力、基于互联网的营销能力、互联网与实体结合的高速物流水平，使电商平台广告迅速成为主要的互联网广告形式之一。依托电商平台进行销售商家搜索排序是电子商务业务本身具备的广告功能，电商平台外围业务也可以起到整合各类广告资源的附加功能。电商平台广告形式以阿里巴巴为典型企业，如图 7－5 即为阿里巴巴旗下淘宝网的电商广告。①

图 7－5　电商平台广告示例

资料来源：淘宝首页搜索。

三、互联网广告的特点

（一）覆盖广泛、形式丰富

根据中国互联网络信息中心（CNNIC）在北京发布的《第 43 次中国互联网络发展状况统计报告》，截至 2018 年 12 月，我国网民规模达 8.29 亿，互联网普及率达 59.6%，较 2017 年底提升 3.8 个百分点，全年新增网民 5 653 万。② 可见，我国互联网的普及率几乎已占六成，庞大的网民数量使得互联网广告有着广泛的受众基础。同时，互联网的全球化特性也使得产品和品牌更容易“走出国门”。

不同于传统媒体广告，互联网广告集文字、声音、图片、视频、动画等多种形式于一身，表现形式多种多样，更能够吸引受众的眼球，将产品的形状、用途、使用方法、价格、购买方式等信息全面地展示在网民眼前。

① 蒋苗．新媒体时代互联网广告传播模式［C］// 美国信息工程研究学会，新加坡管理与运动科学研究学会．Proceedings of 2018 4th International Conference in Humanities，Social Sciences and Global Business Management（ISSGBM 2018）（Lecture Notes in Management Science，Vol. 87）．美国信息工程研究学会，新加坡管理与运动科学研究学会：智能信息技术应用学会，2018：4.

② 中国互联网络信息中心（CNNIC）．第 43 次中国互联网络发展状况统计报告［R/OL］．（2019－02－28）［2019－09－27］．http：//www.cnnic.net.cn/hlwfzyj/hlwxzbg/hlwtjbg/201902/t20190228_70645.htm.

（二）互动性强、精准度高

互联网广告最突出的特点是拥有链接。链接使消费者与产品、企业之间的沟通交流缩短了距离，加快了速度。消费者想进一步了解产品信息、进一步了解企业相关资料，可以点击链接；消费者想购买产品，也可以点击链接。同时，企业还可以在互联网广告中通过网络调研的方式邀请消费者回答问题，了解消费者内心最直接的想法。

只要浏览网页，点击链接，或是在网上支付购买商品，上网的人就会在网络虚拟空间中留下痕迹。由此形成的大数据可以为企业精准定位目标消费者，从而为进行有针对性的信息推送奠定基础。

第三节　互联网广告效果的评价指标及监测

互联网广告效果评价注重对曝光情况、互动情况和转化情况的考量，在实际监测过程中多应用互联网技术工具对数据进行收集和处理。

一、互联网广告效果的评价指标①

《数据驱动的互联网广告效果监测研究》一文较为详尽地总结了我国互联网广告监测的基本指标，根据用户的行为，将这些指标分为三类：流量指标、互动指标和转化指标。

（一）流量指标

1. 曝光

中国广告协会在 2015 年发布的《中国移动互联网广告标准》中指出，曝光是指在某一网站的指定时间周期内广告被展现的总次数。对于图片类的广告而言，页面中的广告被加载则实现了一次曝光，如果刷新页面则记为新的一次曝光。对视频广告而言，视频素材首帧画面被展现即为曝光（展示），视频播放过程可分为 1/4 展示点、1/2 展示点、3/4 展示点和全部观看完毕。曝光是早期的互联网广告监测中最常使用的效果监测指标之一。这种计算方式的问题在于无法衡量用户是否真正看到了广告，页面滚动速度、广告位置等方面的干扰因素影响了广告的可见性。

广告曝光次数并不等于实际浏览广告的人数。同一个用户几次光顾同一网站，他可能不止一次看到这则广告，此时，广告曝光次数大于实际浏览的人数；用户偶然进入广告网页，没看内容就关闭了网页，此时，广告曝光次数小于实际浏览人数。广告刊登位置不

① 本部分参考王淼．数据驱动的互联网广告效果监测研究［J］．广告大观（理论版），2017（4）：31－46。

同，广告曝光次数的实际价值也有差异。通常情况下，首页比内页的曝光次数多，但这一曝光针对的不一定是目标群体，没有价值；相反，虽然内页的曝光次数较少，但目标用户的针对性更强，实际意义更大。通常情况下，一个网页中很少只刊登一则广告，而是刊登几则广告。在这种情形下，用户浏览该网页时，会将自己的注意力分散到几则广告中，广告曝光的实际价值无从知晓。广告曝光次数并不表现广告受众的注意，这一指标只能大体反映广告被注意的情况。①

与曝光相对应的广告收费方式是千人成本，即广告每千次曝光的成本，是广告主按照曝光量与媒体结算的一种结算方式。是因为广告所带来的真实效果无法估计，在广告主和媒体的博弈中，这被认为是有利于媒体而不利于广告主的一种收费方式。

2. 独立曝光

独立曝光是排除同一个用户多次曝光之后的曝光数量，目前主要是通过排除重复的cookie实现。本质上来讲，从曝光到独立曝光的发展，是广告效果监测从以流量为中心转向以人为中心的表现之一。若计算广告的曝光与独立曝光的比值是简单识别广告作弊的方式之一。若比值过大说明有部分用户大量重复访问，则认为该网站可能存在异常流量，有机器刷量的嫌疑。

3. 点击率

网民点击网络广告的次数称为点击次数。这一指标可以客观准确地反映互联网广告效果。点击次数除以广告曝光次数，可以得出点击率。点击率也可以用来评估互联网广告效果，衡量广告的吸引力。例如，刊登广告的网页曝光次数是5 000，而网页上广告的点击次数为500，点击率是10%。

点击率是互联网广告最基本的评价指标，也是反映互联网广告效果最直接、最有说服力的量化指标。浏览者点击广告，说明他对广告产品感兴趣。与曝光次数相比，点击率对广告主的意义更大。②

与点击率对应的广告收费方式是CPC（cost per click），即每点击成本。CPC也是目前比较主流的收费方式之一，效果类广告主对其尤为青睐。例如，关键词广告等依据效果付费的广告形式，一般采用这种定价模式。

影响点击率的因素包括：曝光数量，只有在曝光达到一定数量之后，点击率才相对比较稳定，客观反映广告效果；广告投放的精准程度，触达目标消费人群的比例越高，点击率就越高；广告创意的吸引力，视觉冲击越强烈、内容越吸引人的广告点击率越高。当然，广告形式、位置、尺寸等客观因素也都影响广告的点击率，这些因素被一些研究者作为广告效果评估指标体系的修正指标。

4. 页面浏览量

页面浏览量，是网站流量统计的常用指标。用户端发出一次打开页面的请求即可算作

---

① 路盛章．网络广告实务［M］．北京：中央广播电视大学出版社，2008：169.

② 同①.

一次页面浏览。页面浏览量是对广告落地页进行监测时常用的流量指标之一。它在一定程度上能够反映广告受众的兴趣和欲望被激发的程度，能够反映一定的广告效果。但需要注意的是，即使是页面没有加载完成，一旦请求发出，便可以被算作一次页面浏览。因此，受到用户操作、网速等诸多因素的影响，页面浏览量数据的准确度不高，仅仅通过这个指标难以衡量广告的真实效果。

5. 访问量

访问量是网站流量分析中常用的指标，是用来描述用户在一定时间内或者是完成某一目标的过程中的一系列行为的指标。主流的观点认为，访问量是指用户访问网站的次数，问题的关键在于如何界定一次访问。目前有两种方式：一种是通过时间判定，即一个用户在一段时间内在该网站的连续性活动；另一种是通过网站导航判定，即一个用户在该网站通过点击超链接进行的一系列浏览活动，可算作一次访问。访问量可以被用于 CPV（cost per visit）即每访问成本的计算。在实际应用中，它很少作为媒体和广告主结算的收费方式，而是广告主用来衡量营销活动 ROI 的一个指标。但是，一方面由于跳失率的存在，另一方面由于不同页面传递的信息对商业目标实现的贡献不尽相同，CPV 并不能较为准确地衡量这些访问为广告主实际带来的商业价值。

（二）互动指标

1. 跳失率

跳失率是指当用户点击广告进入广告主推广页面后，没有产生继续点击行为，而选择直接离开的比例。跳失率可以用来衡量外部流量的质量和网站内容对受众的吸引力，外部流量质量越高，前端广告越精准，就能吸引到越多的目标用户，那么用户进入网站后的跳失率就越低。同时，网站内容越是能引起用户更多阅读、深入了解，跳失率就越低。但是目前的广告监测领域，跳失率主要用来衡量广告的引流效果，在电商行业尤为常用。

2. 访问深度

访问深度是一个平均数，是指一个访客在一次单独访问期间曝光的某特定网页的次数，计算方式是页面浏览量/访问量。访问深度越高，意味着访问者在一次访问中浏览的页面越多，获得的信息也就越多，那么这些访问对广告主的价值就越大。实际影响访问深度的因素包括访问者对于广告落地页的兴趣和广告落地页内信息获取的难度。

3. 访问时间

访问时间也是一个平均数，是衡量访问长度的指标，具体而言是平均每次访问所停留的时间，计算方式是总访问时间/访问量。理论上访问时间越长，说明广告的互动效果越好。但是，访问时间的监测存在两个问题：第一，用户在页面停留了较长时间而没有活动，该访问时间是否有效很难界定；第二，现有的网站分析工具是依靠时间戳对每个访问时间进行计算的，当用户关闭页面离开网站时，无法获得时间戳，所计算的访问时间也不精确。

（三）转化指标

广告的最终目的是促进产品销售，点击次数与点击率并不能衡量互联网广告对产品销售的实际影响，于是引入转化次数与转化率两个指标。AdKnowledge 公司在《2000 年第三季度网络广告调查报告》中提出“转化率”这一指标。“转化”指受互联网广告影响而形成的购买、注册或者信息需求。受互联网广告影响产生的购买、注册或者信息需求行为的次数就是转化次数，转化次数除以广告曝光次数得到转化率。

转化次数与转化率可以反映那些浏览而没有点击广告产生的效果，点击率与转化率不存在明显的线性关系，所以，转化率高于点击率不足为奇。实际监测转化次数与转化率还有一定难度，通常情况下，将受网络广告影响产生的购买行为的次数看作转化次数。①

二、互联网广告效果的监测工具

对于互联网广告效果的监测可以分为前端和后端。所谓前端监测，是指对媒体上所展示的广告位的监测；后端监测，是指对用户点击广告之后的行为的监测。互联网营销闭环出现，使广告效果的监测逐渐向后端转移。现有的前端监测即广告媒体监测，后端监测包括网站监测、App 监测和电商监测。

（一）广告媒体监测工具

目前 PC 端和移动端的广告效果监测基本能够通过大数据技术实现自动化和实时监测。在 PC 端，其工作流程如下：首先，在广告主的广告物料中添加第三方监测代码，在用户终端植入 cookie；其次，收集媒体端广告数据，如流量、人数及次数等信息，日志传回监测方服务器；最后，整理和计算传回的日志信息，生成在线的实时数据及可视化报表。

在移动端多采用 SDK 监测，其工作流程如下：首先，在移动端 App 内植入 SDK；其次，记录广告、媒体、设备及用户信息；再次，根据设备 ID 识别 UV 为数据去重；最后，整理计算并生成在线实时数据。除了 SDK 监测之外，对于拒绝植入 SDK 的 App 也可以使用 PC 端的手段进行监测。

国内比较主流的第三方广告媒体监测工具是 Ad Master 推出的 Track Master 和秒针推出的 Ad Monitor。在国际上，Google 的 Double Click 应用比较广泛。

（二）网站分析工具

多数转化行为是在用户点击广告进入落地页之后发生的。网站分析工具就在广告效果监测中发挥了非常重要的作用。目前常用的网站综合用户行为分析工具都是通过在网站上

① 路盛章．网络广告实务［M］．北京：中央广播电视大学出版社，2008：170.

部署代码实现用户行为监测的，其网站监测的使用流程如下：第一步，在网站内布置监测代码；第二步，用户浏览中加载监测代码，收集数据；第三步，分析数据并形成报表。应用最广泛的网站分析工具 Google Analytics 向用户提供了内容分析、社交分析、广告分析、转化分析和移动分析五个方面的服务。

（三）移动广告监测工具

目前国内市场上的移动广告监测工具已经比较丰富，如 Ad Master 推出的转化大师和 Talking Data 推出的 Ad Tracking 等。这些移动广告监测工具都是通过植入 SDK 记录用户在 App 中的行为实现监测的。这类工具的具体使用流程如下：第一步，为产品创建推广计划；第二步，为推广链接分渠道加入监测代码并投放；第三步，根据 App 特征及推广目的设定效果点，如常用的激活、注册、登录，游戏类的创建角色、充值，以及电商类的订单生成及支付等；第四步，获取推广活动的效果数据。①

延伸阅读

植入式广告的效果评价

在国内外现有的关于植入式广告的研究中，“植入式广告”一般内含了两层定义：从广义上来说，植入式广告指商品（服务）或品牌信息嵌入媒介内容中的活动。狭义来看，植入式广告则指受商业利益驱动而有意识地将商品或服务及其品牌名称、商标、标识等信息隐匿在媒介内容中，以期影响消费者的活动。②

（一）植入式广告的发展历程

早在20世纪20年代，植入式广告作为一种广告形式便初见端倪。1927年，好时巧克力公司（Hershey's）第一次以有偿形式赞助了电影《翼》。从20世纪30年代开始，面对经济危机，一些美国生产商为了节约营销成本尝试用实物赞助电影拍摄，大多数企业来自快速消费品行业，肥皂、洗衣粉、洗发膏等产品在剧中屡见不鲜。③但国内外相关研究公认的第一例电影植入式广告是1951年电影《非洲皇后号》中“戈登牌”杜松子酒的商标。之后，植入式广告规模逐渐扩大，但影响力不大。

这一时期的植入式广告还停留在随意植入状态，植入方式大多采用道具植入或场景植入，植入手段比较简单，无论是电影中的植入还是电视剧或节目中的植入都缺乏策略性，同时对于植入的定价也很随意，缺乏广告价值的评判标准。而且制作单位和广告主对广告植入效果都没有明确要求。

1982年，电影《E. T.》中主人公用“里斯”牌巧克力豆（Reese's pieces）

① 王淼．数据驱动的互联网广告效果监测研究［J］．广告大观（理论版），2017（4）：31-46.
② 喻国明．植入式广告：操作路线图：理论、实务、规划与效果测定［M］．北京：人民日报出版社，2012：5.
③ 方迎丰，余思慧，简予繁．视频广告概论［M］．武汉：武汉理工大学出版社，2013：49.

吸引外星人的情节大获成功，巧克力豆的销量在电影播放之后的三个月内暴增65%。① 这一显著的广告效果引起了电影制片人和广告主对植入式广告的重视，这一新颖的广告类型被广泛使用。一些欧美市场甚至出现了专门代理植入式广告的第三方机构，如WPP的智威汤逊和阳狮集团的实力传播等。为了使产品或品牌与植入的电影剧情更加契合、广告效果更好，在电影剧本的撰写阶段，电影制片方和广告主双方便会进行协调沟通。

这一时期，好莱坞将产品和品牌信息在电影之中的植入作为商业运作中一个重要的部分，美国其他影业也纷纷效仿。随着经济全球化的进程加快，各国之间的交流愈加频繁，美国电影的运作模式逐渐被其他国家学习吸收，植入式广告模式在欧洲、拉美、亚洲乃至中国生根发芽。

1992年，我国出现了首支植入式广告。《编辑部的故事》首次采用了“类植入”的形式在剧中播放“百龙”矿泉壶的随片广告，并将“百龙”矿泉壶作为道具植入剧集之中，该产品当年销量获得了极大提升。随后海尔集团又以自身品牌形象为主角，投资6 000万元量身打造了风靡一时的动画片《海尔兄弟》，为海尔集团带来了经济和社会上的双重效益。植入式广告由此逐渐发展起来。

21世纪以来，植入式广告发展速度越来越快。PQ Media研究报告显示，1999年全球植入式广告的总值为16.27亿美元，2004年这一数值便翻了一倍，达到了34.5亿美元，2012年全球的品牌推广者在植入式广告上的投入已达到83亿美元。在专门代理机构的极力推动下，目前植入式广告在欧美市场已经形成了庞大且成熟的产业链。经过最近十多年的发展，国外的植入式广告已经在电影、电视、广播、流行小说、游戏、音乐CD等各类媒体中被广泛运用，尤其在电视节目的植入方面呈井喷式增长。同时，在这一发展阶段中，广告的植入类型和形式也有了长足的发展，并且和媒介内容的融合程度越来越高。

植入式广告以其隐藏式的广告表现手法、对受众的低干扰度，获得了广告主的青睐。同时，植入式广告依托影视剧，受众群体庞大，影视剧情节对产品使用的示范效应也对提升品牌影响力起到了很大作用。例如通用汽车公司曾在广受赞誉的美国电视节目《学徒》中利用植入式广告为新款的庞迪亚克双座敞篷跑车打广告。节目播出后，庞迪亚克的网站浏览量暴增，新款庞迪亚克在开卖的41分钟内就创下了1 000辆的销售记录。②

在我国，国家广电总局限广令的出台使得媒体寻找新的创收点，植入式广告的“隐形”属性使其更受青睐。2005年中央电视台春节联欢晚会中多个广告植入引发全民热议。互联网的发展为植入式广告呈现多种形式创造了条件，影

① 赵曙光．幻影注意力：基于眼动实验的植入式广告效果研究［M］．上海：复旦大学出版社，2014：2.
② 同①3.

视作品中品牌植入的方式也越来越贴近情节。在数字媒体环境中，广告信息不仅在屏幕上进行传播，更在社交媒体上进行二次传播和发酵，广告效果大为提升。

（二）植入式广告的类型

在影视剧、综艺节目及游戏中，根据植入形式的不同，常见的植入式广告可以被分为道具植入、地点植入、对白植入、音效植入、情节植入和形象植入六种类型。

1. 道具植入

道具植入主要是指植入产品以品牌的视觉符号或产品本身作为影片中的道具，或者故事发生的场景或场景的一个组成部分出现在影视剧中。道具植入程度也有深浅之分：植入程度浅是指品牌或产品在镜头中一掠而过，与剧情、角色基本没有关系，而植入程度深则要将产品或品牌广告与剧中人物产生关联。

道具植入是最基本的广告植入方式，操作起来最为方便简单。在植入式广告发展初期，大多数植入是以道具植入的方式进行的，发展至今，道具植入形式更加多样，更注重创意，但依旧是最为频繁的植入方式。在影视剧、综艺节目和游戏中，都能看到道具植入的踪迹。①

2. 地点植入

地点植入就是指将某一带有鲜明特色的国家、城市、旅游景点、地标建筑等，作为电影的拍摄地直接植入影片中，从而树立某一地区的标志性形象、宣传某一景点或提高某一地标性建筑的知名度。② 地点植入一般占据剧情的大部分甚至是贯穿整部剧，所宣传的内容一般不局限于宣传地域特征，而是经常与其他类型的植入一起为品牌的宣传造势。

欧美电影中地点植入比较常见，例如《指环王》系列电影的拍摄地新西兰风景旅游区。据新西兰旅游局统计，《指环王1：魔戒现身》上映之后，去新西兰旅游的人以每年3.5%的速度增长。我国近年来的影视剧以及综艺节目的地点植入逐渐增多，综艺节目《爸爸去哪儿》三季中的每一站都会选择一个独具特色的拍摄地，随着节目的播出，各个拍摄地成为了观众瞩目的焦点。

3. 对白植入

对白植入是植入式广告中比较便捷的广告形式之一。所谓的对白植入，是指通过剧中人物之间的对话巧妙地将产品信息植入其中，然后以一种比传统广告广告语更委婉的方式表达出来，从而让观众因喜欢角色和演员而信服，进而产生购买行为。③

对白植入的广告形式在影视剧、综艺节目中比较常见。例如，2015年《虎妈猫爸》中“乐高”在剧中有明显的对白植入，潘虹主演的奶奶谈到孙女上特长班问题时对老伴说：“老爷子你知道什么是乐高么？乐高是开发儿童智力的。”茜茜想要玩乐高，奶奶说：“茜茜每天都要吃一颗善存维生素，乖乖吃了就让茜茜玩乐高。”这样不仅推广了乐高品牌，

---

① 赵曙光．幻影注意力：基于眼动实验的植入式广告效果研究［M］．上海：复旦大学出版社，2014：9.
② 同①10.
③ 同①12.

也宣传了善存维生素。

4. 音效植入

音效植入是随着时代发展和技术进步而出现的一种新型植入方式，是除了对白之外，用其他特定的声音手段来展示品牌、体现品牌身份或宣传品牌特性，通过特定音效和旋律的暗示，引导受众联想到特定品牌的广告植入手段。例如背景音乐、手机铃声、电脑开关机声音等。①

相较于其他需要展示品牌 Logo 的植入方式，音效植入不易引起观众的厌烦。《开心消消乐》作为一款休闲游戏，在电视剧《小别离》《少年派》等多个影视剧中都进行了广告植入，剧中人物在玩游戏过程中，特定游戏操作会产生对应的效果音乐，让观众清晰辨认出是哪款游戏。

5. 情节植入

情节植入是比较高级的广告植入形式，一般是针对品牌理念进行植入，将某品牌融入电影的故事情节中，成为故事发展的构成要素或关键推动环节。②例如《爸爸去哪儿》第二季在呼伦贝尔站一期中，节目环节包括骑马射箭、挤牛奶、煮奶茶等等，每一个环节设计都与伊利牧场日常生活息息相关，既对伊利品牌进行了广告推广，又不影响节目的流畅性。

情节植入一般都需要对剧本进行精准分析，从剧本的创作阶段就介入，在其中设计一定的情节或角色，将产品或品牌与影视剧、节目内容深度契合，难度相对较高。契合度不高则容易让观众产生一种与剧情不符的突兀之感，起到相反的作用。

6. 形象植入

形象植入目前是植入式广告的最高表现形式，又叫角色植入，是指创作者根据植入品牌所具有的意义，将品牌的内涵与影视剧、节目等融合在一起，通过剧情、节目对品牌内涵进行演绎，在演绎中深化品牌的内涵。形象植入和角色个性以及演员个人魅力的契合度要求极高。形象植入往往需要多个品牌共同作用、相互匹配，这样才能使品牌与角色相契合。

最经典的形象植入莫过于电影《穿普拉达的女魔头》中，梅丽尔·斯特里普扮演的时尚女魔头米兰达是名副其实的职场女强人，她智慧、自信，在工作上呼风唤雨，这和普拉达的简洁感、职场女性的高贵气质等精神内涵不谋而合。③

（三）植入式广告效果的测评指标

1. BCV 指数

BCV（brand content value）指数在某种程度上更多是一个定价体系。该指数主要由三个变量相乘所得：

BCV 指数＝植入平台的硬广价格×内容资源的量化评估×不同类别植入式广告价值的质化评估

植入平台是个很重要的参考标准，例如一则植入式广告在中央电视台和在

① 赵曙光．幻影注意力：基于眼动实验的植入式广告效果研究［M］．上海：复旦大学出版社，2014：13.

② 同①.

③ 同①15.

一般地方电视台播出的影响覆盖面截然不同。由于是预先评估，内容资源不能靠后期的收视率，而只能靠编剧、导演和演员的情况来判断。通过对编剧、导演和演员以前的影视表现建立数据库，就可以量化出植入式广告所依附的内容资源。不同类别的植入分为不同的层级，植入的层级可以是背景提示、产品展示，也可以是台词提示、情节植入，甚至是故事主线的植入，根据不同的植入层级、不同的广告效果进行定价。①

2. 植入式广告效果评估模型

艺恩针对植入式广告创立了植入式广告效果评估模型。此模型在受众心理反应模式的基础上创建，主要分为广告投放、广告认知、广告接受、广告影响四个维度。广告投放维度主要用于衡量不同内容媒介的覆盖范围、影响深度，分为覆盖率、到达率、到达频次三个指标；广告认知维度分认知率和记忆率两方面，评估受众观看后对广告的识别，如印象是否深刻，是否形成品牌记忆；广告接受维度主要评价受众对已识别广告信息持正面还是反面态度，对植入的品牌信息是否理解，广告宣传方式是否被观众接受；广告影响维度评价植入式广告播放对品牌形象有没有提升作用，对新的产品有没有起到宣传推广作用，有没有产生消费者的购买倾向。

艺恩首先抽取适当的调研样本，从模型设置的维度进行问卷设计，对电影、电视剧的植入效果进行线上或线下调研，将调研结果汇总分析，得出评估结论。一般从受众特征、营销方式及广告主品牌，从植入级别、内容、时长、形式、情节融合等维度评估品牌产品植入的表现。②

（四）用实验法进行植入式广告效果测评

实验法通常的步骤是先找出一定数量（10～50人）的实验人群，给他们播放含有植入式广告的视频，视频播放结束后由被试填写问卷，研究主要从主观感受等维度对植入式广告进行考察。

实验法经常测量的指标主要有以下四个。认知度，主要是对植入式广告有无感知，包括对台词、音乐、字母和画面等。回忆度，通过问卷的形式，通过辅助回忆或者无辅助回忆的问卷设计方式测量。情感度，或者称为评价度，这一指标主要测量被试对植入式广告的好评度。行为欲求度，主要考察被试接收植入式广告后对该产品的信任度和购买度。这四个指标之间是一种递进的关系，前面指标是后面指标的基础。

很多机构注重对这四个指标的获取，在这四个指标的具体赋值上采用的是均值法，即每个指标均占25%的比重。③

---

① 喻国明，丁汉青，王菲，等．植入式广告：研究框架、规制构建与效果评测［J］．国际新闻界，2011（4）：6-23.

② 艺恩咨询．中国品牌植入市场研究报告［R/OL］．（2014-03-17）［2019-09-27］．http：//www.entgroup.com.cn/baogaonr.aspx？bid=18121.

③ 同①.

【本章小结】

互联网的出现与日益普及为社会生活带来深刻剧变。从衣食住行到生活方式、从传播交流到沟通联络，人们越来越沉浸在网络编织的、虚拟与现实交错的空间中。商业模式和生活方式的双重革新为互联网广告提供了新的发展契机。

互联网广告根据其表现形式，可以分为四种类型，分别为互联网展示广告、互联网直销广告、企业网站、电商平台广告。互联网广告的特点体现为覆盖广泛、形式丰富、互动性强、精准度高。互联网广告效果的评价指标体现为流量、互动、转化三个层面。

【思考题】

1. 简述互联网广告在我国的发展历程。
2. 互联网的出现和普及为社会生活带来哪些影响?
3. 互联网广告如何分类?
4. 互联网广告的特点有哪些?
5. 互联网广告效果的评价指标有哪几个层次？分别有哪些指标?
6. 通过查找资料，简述目前已有的互联网广告效果监测工具有哪些。

【推荐阅读书目】

1. 路盛章．网络广告实务［M］．北京：中央广播电视大学出版社，2008.
2. 林升梁．网络广告原理与实务［M］．厦门：厦门大学出版社，2007.
3. 唐志东．网络广告学［M］．北京：首都经济贸易大学出版社，2010.
4. 黄河，江凡，王芳菲．新媒体广告［M］．北京：中国人民大学出版社，2019.

第八章

网络视频广告与网络游戏广告效果测评

【本章学习要点】

- 网络视频广告的类型。
- 网络视频广告的效果测评。
- 网络游戏广告的类型。
- 网络游戏广告的效果测评。

进入互联网时代，网络视频和网络游戏成为人们重要的休闲娱乐方式。网络视频广告与网络游戏广告得到进一步发展。本章将分别对这两类广告的具体表现形式和效果测评进行详细阐述。

第一节　网络视频广告的分类及效果测评

网络视频广告的表现形式丰富多样，对受众有着强大的视听冲击力。依托于互联网，网络视频广告的传播范围远远大于传统形式的电波广告。本节将首先介绍网络视频广告的缘起和发展，然后梳理这一广告形式的效果测评方法，并通过案例介绍行业的最新实践。

一、网络视频广告的缘起和发展

（一）网络视频日益繁荣

21 世纪初，美国的一些音乐分享类网站上出现了最早的网络视频。2005 年 2 月 15 日，美籍华人陈士骏等人注册创立了新媒体领域视频分享网站的鼻祖 YouTube。2006 年 10 月 10 日，Google 以 16.5 亿美元收购了 YouTube，雅虎公司收购了 Jumpcut，NBC 和福克斯支持建立了以正版视频节目为主的视频网站 Hulu. com。[①] 积极向海外拓展的 YouTube 几乎占领了全球的网络视频市场。[②] 目前，YouTube 是美国最大的视频网站，在全球的网络视频行业中处于领先地位，运营模式较成熟，2013 年月独立用户访问量已超 10 亿，占绝对优势。

2005 年 4 月，国内第一家网络视频网站土豆网正式上线。随后的 2006 年上半年里，很多视频网站纷纷起步。2006 年被称作中国网络视频发展元年。这一年，国内外各种并购和风险投资蜂拥而至，在不到一年的时间里，视频网站从 30 多家迅速发展为 300 多家。[③] 2007 年 12 月 21 日，优酷宣布其日视频播放量已经超过一亿。[④] 2012 年 3 月 12 日，优酷和土豆宣布合并。

（二）网络视频广告的发展

网络视频广告诞生于 20 多年前，1998 年，当雅虎以 57 亿美元购买了专门经营视频广告的企业 broadcast. com 时，网络视频广告开始走进大众的视线。近些年，随着宽带的普及和视频压缩技术的进步，视频广告发展迅速。[⑤]

广告业务组织美国互动广告局（Interactive Advertising Bureau，IAB）于 2019 年 4 月发布的《2019 年视频广告支出报告》显示，数字视频领域的广告支出呈持续增长状态，市场营销人员报告称数字视频方面的投入预算同比增长了 25%，有近四分之三的广告主计划在未来 12 个月内增加数字视频广告的投入支出，且数字领域的广告投放预算中近三分之二的份额为视频广告所有，其中移动端和 PC 端的数字视频广告预算各占一半。

另外，新锐的 DTC（direct-to-consumer）[⑥] 品牌在数字视频广告投入方面的增长趋势较为显著。IAB《2019 年视频广告支出报告》表明，DTC 品牌的广告主预计将在品牌的数字视频上投入更多资金，且其投资增速高于目前的市场营销人员，较去年增长了 50%以上。且有 78%的 DTC 品牌计划在未来 12 个月内增加数字视频的广告支出。同时在数字视频广告的形式方面，"竖屏视频广告""Stories 式视频广告"[⑦] "可购物的视频广

① 张莹．网络视频广告研究［J］．宁波大学学报（人文科学版），2010（4）：126－129.

② 秦宗财，刘力．欧美视频网站运营模式及赢利分析［J］．深圳大学学报（人文社会科学版），2016（1）：48－53，80.

③ 刘熠．浅谈视频分享网站的广告盈利模式创新［J］．新闻知识，2009（2）：54－56.

④ 石心竹．数字化进程中的网络视频广告研究［J］．现代商贸工业，2008（12）：335－336.

⑤ 徐会会．网络视频广告的优势和问题分析［J］．科技资讯，2010（9）：253.

⑥ DTC 指通过全自营渠道销售产品，借助消费者数据（customer data）和技术，为消费者提供端到端的超预期品牌体验。通俗来讲，就是去中间商，不赚差价。参见胖鲸智库．风靡全美的 DTC 品牌是否适应国内市场［EB/OL］．（2019－04－30）［2019－11－06］．https：//socialone. com. cn/mgcc-dtc-2019/。

⑦ Stories 式视频广告如 Instagram Story、微博故事，指以移动端优先、可通过滑动屏幕进行跳转链接、品牌打造的较长时长的竖屏视频。最初由 Snapchat 首创，现在越来越多地被诸如 Instagram、WhatsApp、Facebook 等众多平台的数十亿用户使用，这类视频的特点是会在 24 小时后自动消失。参见 IAB. 2019 年视频广告支出报告［R/OL］．（2019－04－29）［2019－11－06］．https：//www. iab. com/insights/ad-spend-report-2019/。

告”[①] 等新颖的视频内容呈现方式将更受品牌和广告主的欢迎。[②]

而数字视频广告市场呈显著增长趋势的背后则离不开消费者收视习惯的直接影响。IAB在2019年4月发布的一份《视频观众的一天》调查报告显示，74%的13岁以上的美国消费者至少每周看一次流媒体或在线视频，而41%的消费者则每天都会收看。78%的数字视频观众表示愿意通过观看广告来换取免费的内容。[③]

就国内市场而言，据市场研究公司eMarketer《2019中国数字广告支出》报告预测，2019年中国的数字广告市场在显示广告方面的支出将达到454.5亿美元，其下的一个重要子类——数字视频广告的支出将达138.1亿美元，增长25.7%。而这一增长趋势也反映出了中国消费者的收视习惯，《2019中国数字广告支出》报告指出，2018年中国数字视频的成年观众平均每天观看视频的时间为123.5分钟，到2019年将增加9.2%，达到134.86分钟。[④]

（三）网络视频广告类型

广义上来说，凡是以网络视频为媒介进行的广告传播活动均可以称作网络视频广告，它是以网络视频观众为目标受众，以网络视频为媒介来开展的一种广告传播活动。[⑤] 现今各大视频分享网站上常见的广告，可以分为核心式广告和周边式广告两大类型。

1. 核心式广告

核心式广告即指在视频分享网站中具有广告性质的视频。广告投放者利用视频分享网站中的“视频”这一核心商品本身来进行广告宣传，因此核心式广告具有双重属性，它既带着商品的属性，更具有广告的实质。核心式广告类型与传统电视媒体广告的共通性是，都依附于屏幕演播为载体进行广告传播。[⑥] 这一类型的网络视频广告包括视频贴片广告、植入式广告和微电影广告。

（1）视频贴片广告。

视频贴片广告又称视频插播广告（见图8-1），一般分为前、中、后三种插播形式。用户在网上观看一个节目或一段视频之前，将会看到的一段数秒钟广告，即前播广告，有时候广告插播在节目中间等待缓冲的时间（中播广告）和节目播放完毕后（后播广告）。广告主通过这种广告可以获得客观、全面的广告受众数据。它的弱点是互动性不强，而且

---

① 可购物的视频广告旨在以互动广告的形式将消费者和广告宣传的产品、服务或商家直接联系起来。参见IAB. 2019年视频广告支出报告［R/OL］.（2019-04-29）［2019-11-06］. https://www.iab.com/insights/ad-spend-report-2019/。

② IAB. 2019年视频广告支出报告［R/OL］.（2019-04-29）［2019-11-06］. https://www.iab.com/insights/ad-spend-report-2019/.

③ IAB. 视频观众的一天［R/OL］.（2019-04-03）［2019-11-06］. https://www.iab.com/wp-content/uploads/2019/05/IAB-Video Day in the Life-Study-2019-4-3-FINAL.pdf.

④ CHEUNG M C. China Digital Ad Spending 2019［EB/OL］.（2019-03-28）［2019-11-06］. https://www.emarketer.com/content/china-digital-ad-spending-2019.

⑤ 洪瑶. 探析新媒体时代网络视频广告的发展［J］. 出版广角，2017（7）：66-68.

⑥ 田雅岚. 网络视频广告的有效性［J］. 艺术与设计（理论），2010（2）：85-87.

容易使部分没有耐心的受众转移注意力。①

图 8-1 视频贴片广告示例

资料来源：爱奇艺。

（2）植入式广告。

电视广告中的植入式广告与传统的标版广告相对应，是指把产品、服务中具有代表性的视听品牌符号刻意插入电影电视节目的剧情、场景中的一种广告形式。网络视频中的植入式广告不仅继承了传统电视媒体的植入式广告形式，更是极大地发挥了植入式广告的“隐性”特质。原生于网络的自制节目植入广告有以下几种类型。

其一是台词植入。台词植入在节目中通常表现为主持人和嘉宾的花式口播。和传统的植入式广告不同，网络自制综艺节目中的植入式广告通常用幽默且富有创意的方式将商品广告表现出来，但又不会让受众反感，真正达到了“润物细无声”的广告效果。例如，腾讯视频自制综艺节目《拜托了冰箱》第二季中，主持人和现场的明星嘉宾将赞助品牌甄稀冰淇淋的广告语“细腻有品位，冰箱应常备”植入节目主持串词与对话之中（见图 8-2），实现了品牌的传播。

其二是文本植入。文本植入是节目后期制作过程中在画面上加入与该节目赞助商相关的字幕、特效和表情包等等。利用表情包文化和视觉图案进行广告植入，除了能丰富节目的视觉效果，更能调动起受众的兴趣，使品牌具有记忆点。图 8-2 就是以横幅形式呈现的文本植入式广告，横幅左右用节目嘉宾的头像制作了表情包，十分吸睛。

其三是场景植入。场景植入在节目中的表现有两种形式。一种是在录制现场为品牌设计打造的舞美、道具、品牌冠名背景墙；另一种是主持人或嘉宾在节目过程中使用产品的场景，这种场景植入能够潜移默化地影响受众，减少受众逆反心理。例如芒果 TV 自制综艺节目《明星大侦探》第二季中将赞助品牌飘柔洗发水摆放在拍摄现场各处（见图 8-3），还多次把 OPPO 手机、飘柔洗发水等产品作为破案的关键线索或道具，将广告植入与节目内容深度融合。

① 张莹．网络视频广告研究［J］．宁波大学学报（人文科学版），2010（4）：126-129.

图 8-2　文本植入式广告示例

资料来源：腾讯视频。

图 8-3　场景植入式广告示例

资料来源：芒果 TV。

其四是视频植入。视频植入是在节目中间穿插独立的视频广告，视频内容通常是由制作方为广告主设计的专属情节，与节目内容有紧密联系。例如爱奇艺自制综艺节目《中国有嘻哈》中，制作方邀请人气选手小鬼、孙八一演唱广告歌曲，并拍摄成视频穿插在节目中，歌曲将农夫山泉维他命水等赞助品牌的广告宣传语融入 rap 歌词中（见图 8-4），既契合节目的设定，又符合年轻人猎奇心理，产生良好的效果。

其五是营销植入。营销植入指在节目播出过程中节目方提供赞助品牌的购买链接，或是节目方为品牌在节目视频外打造相关的植入内容。例如爱奇艺自制综艺节目《偶像练习生》的冠名商农夫山泉维他命水，这一品牌除在节目中多次露出产品外，制作组更是为其开启了农夫山泉的线下投票通道，购买产品即可兑换增加投票次数。这样的方式无疑给品牌带来了高频率的曝光，同时带来了流量的二次转换。①

---

① 谢敏．简析青年亚文化视域下的网络自制综艺植入广告传播策略［J］．戏剧之家，2019（13）：240-241.

图 8-4　视频植入式广告示例

资料来源：爱奇艺。

（3）微电影广告。

微电影广告是指以宣传某种商品或品牌为目的，采用电影的拍摄手法和技巧，一般在具有视频功能的新媒体平台上播放，通过网络平台进行传播，在潜移默化中实现商品或品牌信息、形象、理念的渗透和推广，是具有完整的故事情节、片长较短的微型电影。①

微电影广告实质上是“微电影形式的广告”，其本体是广告，微电影只是广告的表象。微电影着重通过完整的故事情节与艺术手法给受众带来审美体验和思想启发，而微电影广告则是以微电影为载体表达产品诉求和公司理念。相比以往影视植入式广告通过隐形手法将商业信息嵌入影视作品中，微电影广告则是为传播广告信息而量身打造的。②

微电影广告和传统的影视植入式广告之间既有差别又有联系。两者的趋同性在于微电影广告和传统的影视植入式广告有相同的广告媒体载具，都追求商业性、艺术性和娱乐性之间的平衡。相比于传统的影视植入式广告，微电影广告先有资本介入、再有剧本创作的制作方式，将产品、品牌形象、产品服务、商业活动等作为叙事元素结合到电影故事创作之中。在广告呈现上，微电影广告多采用情感诉求方式，将品牌理念和内涵融入故事情节中，而不是简单地符号化、剧情化。微电影广告的传播渠道大多是以交互性为主要特征的新媒体网络平台，方便转发、评论、下载、互动，广告的传者和受众之间的身份不停转换、传播力量不断放大，使得微电影广告沟通成本低、沟通平台互动性强、沟通内容精确。③

2. 周边式广告

周边式广告，即指在视频网站中除去核心视频本身，分布在视频主体周边的不同广告

---

① 张铁楠．微电影广告特征及发展趋势分析［J］．现代传播（中国传媒大学学报），2018（5）：165-167.

② 孙英莉．微电影广告的概念辨析与创作策略［J］．青年记者，2018（35）：98-99.

③ 刘艳蓉．微电影广告与电影植入广告的比较研究［J］．视听，2016（1）：122-123.

形式成为周边视频广告商品，被视频网站运营者通过各种手段卖给广告商。周边式广告主要分为前置/后置式广告、缓冲与暂停广告、视频浮层广告和播放器背景广告几种类型。

（1）前置/后置式广告。

前置/后置式广告，是指在视频用户进入播放页面后，在视频开播前或视频结束后由视频网站通过后台技术强制性加入的某品牌广告（见图 8－5）。它们与视频主体衔接最为紧密。广告时长一般为 10 秒或 15 秒，为防止用户的躲避行为出现，这十几秒间并没有设置播放控制滑块。在播放完前置广告后用户才能看到自己点击观看的视频内容。前置式广告相对于后置式广告在视频网站中运用得更普遍。[①]

这种广告能反映出广告主想要跟踪的几乎每一个指标，例如持续观看时间、点击率、人均观看成本等。因此，它是最受客户欢迎的广告形式之一。它的不足之处在于，无法充分利用互联网独有的互动性特点。

图 8－5　前置式广告示例

资料来源：爱奇艺。

（2）缓冲与暂停广告。

缓冲与暂停广告，是利用网络视频缓冲时段与暂停时段的用户视觉闲暇空档在视频主体框上覆盖广告（见图 8－6），以此吸引目标用户注意并点击。广告时长根据视频缓冲与暂停时间来决定。[②]

（3）视频浮层广告。

视频浮层广告又称视频覆盖广告，它的特点是广告与视频内容可以同步进行。当播放视频内容时，文字或图像广告会在短时间内浮现在视频顶端或底部（见图 8－7 右下角所示）。当用户将鼠标指向或点击广告时，会弹出更大的广告幅面，或者打开新网站。这种广告不会打断用户的观看过程，因此被很多网站采用。不过，有的用户会将广告误认为视

---

① 田雅岚．网络视频广告的有效性［J］．艺术与设计（理论），2010（2）：85－87.

② 同①.

图 8-6 暂停广告示例

资料来源：爱奇艺。

图 8-7 视频浮层广告示例

资料来源：爱奇艺。

频节目的一部分，也有的用户会将广告视作一种打扰。

(4) 播放器背景广告。

播放器背景广告又称视频伴随广告，是一种视频区域外的广告形式。当用户打开视频节目时，广告会以精美的海报图片形式展现在视频区域周围，作为视频页面的背景。播放器背景广告在视频播放的整个过程中都在传达品牌信息，并邀请用户点击其他广告，访问广告主网站。但是，很多时候视频播放窗口无法为其他广告保留足够的广告位，因此它们通常仅仅在某些特定的赞助活动中出现。[①]

① 张莹．网络视频广告研究［J］．宁波大学学报（人文科学版），2010（4）：126-129．

二、网络视频广告效果测评

网络视频广告由于具有较强的互联网特性，可以从技术上收集用户的收看时间、时长、内容等行为信息，播放效果可被直观地测量跟踪，更符合广告主评估和掌握传播效果的需求。

（一）媒体受众价值评估

评估媒体受众价值实质上是评估网络视频媒体为广告带来的受众质量。一般可以从受众覆盖效果和受众定向效果两个方面予以评价。[①]

受众覆盖效果指广告传播所接触的受众规模、接触频次和跨媒体到达。受众定向效果主要关注目标受众比例和受众品质，即判断受众群体与目标消费者群体是否有较高的重合率。通过注册会员等形式可以收集到用户的个人基本信息，如性别、年龄、所在地域等。同时可以通过对用户访问生成的 cookie 进行行为信息收集分析，得到用户的观看时段、观看时长、观看内容等信息，这些对评估广告效果十分有价值。通过对用户特征和用户行为的配比，即可实现对用户更加精准的广告投放。[②]

（二）广告投放效率评估

广告投放效率评估可从广告受众接触效果、广告二次传播效果和广告转化效果等角度进行。

广告受众接触效果包括观看时长和可见曝光两个指标。广告二次传播效果可以从话题热度和广告受众媒体接触行为进行分析，如对社交媒体平台中相关视频的评论、点赞、转发情况等指标进行统计。广告转化效果可以依据广告链接点击量、广告页面注册情况以及后续购买成交量等指标评估。

InMobi 移动广告网络调查中用有效观看率、可见完成率等指标评估包括网络视频广告在内的移动广告有效受众接触效果。[③] 不同媒体平台对于有效观看量的定义有所差异。YouTube 在进行广告观看量计量时将观看 30 秒以上广告（或时长不足 30 秒的广告的全部内容）记为一个有效观看；Facebook 和 Instagram 的广告观看量计量标准中则规定观看时长超过三秒即可算为一个有效观看。[④]

2018 年 CMO Council 和 ViralGains 联手对网络视频广告进行调查，该调查认为网络

---

① 秒针系统．今日头条携手秒针，发布移动视频信息流广告价值研究报告［EB/OL］.（2018－01－11）［2019－10－05］. http：//www. miaozhen. com/index. php/Index/newsxq. html? id＝1108.

② 沈明辉，高冲，李冬．网络视频广告效果及提升对策研究［J］. 市场研究，2013（8）：26－28.

③ 梅花网．InMobi 发布《2018 中国移动 APP 程序化视频广告白皮书》聚焦高效投放［EB/OL］.（2018－04－11）［2019－10－05］. https：//mp. weixin. qq. com/s/_VRmrfadviYlSkxquaZuKw.

④ Pixability. State of Digital Video 2019［R/OL］.［2019－10－05］. https：//www. pixability. com/insights-reports/2019-state-of-digital-video-report/.

视频营销的主要目标是提高品牌知名度。调查显示，参与度是营销人员衡量网络视频广告时最受关注的指标。其中点击率位居榜首，有56%的营销人员表示在评估中将点击率纳入考量；其次是通过社交渠道分享内容的次数，占据40%；将广告完整观看量纳入评估体系的营销人员占据31%。①

（三）广告计费评估

在效果测评方面，一般认为网络广告最大优点之一就是对广告访问的可统计性，得到的网络广告评估指标充当了广告计费的主要依据。目前国内几大主流的视频网站，如优酷网、风行网、PPTV等均以CPM（每千人成本）指标作为售卖广告的主要指标。然而如果以网络视频广告的CPM为依据判断广告效果，就会产生极大的偏差。

同时也有建议使用CPC（cost per click，每次点击付费）作为广告评估的指标。因为如果一个用户点击了这个广告，那么至少说明他对该视频广告所要传达的信息有兴趣。但是，CPC指标也存在误点击（casual click）以及点击欺诈（click fraud）的情况，二者都带来了虚假的点击数据，会让CPC数据显得更好看，但是却没有覆盖到真实的消费人群。目前网络视频广告效果评估指标上存在指标数据失真、参考性低等问题，给广告主的投放选择带来一定困扰。②

三、网络视频广告案例

案例 8-1

《偶像练习生》中的植入式广告

《偶像练习生》是爱奇艺重点打造的中国首档偶像男团竞演养成类真人秀，节目于2018年1月19日首播上线。在十二期节目中，《偶像练习生》为赞助品牌们进行了精心的植入设计，在节目中运用了多种传播方式，通过多维度的传播渠道和创新的广告设计创造了超乎想象的品牌带动效益。

这些品牌的目标受众与这档节目的年轻受众群体基本吻合，品牌涵盖美妆、服饰、饮食、旅游、新媒体类，主要有农夫山泉维他命水、小红书、斯凯奇、英语流利说等，力求通过广告植入寻找和消费者诉求的契合点。例如小红书在节目中反复提到“年轻人

① 1991IT互联网数据中心．CMO Council：2018年网络视频广告调查报告［R/OL］．（2018-05-16）［2019-10-22］．http：//www.199it.com/archives/718482.html.

② 沈明辉，高冲，李冬．网络视频广告效果及提升对策研究［J］．市场研究，2013（8）：26-28.

都在用的时尚 App”，其内容契合年轻人当下的需求，并且利用明星、网红、同龄人效应，煽动着年轻受众窥探“新”事物的冲动。

在广告模式上，《偶像练习生》采取了传统植入和创意广告插播结合的形式。传统广告植入表现上，服饰品牌斯凯奇赞助了节目中练习生的服装，在节目中斯凯奇各种产品大量出现，偶像私服形象深入人心。除此之外，无论是导师还是练习生都会在节目录制中不断地使用和提到广告品牌。例如《偶像练习生》第一期考核时由于练习生非常紧张，导师欧阳靖就打开了一瓶农夫山泉维他命水并鼓励他：“喝了维他命绝对不紧张!”在节目真实的场景中，插入自然、趣味性的广告，既满足了品牌商的需求，又让观众置身其中地接受品牌宣传。

创新广告插播的形式则比较新颖，例如在植入英语流利说 App 时直接选用练习生拍成小品，与综艺的自然衔接减轻了观众对广告的不适感。该节目还继承了同平台爆款综艺节目《中国有嘻哈》的 rap 说唱形式，将冠名商农夫山泉的广告词“偶像维他命，活力无限不会停”与节目的关键词相融合，定制广告歌曲由练习生们出演。

《偶像练习生》还将品牌商直接纳入综艺的内容创作之中，实现了线上线下联动传播。农夫山泉维他命水作为该综艺的冠名商，直接参与到了线上投票之中，全民投票的投票规则中，粉丝可以通过关注农夫山泉微信公众号，在农夫山泉天猫旗舰店购买一箱维他命水或一箱农夫山泉 550 毫升天然水获得额外投票的权利。小红书 App 是该节目的另一个赞助品牌，练习生会在小红书 App 开账号分享自己不一样的生活，依托于练习生与粉丝的情感联结建立起品牌与粉丝的交流沟通。小红书 App 还提供了热度榜，虽不直接与赛制绑定，但粉丝参与活动则有机会赢取节目录制现场门票，粉丝在小红书平台 pick 专属生活方式并产生购买行为时也将获得小红书《偶像练习生》定制礼盒。这些广告形式实现了赛制以外 pick 法则的衍化，把粉丝从与节目、偶像的线上互动引导到与品牌、产品的线下沟通，把重点聚焦于如何将线上流量有效转化为线下销售率。通过开辟另一条投票渠道，将粉丝转化为品牌消费者，并伴随节目持续制造话题热度，达成综艺流量的二次转化。线上与线下的联动传播，开启了网络综艺节目广告品牌传播的全新模式。

《偶像练习生》节目以 29 亿播放量收官，微博话题阅读量超 140 亿，是当之无愧的爆款节目，而与节目合作的农夫山泉维他命水、小红书、斯凯奇等品牌也斩获了 20 余项营销大奖。

据统计，决赛期间粉丝共投出 1.8 亿票，全网称其为“农夫山泉搬运工”。节目结束时，农夫山泉维他命水线上总销售增长 10 倍以上。小红书站内“偶像练习生”笔记高达 160 万篇，送礼盒活动中千万用户积极参与互动，600 万个快递盒被送到粉丝手中。节目中练习生的着装也为斯凯奇增加了销量，截至 2018 年 4 月 30 日，节目同款以一己之力扛起斯凯奇服饰类近一半的销售额，代表 A 班的粉色卫衣每每上线均被抢购一空。

资料来源：丁珂玥．网络综艺的广告品牌选择及传播效果研究：以爱奇艺自制综艺《偶像练习生》为例［J］．新闻传播，2018（13）：28－30．爱奇艺．爆款内容成就营销C位［J］．声屏世界·广告人，2019（Z1）：167．

案例 8-2

“密苏里之星”的 YouTube“网红”之路

2008 年处于金融危机之下的珍妮·多恩（Jenny Doan）一家陷入了破产的境地，儿女便因此萌生了帮助妈妈珍妮把兴趣爱好变成事业以贴补家用的想法。于是 2008 年 11 月，“密苏里之星”手缝被公司（Missouri Star Quilt Company）成立了，主要提供机器缝被服务，并销售一些缝被用品。

然而由于公司所在的小镇人口少、经济差，因此来门店购买布料的人很少，公司自然难以获得可观的线下销售利润。于是公司便开始寻求线上的销售渠道，发展在线业务。起初，珍妮的儿子和朋友做了一个电商网站以帮助公司招揽生意。为了给网站吸引流量，珍妮听取了儿子的建议，拍摄了一些手缝被教学视频上传到了 YouTube 上（见图 8-8）。

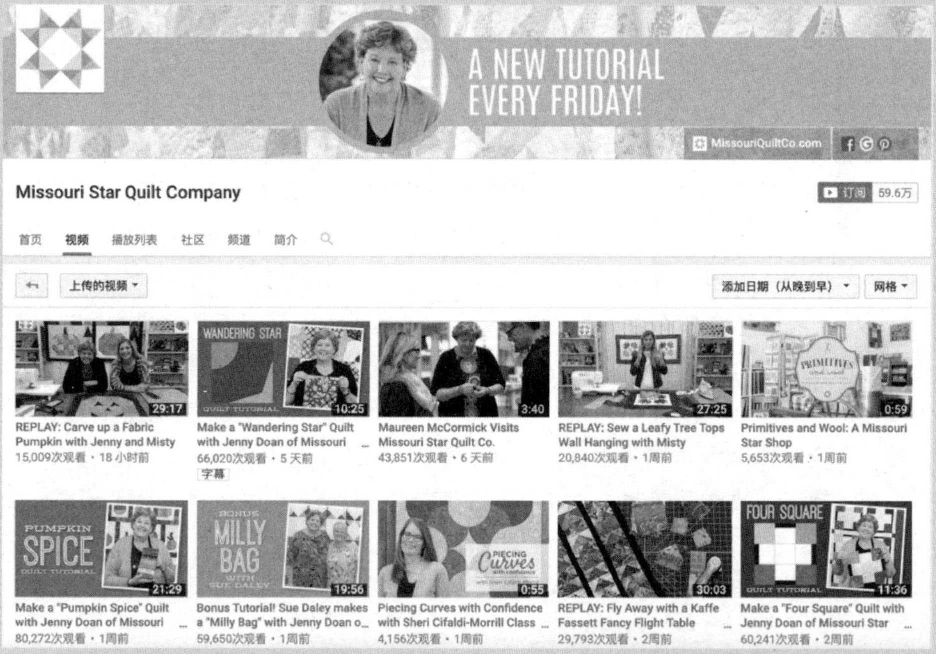

图 8-8　珍妮·多恩在 YouTube 上发布的手缝被教学视频

YouTube 是一家创建于 2005 年的美国视频分享平台，允许用户上传、浏览、评论、分享视频以及订阅其他用户，并提供各种各样的用户生成和企业媒体视频。尽管 2008 年时，成立仅有 3 年时间的 YouTube 还是一个新生产品，但是因其附加的社交属性，以及手缝被教学视频在互联网上还是个空白，珍妮便在 YouTube 上注册了“密苏里之星”手缝被公司的官方频道，发布自制的手缝被教学视频。没想到一炮而红，不仅成为了 YouTube 上最受欢迎的手缝被频道，还因此发现了数量惊人的手缝被爱好者，慢慢地开始有人询问视频中缝被所使用的材料，于是珍妮在教程中便自然而然地融入了产品的介绍和推广。随后在庞大的受众兴趣基础上，“密苏里之星”手缝被公司开始基于 YouTube 的视频广告定位服务投放品牌的视频广告，以接触到更多诸如手作视频观看者或纺织品市场工作者等一系列潜在消费者。在投放视频广告的头 6 个月里，公司就接触到了 100 多万潜在客户，实现了逾 1.4 万笔在线销售，目前公司的官方 YouTube 频道已有近 60 万的订阅者。

截至 2018 年，珍妮累计上传的 500 多条视频的浏览量已高达 1.35 亿次，为公司增加了约 4 000 万美元的年收入，同时得益于 YouTube 上的营销活动，公司近 90%的销售额均来自线上销售渠道，客户流量则大多引流自公司的 YouTube 频道。“密苏里之星”手缝被公司也从原本的名不见经传一跃成为世界上最大的手缝被材料零售商，珍妮更是在 2015 年被美国小企业管理局授予了“年度小企业人物”的最高荣誉，公司所在的小镇还因为珍妮在 YouTube 上的火爆而成为了热门旅游目的地。

资料来源：YouTube Advertising. “密苏里之星”手缝被公司 . [2019-10-23]. https://www.youtube.com/ads/success-story/missouri-star-quilt/. ADAMS S. 手缝被的迪士尼乐园 [EB/OL]. (2018-05-22) [2019-10-23]. https://www.forbes.com/feature/missouri-star-quilting/#4069e4907486. RANSOM D. 这个小镇的手缝被生意如何俘获了世界的心 [EB/OL]. (2015-05-08) [2019-10-23]. https://www.inc.com/diana-ransom/missouri-star-quilt-company-sba-small-business-of-year-2015.html.

案例 8-3

利用 YouTube 视频营销迈出品牌建设第一步的 OnePlus

一加科技（深圳）有限公司（简称一加）成立于 2013 年，是一个总部位于广东深圳的中国智能手机制造商。2014 年，它发布了自己首款智能手机 OnePlus（一加手机）。新生品牌在发展过程中面临着两大品牌建设挑战：一是新品牌如何打响知名度，二是产品如何打破圈层，让非科技圈的消费者了解和喜欢该品牌。OnePlus 首先将目标投向海外市场，瞄准当时在全球用户中颇为流行的短视频形式，选择在全球知名的视频平台 YouTube 上进行营销活动。

OnePlus 在 YouTube 上开展了品牌的首个营销活动“Smash the Past”（砸碎过去）：首先在 YouTube 上发布销毁自己手机的“Smash the Past”挑战视频（见图 8-9），随后邀请观众发送自己通过各种方式销毁自己手机的视频进行报名，从中选取 100 名用户获得用 1 美元购买 OnePlus 手机的机会。这一营销活动推出后虽然获得了颇具争议的两极化评价，但却依旧在仅 6 天内就收到了全球 14 万份参赛作品，成功引起了观众的好奇心和注意力。随后，OnePlus 还邀请到众多 KOL 做测评、进工厂，不断依靠网红花式产出不同内容，用视频带给观众和用户新鲜感，以此来巩固品牌知名度。

图 8-9 OnePlus 在 YouTube 上发布的“Smash the Past”活动

为了吸引更多非科技圈的消费者，OnePlus 打破了举办电子类产品发布会的常规，利用 YouTube 做了一场没有舞台、幻灯片和演讲者的线上产品发布会（见图 8-10）。邀请了四个不同领域的专家在 20 分钟的时间里围绕着电影、摄影、旅行和游戏四个场景向用户全面介绍了 OnePlus 手机的功能，取得良好效果。

图 8-10 OnePlus 的 YouTube 线上发布会

资料来源：创意广告．直击 YouTube Brandcast 现场，聚焦品牌出海营销高光时刻［EB/OL］.（2019-10-22）［2019-10-23］. https：//mp.weixin.qq.com/s/uQj41EbPYia1gqmtki8k0A. DOLAND A. 一加：这家初创公司竟然说服了人们砸烂自己的 iPhone 手机［EB/OL］.（2015-08-10）［2019-10-23］. https：//adage.com/article/cmo-strategy/oneplus-convinced-people-smash-iphones/299875.

案例 8－4

西伯利亚航空公司借网络 MV 实现品牌的病毒式传播

西伯利亚航空公司（S7 Airlines）是俄罗斯的一家大型国际航空公司。2016 年该公司与独立流行乐队 OK Go 进行合作，在其全新单曲“Upside Down & Inside Out”的 MV 中，以赞助商的形式将自身品牌植入，这一单曲 MV 被上传到 YouTube 上。

MV 的全程拍摄在西伯利亚航空公司赞助的真正的飞机里完成。在 MV 中，西伯利亚航空公司“S7”的品牌标识明显展露在机舱内部环境中（见图 8－11），且该标识在 MV 全程中均有出现。身着西伯利亚航空公司制服的空姐也在 MV 中出镜（见图 8－12），实现了品牌的持续曝光。

图 8－11　机舱内的西伯利亚航空公司“S7”标识

图 8－12　MV 中身着西伯利亚航空公司制服的空姐

最终，OK Go 的“Upside Down & Inside Out” MV 在 YouTube 上播出一个月内就获得 120 万次转发，视频浏览量更是高达 1 300 万。利用乐队带来的巨大流量，西伯利亚航空公司实现了品牌认知度的有效转化。最终，观众对西伯利亚航空公司的广告记忆率为 29%，有 31%的观众表示这段视频让他们想更多地了解西伯利亚航空公司，23%的观众则表示他们会考虑乘坐西伯利亚航空公司的航班。

资料来源：Unruly. 广告脉搏：OK Go 为 S7 航空公司拍摄的视频是如何达到病毒式传播新高度的[EB/OL].（2016-03-29）[2019-11-07]. https：//unruly. co/blog/article/2016/03/29/ad-pulse-ok-go-reach-new-heights-viral-success/.

第二节　网络游戏广告的分类及效果测评

网络游戏具有强互动性、激励性和娱乐性的独特优势，由网络游戏为载体形成的各种广告形式正在受到广告主青睐。本节将简要梳理网络游戏与网络游戏广告的发展，介绍网络游戏广告的类型及其适合的广告形式，列举网络游戏广告效果测评的相关指标。

一、网络游戏与网络游戏广告

自 1961 年电子游戏雏形在美国诞生以来，经过几十年的发展，从游戏机游戏到电脑游戏，从单机游戏到网络游戏，电子游戏的种类不断丰富，平台日趋多样化，已经形成了一个规模庞大的产业。

20 世纪 90 年代初期，美国及中国台湾地区的单机游戏陆续进入大陆市场，“电脑游戏玩家”群体开始逐渐形成，电脑游戏所蕴含的巨大市场潜力逐渐显现。1997 年以前是大陆电脑单机游戏市场的黄金时期，加上当时也正是世界电脑游戏业突飞猛进的时期，游戏产业在中国蓬勃兴起。

20 世纪中后期，随着电子技术的进一步发展和互联网的普及，信息技术应用于单机游戏行为产生了网络游戏。网络游戏逐渐成为了电子游戏产业的新生主导力量。随着大规模的网络基础设施建设开展，中国的互联网应用进入发展高峰期，游戏由原来以光盘为载体的单机 PC 电子游戏向互联网形态延伸。

2002—2003 年期间，中国网络游戏产业逐渐形成了完整的产业链，网络游戏市场一夜之间成为中国网络行业的新焦点。进入 2007 年，网络游戏开始向一些著名品牌开放，为其提供品牌或产品的宣传推广服务，并且将这样的信息传播和游戏内容本身进行了更紧密的结合，即将广告嵌入网络游戏内，发展出了一种全新的广告形式——游戏内置广告。

网络游戏本身则从单纯的游戏作品演变成为广告媒体。[①]

随着互联网技术的日新月异和个人电脑的迅速普及，网络游戏发展异常迅猛，蕴含的巨大商机使其成为一项重要的经济产业。中国的网络游戏产业起步较晚，但发展极其迅速。中国音数协游戏工委（GPC）、伽马数据（CNG）联合发布的《2018年中国游戏产业报告》显示，中国游戏市场实际销售收入达2 144.4亿元，同比增长5.3%，在全球游戏市场的占比约为23.6%。[②]

市场情报研究机构Newzoo在2017年的一份报告中指出，智能手机和平板电脑这两个移动端的游戏收入加起来总共占全球游戏市场收入的42%，同时预测到2019年全球将有24亿手机游戏玩家，手机游戏的盈利能力远高于PC端和游戏机游戏。[③] 到了2019年，Newzoo的一项针对移动游戏玩家的最新调查结果显示，全球游戏市场的规模在2019年将达到1 481亿美元，其中手机移动端游戏占据了几乎一半的份额。[④] 也正因如此，越来越多的品牌和广告主瞄准了手机游戏行业中蕴藏的巨大商机。

另据市场研究公司eMarketer的预测，2019年美国在游戏内置广告方面的投放支出将增长16%，从2018年的28亿美元增加至32.5亿美元，包括在移动端游戏、桌面游戏以及游戏机游戏中的广告投放，其中移动端的手机游戏广告占据了主要份额，并且预测这一数额在2020年底将达到36.7亿美元，其中移动端的手机游戏广告占据了主要份额。[⑤]

二、网络游戏广告的类型

网络游戏广告目前还没有统一明确的定义。王丽娟在《浅谈网络游戏广告的形式与特点》中提出，“网络游戏广告是指利用网络游戏，以大型线上游戏的固定用户群为目标用户，通过一定的条件，将广告置入游戏中，广告是间接地而不是直接地展示在玩家面前，广告成为游戏的一部分。让消费者在游戏的虚拟空间中体验产品，通过消费者体验的方式来提高传递广告信息的效果”[⑥]。

以网络游戏作为媒体平台的网络游戏广告发展至今，出现了诸多富有创意的广告形式。按照广告在游戏中的插入时间和呈现方式不同，可以将网络游戏广告分为两大类。一

---

① 寇晓伟．网络游戏媒体化的商业价值　从网络游戏广告模式演变说起［J］．传媒，2007（12）：52-55.

② GPC & CNG：2018年中国游戏产业报告［R/OL］．（2019-03-07）［2019-11-06］．https：//www.useit.com.cn/thread-22501-1-1.html.

③ DUNN J．如今视频游戏行业从智能手机和平板电脑游戏中赚到的钱比从游戏机或个人电脑中赚到的钱还多［EB/OL］．（2017-06-23）［2019-11-06］．https：//www.businessinsider.com/mobile-games-more-money-than-console-pc-chart-2017-6.

④ MCDONALD E．押注数十亿：品牌和广告商如何释放移动游戏玩家的力量［EB/OL］．（2019-03-05）［2019-11-06］．https：//newzoo.com/insights/articles/betting-on-billions-how-brands-and-advertisers-can-unlock-the-power-of-mobile-gamers/.

⑤ KOCH L．游戏逐渐成为主流，但却因性别和年龄的差异而不同［EB/OL］．（2019-04-14）［2019-11-06］．https：//www.emarketer.com/content/who-is-gaming-and-how-can-marketers-level-up.

⑥ 王丽娟．浅谈网络游戏广告的形式与特点［J］．艺术与设计（理论），2008（2）：74-75.

类是独立于游戏内容外的广告，即在网络游戏开始前、暂停时以及结束后插入广告信息；另一类则是将广告融入游戏内容中，即在游戏进行中将广告信息自然植入游戏的情节或画面中。在此基础之上，根据广告信息的不同呈现方式又可分别在这两大类广告形式之下进行细分。

（一）独立于游戏内容外的广告

这是在游戏开始前、暂停时、结束后或者是场景变换时插入产品信息或其他的广告信息，主要有横幅广告、插屏广告、激励性视频广告、试玩广告这四种常见形式。

1. 横幅广告

横幅广告是一种通常横向出现在游戏底部或顶端的广告形式，可以进行静态或动态的图文展现。如图 8-13 所示，当玩家打开微信小游戏《打磨瓶子》2～3 秒后，界面底部便弹出了一个横幅广告。横幅广告在休闲和超休闲游戏中较为常见，这一广告形式一般按照展示计费，由于其广告页面较为固定，因此通常具有较高的展示次数。

图 8-13 横幅广告示例

但横幅广告存在较为突出的问题。如横幅广告的 eCPM[①] 在所有广告类型中最低，不利于游戏开发者的长远发展，同时它的展出会占据固定的一部分屏幕空间，对游戏界面的美观有负面影响。

2. *插屏广告*

插屏广告也是网络游戏中一种常见的广告形式，是一种在游戏的特定时机弹出，使玩家被动观看的广告形式。如图 8－14 所示，当玩家在手机游戏《贪吃蛇》中结束一轮游戏后，所弹出的游戏战绩界面中就展示了一个好看视频的插屏广告。

与横幅广告相比，插屏广告是被动弹出的，因此展示次数相对恒定，游戏开发者的广告收益可控、更高。但由于插屏广告的出现也占用一定的游戏界面，因此版面过大或频次过多地展现仍会对用户的游戏体验造成负面影响。

图 8－14　插屏广告示例

3. *激励性视频广告*

激励性视频广告是一种全屏视频广告，由于这一广告形式通常伴有相应的奖励机制，玩家可以自主选择是否观看广告，从而换取游戏内的奖励。奖励包括各种付费道具、通关机会等。

由于激励性视频广告的播放需要玩家主动接触，因此对玩家的打扰性较低，也会通过玩家的主动接触行为降低他们对广告的抵触心理，eCPM 较高，是目前网络游戏中收益效果最好的一种广告形式。如图 8－15 所示，在手机游戏《苏丹的游戏》的主界面中，玩家点击左边的“观看视频”即会打开进入激励性视频广告前的提示弹窗。当玩家观看完激励性视频广告后便会获得图中的道具奖励。

激励性视频广告对广告与游戏内容的结合度有要求。如果奖励内容和广告次数设计不

---

① eCPM 全称为 effective cost per mille，指的是每一千次展示可以获得的广告收入。

当，就可能影响网络游戏的内购情况。①

图 8-15　激励性视频广告示例

资料来源：UPLTV。

4. 试玩广告

试玩广告是一种交互式视频广告形式，出现在网络游戏中的试玩广告，其营销对象多为游戏类 App，此类广告常见于投放在移动端游戏中，以充分利用移动端互动性和可操作性强的特点。广告目的是为受众提供“先试后买”的体验，通过沉浸式的体验抓住玩家的注意力，让玩家通过试玩游戏之后对游戏产生兴趣，进而安装游戏应用。如图 8-16 所示，试玩广告的开头通常是一段简短的游戏演示视频，并在视频上叠加了游戏控制器。在用户轻触试玩广告时，便可试玩一个简短的互动式全屏游戏，而无须安装或下载任何东西。随后用户通过轻触页面上的行动号召按钮，便可前往移动端的应用商店安装此游戏 App。

---

① UPLTV. 2019 上半年移动游戏广告变现洞察报告［R/OL］.［2019-10-23］. https://static-web.upltv.com/reports/UPLTV_%E7%A7%BB%E5%8A%A8%E6%B8%B8%E6%88%8F%E5%B9%BF%E5%91%8A%E5%8F%98%E7%8E%B0%E6%B4%9E%E5%AF%9F%E6%8A%A5%E5%91%8A_2019%E4%B8%8A%E5%8D%8A%E5%B9%B4.pdf.

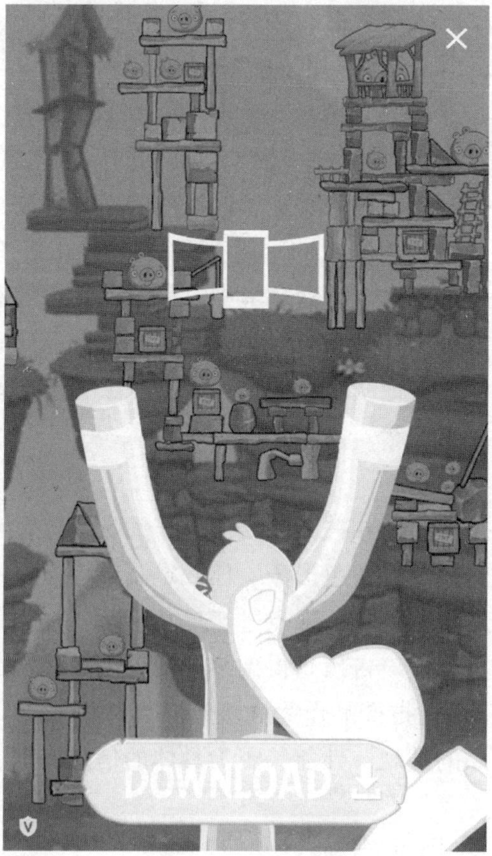

图 8-16　试玩广告

（二）融入游戏内容中的广告

融入游戏内容中的广告是将广告信息植入网络游戏内容中，将广告商品用作网络游戏的道具或场景。此类广告是以游戏的用户群为基础，通过固定的条件在游戏中适当时间、适当情节、适当位置出现的广告。[①] 这是一种比较常见的网络游戏广告形式，能够直接把广告商品或品牌信息呈现到玩家面前。

如果处理得当，这种广告形式能够立刻吸引玩家的眼球，与其产生良性互动或培养他们的品牌感情。但是，如果生硬植入，不仅不会与玩家产生良性互动，反而会因为影响玩家正常游戏而留下“恶俗”的印象，不利于广告信息的传播。[②]

将广告商品用于网络游戏的道具或场景有三种具体形式。

1. 产品内置型广告

产品内置型广告把产品置入游戏的场景中，然后有目的地使产品反复出现在游戏场景中，从而达到传播目的。这种形式的广告对于建立品牌的知名度非常有效。游戏玩家在娱

---

① 寇晓伟．网络游戏媒体化的商业价值　从网络游戏广告模式演变说起［J］．传媒，2007（12）：52-55.

② 陈党，张翠．网络游戏广告发展现状与反思［J］．东南传播，2012（11）：127-129.

乐的同时潜移默化地对产品产生视觉上的熟悉和亲近。① 这种广告形式相对来说比较简单，也比较容易操作，是游戏运营商最先尝试的广告形式。

国内在网络游戏中置入产品的尝试早在2005年就已经开始，当时天联世纪从韩国引进体育休闲类游戏《街头篮球》。耐克与《街头篮球》的广告内置合作也被同时引入国内。具体的做法就是在游戏中把游戏角色需要穿着的篮球鞋设置为耐克的篮球鞋。

2. 场景布置型广告

场景布置型广告将广告信息嵌入游戏环境中，使游戏的内容和主题与广告信息产生直接或内在的联系，引发玩家对产品的联想，潜移默化地进行品牌宣传。这类广告投放的游戏环境位置不宜繁杂，应该更多地结合游戏背景，使玩家置身于有趣的游戏中，而又不会对场景中出现的广告产生反感情绪。

3. 高级道具型广告

高级道具型广告把产品或与此相关的广告信息作为玩家进行游戏时必不可少的道具或情节来展现。游戏中无数的道具、角色形象、任务定制都可以围绕广告产品进行制作，通过对产品某方面的特性或广告主要的诉求点进行反复展示，加强玩家对广告或产品的认知和记忆。这种类型的广告可以使广告信息得到最大限度和最多次数的曝光，因此也是目前最常用的广告形式之一。② 通过把产品作为高级道具置入游戏中，能够让玩家在参与游戏的同时通过模拟使用对产品的外观、性能等更为具体的信息有深入了解。

三、网络游戏广告效果测评指标

专注移动游戏广告变现优化领域的UPLTV在其官网的专栏文章中以业界视角总结出下列网络游戏广告效果测评的常见指标。③

（一）广告展示数

广告展示数（impression）表示广告有效展示的次数。每家广告平台对有效展示的定义不同，以激励性视频广告为例，有的广告平台认为当有一个像素的广告被展示出来即为有效展示，但有的广告平台认为视频需100%播放完毕才算有效展示。

（二）广告填充率

广告填充率（fill rate）表示在所有的广告请求中，广告交易平台返回广告的次数所占

① 朱亚莉．虚拟与现实的桥梁：浅议网络游戏置入式广告［J］．传媒观察，2010（1）：49-50.

② 李玉坤，乔英久．初探网络游戏广告类型及广告策略［J］．辽宁省交通高等专科学校学报，2010（4）：43-45，78.

③ UPLTV. UP专栏 | 游戏广告变现关键参数解析［EB/OL］．（2018-08-19）［2019-10-23］．https：//www.upltv.com/cn/upblog/article/UP%E4%B8%93%E6%A0%8F%E6%B8%B8%E6%88%8F%E5%B9%BF%E5%91%8A%E5%8F%98%E7%8E%B0...？article_id=47.

广告请求数的百分比。它的计算公式如下：

广告填充率＝广告填充数/广告请求数

第三方移动广告交易平台 AdView 总结了可能导致广告填充率低下的三大因素：

（1）广告市场的周期性。不同类型的媒体面向的广告主和受众群体不同，广告市场的淡季、旺季会对填充率造成一定的影响。

（2）广告交易平台的特性。这包括广告平台不对称的广告供需关系（广告供过于求，填充率和价格降低）、广告平台对细分市场广告形式的支持度（广告平台支持的广告形式越多，广告填充机会越大）、广告主的总数量与类别（广告主的数量、类别越多，匹配机会越多，广告填充机会越大）和广告平台对广告流量调度优化的能力。

（3）媒体特性。它包括广告请求数据的字段完整性和准确性、广告请求与展示及点击记录与用户行为适配、广告位尺寸标准化（广告尺寸不适合很可能导致广告填充失败）与对广告内容的要求（对广告内容要求越少，广告填充率越高，但同时也会导致大量低劣广告充斥平台影响用户体验）。①

（三）人均展示数

人均展示数（viewing frequency）即每个活跃用户平均被展示广告的次数。通过这个参数可以评估游戏内广告的强度。它的计算公式如下：

人均展示数＝总展示数/活跃用户数

（四）渗透率

渗透率（penetration rate）代表观看过广告的人数占活跃用户的比例。用来评估游戏内广告场景和触发机制是否合理，即广告是否覆盖足够的用户量。它的计算公式如下：

渗透率＝观看广告人数/活跃用户数

（五）eCPM

eCPM（effective cost per mille）被认为是目前衡量广告变现水平的标准参数，它指的是每一千次展示可以获得的广告收入。

eCPM＝（当日广告变现收入/总展示数）×1 000

但是它只能反映媒体的盈利能力，不能直接代表最终收入。

（六）广告 ARPU

广告 ARPU（average revenue per user）代表一段时间内平均每个用户带来的广告收益。相比于 eCPM，广告 ARPU 可以更直观地体现产品的变现能力。当活跃用户总量一定

---

① AdView 移动广告交易平台．媒体流量变现之广告填充率篇［EB/OL］.（2016－06－30）［2019－10－23］. https：//mp. weixin. qq. com/s/H2UOif95SYWyDL-_0BQkEw.

的情况下，广告 ARPU 越高，广告收益就越高。它的计算公式如下：

广告 ARPU=变现收入/活跃用户数

四、网络游戏广告案例

案例 8-5

腾讯游戏助力快消品牌“捉”住年轻人的心

全家便利店（简称全家）是亚洲最大的国际连锁便利店之一，从 2004 年正式进入中国市场以来，成为中国最大的连锁便利店品牌即是它的目标。然而，随着 7-11、罗森等其他外资便利店品牌在中国市场的围追堵截，以及 BAT 等互联网巨头对新零售领域的加速布局，2019 年便利店市场的竞争进一步加剧。① 为抓住年轻消费群体、巩固竞争优势，2019 年 7 月全家联手腾讯推出首款 AR 探索手游《一起来捉妖》，共同演绎品牌故事。

一方面，腾讯针对全家推出的“Biang！Biang！喵”吉祥物成员进行量身定制，将它们以专属妖灵的身份植入游戏当中，如图 8-17 所展示的聆妹妹、Food 小宝、BB 老大。当初级妖灵形态的聆妹妹出场时，会哼唱全家门店经典的迎宾曲调，定制妖灵的专属技能（如“打折券”）也与全家想要传递的品牌信息高度相关。全家定制妖灵作为全家的“形象大使”在游戏中打点出现在全家全国 2 600 多家门店附近，借由全国门店的天然触点，不断向用户阐述品牌故事、传递品牌特点。

另一方面，全家还在游戏中布置了场景化的线上虚拟门店。如果用户想要收服全家的专属妖灵，就必须移步线下门店或者线上虚拟门店附近。在虚拟门店附近，全家还设置了可通过敲打全家专属祈愿鼓获得道具、点击全家 Logo 获得优惠券的游戏环节（见图 8-18），进一步深化了品牌吉祥物形象。

除了定制角色和道具与场景置入外，全家还结合游戏中最热门的“拒宅日”活动，在线下门店周边发放稀有妖灵。同时，如图 8-19 所示，在全家的 42 家《一起来捉妖》主题门店中，全家更推出了一系列妖灵的周边产品。这一系列与游戏的深度联动有效吸引用户到店，将玩家对游戏的喜爱转化为对品牌的购买力。

全家活动上线首周，虚拟 Logo 广告牌点击超 68 万，定制祈愿鼓点击超 530 万；上线半月，全家定制妖灵抓取量达到 1 646 万。通过本次活动，全家和“Biang！Biang！喵”吉祥物形象深植玩家心中，取得了卓越的营销效果。

---

① 中国连锁经营协会.2019 年中国便利店景气指数报告发布［EB/OL］.（2019-03-14）［2019-10-23］. http：//www.ccfa.org.cn/portal/cn/xiangxi.jsp? id=438155&ks=2019%E5%B9%B4%E4%B8%AD%E5%9B%BD%E4%BE%BF%E5%88%A9%E5%BA%97%E6%99%AF%E6%B0%94%E6%8C%87%E6%95%B0%E6%8A%A5%E5%91%8A&type=1.

图 8-17 全家专属妖灵

图 8-18 线上虚拟门店及游戏环节

图 8-19　全家《一起来捉妖》主题门店

资料来源：广告门．腾讯游戏助力快消品牌“打怪升级”，“捉”住年轻人的心［EB/OL］．(2019-08-22)［2019-10-23］．https：//mp.weixin.qq.com/s/_sHaFYnLzqf3ZX6Wepog8g.

案例 8-6

《王者荣耀》携手敦煌研究院守护传统经典文化

作为我国拥有世界文化遗产数量最多、跨区域范围最广的国家一级博物馆，敦煌研究院自 2018 年起便携手手游《王者荣耀》，向年轻人传播敦煌之美。

首先，《王者荣耀》结合游戏特色推出一款敦煌风十足的“飞天皮肤”。如图 8-20 所示，这款“飞天皮肤”以游戏中最能代表盛唐时期女性形象的英雄杨玉环为设计原型，从数幅经典的敦煌壁画中提取敦煌色彩，融入皮肤服饰、璎珞的设计中。

为了尽可能还原敦煌飞天的细节，游戏制作团队在敦煌学者的指导下，参考了数百张莫高窟内各个角度的飞天图片及相关文献资料，从色彩、纹样、衣饰和人物特征等层面进行了 37 版设计精修，历时超 6 个月才推出了这款颇具飞天伎乐神态的皮肤。这款皮肤的运营活动一经上线便获得超过 1.1 亿的用户参加，最终接近 4 000 万用户获得并使用了这款皮肤。

图 8-20 《王者荣耀》所推出的“飞天皮肤”

此外，《王者荣耀》还利用自身的 IP 影响力发起了“王者荣耀数字供养人”计划，并在其全平台进行 H5 广告投放。如图 8-21 所示，用户可以通过点击互动观看“数字供养人”的创意视频、了解敦煌的“供养人”文化，并随机获得“智慧锦囊”，更仅需 0.9 元的极低成本便可参与公益活动。

图 8-21 《王者荣耀》数字供养人计划 H5 截图

智慧锦囊是用敦煌壁画故事内容，结合现代人熟悉的生活场景和喜闻乐见的语言形式，形成一系列智慧妙语。这次活动通过从敦煌的历史渊源出发，引导用户在互动体验中领略敦煌之美，同时激发用户的同理心参与公益活动，以此号召数千万玩家参与敦煌文化的保护中来，成为敦煌文化的“数字供养人”。

该 H5 广告上线 3 天曝光量即突破 1 亿，有超过 500 万人次访问页面。活动募集到的公益捐款将全部用于敦煌第 55 窟的数字化修复。

资料来源：虎啸奖.【金奖赏析】王者荣耀，一个超级 IP 如何稳住“双赢”？[EB/OL].（2019-06-19）[2019-10-23]. https://mp.weixin.qq.com/s/HqnC-9q5mcqvbmsGMKrryA. 腾讯游戏.再推数字供养人计划 敦煌文博会王者荣耀力担 C 位 [EB/OL].（2019-09-29）[2019-10-23]. https://mp.weixin.qq.com/s/es7vUs-_NjtrdVrvgw5HIg. 广告门.故宫口红之后，敦煌丝巾也要火了？[EB/OL].（2019-01-02）[2019-10-23]. https://mp.weixin.qq.com/s/tCWBXAEmBt2d2evyITYr6Q. 虎啸奖.东方文艺复兴？国风新文创是如何俘获年轻人的？[EB/OL].（2019-07-24）[2019-10-23]. https://mp.weixin.qq.com/s/DoeCt_D3knKv6VnQCaeOWg.

案例 8-7

赛百味利用《足球经理》游戏提高品牌知名度

知名快餐连锁品牌赛百味希望能以一种创造性的方式增加线上订单，同时提高品牌知名度，于是将目标消费者定位在位于赛百味各门店合理范围距离之内（即赛百味能够提供送餐服务的合理距离内），且接受线上外卖订餐的消费者。

2019 年，赛百味选择了在一款由 Sports Interactive 开发制作的知名足球模拟经营类游戏《足球经理》(Football Manager) 中投放游戏内置广告。这款游戏以其特殊的游戏机制所带来的长时间投入和高参与度而著称，游戏玩家需要在转会、俱乐部管理和战术制定等方面花费大量时间。

赛百味通过在《足球经理》游戏里的足球场上投放广告牌（见图 8-22），完全模拟真实的足球比赛时球场边赞助品牌的露出形式，以瞄准那些在管理自己的足球俱乐部时感到饥饿的游戏玩家。这些玩家会更倾向于点外卖，而不愿意因为出门吃饭错过游戏中的关键比赛。同时利用地理定位技术，赛百味只将这一游戏内置广告有选择性地展示给那些在赛百味门店可派送范围之内的游戏玩家。

图 8-22 赛百味在《足球经理》游戏中的广告植入

在《足球经理》游戏中的内置广告投放，保证了赛百味在游戏里的每场比赛中有 40 秒平均曝光时间。与传统展示广告中 50%的横幅广告仅有 1 秒的标准曝光时间相比，赛百味广告的可见性以及品牌曝光率大大增加，并且能够有效触达高度参与游戏的玩家。

资料来源：Platform161. 赛百味在游戏内置广告中尝到了甜头［EB/OL］.［2019 - 11 - 07］. https://platform161.com/wp-content/uploads/2019/07/Platform161-Case-Study-Subway-In-Game-Advertising.pdf.

案例 8 - 8

伊利“营养舒化奶”深度植入《人人餐厅》游戏

2007 年，伊利推出了“营养舒化奶”产品。为了让消费者理解并认同该产品“健康营养，舒化好吸收”的利益点，进而产生购买意愿和行为，2010 年伊利瞄准了人人网推出虚拟经营类网页游戏《人人餐厅》。该游戏自 2009 年发行以来已成为一款在白领间广泛流行且高参与、高互动的社交游戏，拥有注册用户数近 700 万，日均活跃用户更是超过了 100 万。

《人人餐厅》的游戏玩家每天都需要按时使用“补充体力”道具给餐厅的雇员补充体力，以保证餐厅的正常营业。于是伊利将“营养舒化奶”产品植入“补充体力”的道具中（见图 8 - 23），玩家在使用之后能够使雇员瞬间恢复体力，用最直观有效地方式宣传“舒化营养好吸收”的产品特点。仅一个月内，伊利“营养舒化奶”作为《人人餐厅》游戏中补充体力的道具被使用了超过 1.7 亿次，实现了品牌和产品的深度记忆。

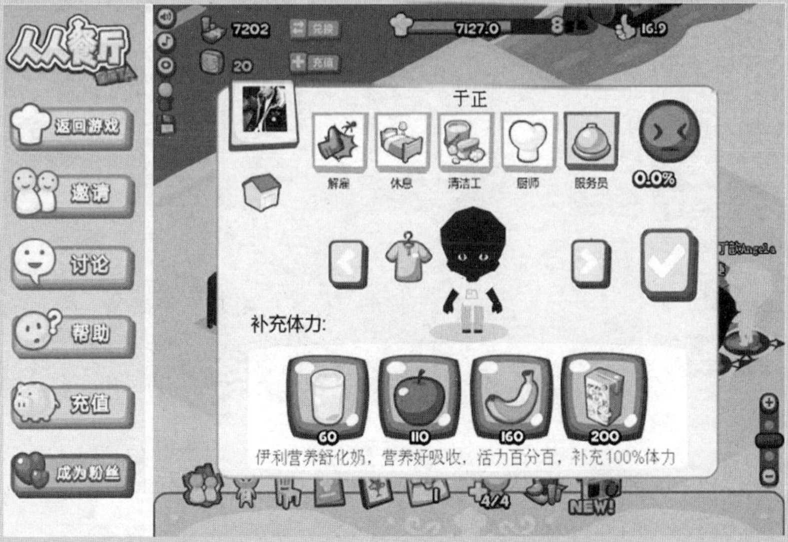

图 8 - 23 将伊利“营养舒化奶”作为《人人餐厅》的雇员补充体力的道具

同时，游戏中的“学菜谱”也是玩家的一项重要任务。伊利将“营养舒化奶”植入菜谱中所需的所有牛奶食材中（见图 8－24），不仅增加了产品曝光率，而且给受众提示更多伊利“营养舒化奶”的食用方法。在一个月内，用户以“营养舒化奶”为食材累计超过 1.6 亿次，并有超过 200 万人次使用舒化奶制作新菜品。

图 8－24 将伊利“营养舒化奶”植入菜谱

此外，伊利还在游戏中进行背景植入，使“营养舒化奶”以广告路牌的形式出现在游戏街道场景中（见图 8－25）。累积超过 4 000 万的参与用户在游戏中看到了该品牌。

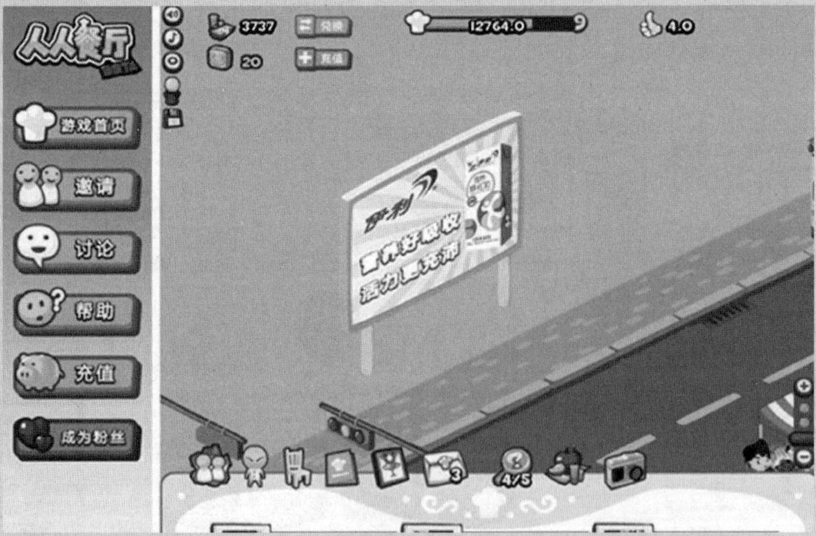

图 8－25 将伊利“营养舒化奶”作为街道路牌

资料来源：艾瑞咨询．伊利舒化奶：人人餐厅深度植入［EB/OL］．［2019－11－07］．http：//a.iresearch.cn/case/2278.shtml.

【本章小结】

随着互联网的普及程度越来越高，网络视频和网络游戏的用户数量不断增加，刺激了网络视频广告和网络游戏广告的迅速发展。网络视频广告主要可以分为核心式广告和周边式广告两大类型。其中，核心式广告包括视频贴片广告、植入式广告和微电影广告；周边式广告则主要分为前置/后置式广告、缓冲与暂停广告、视频浮层广告和播放器背景广告。在效果监测方面，可以通过从技术上收集用户的收看时间、时长、内容等行为信息，直观地测量和跟踪网络视频广告的播放效果。

网络游戏广告根据广告在游戏中的插入时间和呈现方式可分为独立于游戏内容外的广告和融入游戏内容中的广告这两大类。独立于游戏内容外的广告常以横幅广告、插屏广告、激励性视频广告以及试玩广告等形式呈现；融入游戏内容中的广告则常见产品内置型广告、场景布置型广告和高级道具型广告这三种主要形式。网络游戏广告则可依据广告展示数、广告填充率、人均展示数、渗透率、eCPM 以及广告 ARPU 等指标进行效果测量。

【思考题】

1. 简述网络视频与网络视频广告的发展历程。
2. 网络视频广告可分为几种类型？请列举实例。
3. 如何进行网络视频广告的效果测评？
4. 网络游戏广告的类型有哪些？请列举实例。
5. 网络游戏广告效果测评的指标有哪些？

【推荐阅读期刊】

1. 张莹．网络视频广告研究［J］．宁波大学学报（人文科学版），2010（4）．

2. 秦宗财，刘力．欧美视频网站运营模式及赢利分析［J］．深圳大学学报（人文社会科学版），2016（1）．

3. 洪瑶．探析新媒体时代网络视频广告的发展［J］．出版广角，2017（7）．

4. 谢敏．简析青年亚文化视域下的网络自制综艺植入广告传播策略［J］．戏剧之家，2019（13）．

5. 张轶楠．微电影广告特征及发展趋势分析［J］．现代传播（中国传媒大学学报），2018（5）．

6. 孙英莉．微电影广告的概念辨析与创作策略［J］．青年记者，2018（35）．

7. 沈明辉，高冲，李冬．网络视频广告效果及提升对策研究［J］．市场研究，2013（8）．

第九章

社交媒体广告效果测评

【本章学习要点】

- 我国社交媒体和社交媒体广告的发展现状。
- 微博广告与微信广告的类型与表现形式。
- 社交媒体广告的效果测评。

社交媒体即社会化媒体由 social media 翻译而来，它最先出现于 2007 年一本名为《什么是社会化媒体》(*What is Social Media*) 的电子书中。作者安东尼·梅菲尔德 (Antony Mayfield) 将社交媒体定义为一种给予用户极大参与空间的新型在线媒体，具有以下几个特征：参与、公开、交流、对话、社区化、连通性。

另外，传播学者安德烈·开普勒 (Andreas Kaplan) 和迈克尔·亨莱因 (Michael Haenlein) 对社交媒体所下的定义是：一系列建立在 Web 2.0 的技术和意识形态的基础上，允许用户自己生产内容 (UGC) 的创造和交流的网络应用。

也有学者认为，社交媒体是指“能互动”的媒体。社交媒体彻底改变了传统媒体一对多的传播方式，变为了多对多的对话方式。社交媒体模糊了媒体和受众之间的界限，而且大部分的社交媒体可以让人免费参与其中，它们鼓励人们评论、反馈和分享信息。①

清华大学教授彭兰认为社会化媒体的主要特征有两个：一是内容生产与社交的结合，也就是说，社会关系与内容生产两者间是相互融合在一起的；二是社会化媒体平台上的主角是用户，而不是网站的运营者。②

虽然对社交媒体的定义表述不一，但基于以上界定可以看出社交媒体是建立在互联网技术特别是 Web 2.0 基础之上的互动社区，它最大的特点是赋予每个人创造并传播内容的能力。③

---

① 曹博林．社交媒体：概念、发展历程、特征与未来：兼谈当下对社交媒体认识的模糊之处［J］．湖南广播电视大学学报，2011 (3)：65－69.

② 谭天，张子俊．我国社交媒体的现状、发展与趋势［J］．编辑之友，2017 (1)：20－25.

③ 同①.

第一节 社交媒体与社交媒体广告

纵览全球，2010 年被视为社交媒体发展极具标志性意义的一年。脸书（Facebook）在世界品牌 500 强排名中首次超过微软，居世界第一；访问量首次超越谷歌，成为美国访问量最大的网站。在 12 岁以上的美国人中，对 Facebook 和推特（Twitter）的认知度分别达到 88%、87%，Facebook 和 Twitter “成为美国社交媒体的主体与基础应用”。

从 1994 年第一个论坛曙光 BBS 的创立到 2012 年新浪微博、微信的增长爆发，再到现今陌陌、Soul 等深度垂直的多元化平台层出不穷，中国的社交媒体呈现火爆趋势。[①] 2019 年上半年，中国社交广告收入规模达到 274.1 亿元，第二季度收入规模为 149 亿元，较去年同期相比增长 23.6%。尽管宏观经济处于下行周期，整体网络广告市场增长缓慢，但社交广告市场仍然处于良性发展态势。[②]

本节简单梳理了我国社交媒体及社交媒体广告的总体现状和发展历程，并对当下中国最重要的两大社交媒体微博、微信进行详细介绍。

一、我国社交媒体的发展阶段

我国社交媒体的发展经历了四个主要阶段：打破单向大众传播的 BBS 阶段、以“个人门户”形式主动传播的博客阶段、点对点建立社交关系的社交网络阶段、多元深化发展的泛社交阶段。

1994 年 5 月中国第一个论坛——曙光 BBS 成立，除了基本信息发布功能外，还包括现在的网络社区、即时消息、聊天室等多种常见的网络交流形式的雏形。论坛的诞生打开了一种全新的交互局面，普通民众可以利用论坛与陌生人进行互动，而不仅仅是被动接收媒体信息。天涯、猫扑、西祠胡同等都是 BBS 时代的典型产品。

20 世纪 90 年代末，博客（Weblog）出现，之后在 2002 年 8 月 19 日，方兴东、王俊秀、孙坚华等人开通博客中国（www.blogchina.com），进入了中国网络传播新阶段。博客传递了一个“个人页面”的概念，个人可以建立属于自己的主页，基于这个主页实现内容发布和交流。从这一刻起，网民不仅接收、讨论信息，而且开始大规模生产、传播信

---

① 凯度中国．中国社会化媒体生态概览白皮书［EB/OL］.（2018－08－20）［2019－11－07］. https：//cn.kantar.com/%E5%AA%92%E4%BD%93%E5%8A%A8%E6%80%81/%E7%A4%BE%E4%BA%A4/2018/2018%E5%B9%B4%E4%B8%AD%E5%9B%BD%E7%A4%BE%E4%BC%9A%E5%8C%96%E5%AA%92%E4%BD%93%E7%94%9F%E6%80%81%E6%A6%82%E8%A7%88%E7%99%BD%E7%9A%AE%E4%B9%A6/. https：//www.prweek.com/article/1486469/social-media-debate-led-heinz-mayochups-launch-us.

② 艾瑞咨询．艾瑞：社交媒体公私域互利满足不同阶段营销需求［EB/OL］.（2019－10－25）［2019－11－07］. http：//report.iresearch.cn/wx/news.aspx? id＝306075.

息，个人逐渐脱离长期以来大众传播环境下的单向“受众”角色，第一次实现了有可能由自己主导的大众范围传播，“受众”开始走向“用户”。可以说博客是对个人网络表达、分享意识的一次操演和培训，以个体为中心的社会化舞台开始出现。

移动互联网时代的到来，将社交媒体带入新时空，互联网从网页超链接的网络转变成人际关系的网络，基于社交媒体建构的以人为节点的关系网络越来越明显。在国外，2006年建立起基于虚拟关系网络的虚拟讨论广场的Twitter诞生。虽然Twitter没能进入中国，但得益于智能手机的普及和移动互联网的发展，相似产品“新浪微博”于2009年诞生并快速发展，经过几年的洗礼，形成同类媒体中一家独大的局面。2010年，一个新产品的出现在互联网行业一石激起千层浪。Kik Messenger这个应用是基于手机通讯录来快速组建关系链的，“关系链”这个触及社交媒体本质的概念被发掘出来。随即运用Kik技术，以腾讯QQ积累的联系人和手机联系人为推广基础，微信诞生了。基于现实联系人的强关系让微信迅速实现了数亿级用户数量的扩张，占据社交媒体的半壁江山。不论是微博还是微信，都在践行着让用户构建自己的人际关系这一理念，将互联网上的社会关系网络构建推向高潮。

随着社交媒体的发展，“社交”的理念越来越普及，无社交不传播甚至成了规律，社交已成为其他平台强化社交黏性的必要手段，泛社交成为趋势。越来越多的媒体接入社交功能，不仅有新媒体还有传统媒体，同时催生更多细分的社交形态，如基于位置服务的探探陌生人社交，小红书、拼多多等基于社交裂变和分享而爆发的社交电商，而正在风口上的快手、抖音等网络直播、短视频平台更把社交推向中国社会的每一个角落。在今天，媒介化与社会化已融为一体，社交媒体已把“内容为王”推向“连接一切”。①

二、社交媒体广告的发展现状

社交媒体广告是传统广告和社交网络融合的产物。所谓社交媒体广告，“与传统广告不同之处在于广告不再是干巴巴地独自推广信息，取而代之的是朋友对服务的参与和关注，用户看到的不再纯粹是广告，他们所关心的是好友动态，结果广告点击率大幅提升，而广告的成本也显著下降”②。传统广告依赖传统媒体的渠道规模，消费者和广告信息是单独对接的，广告信息接触渠道和接触频率成为广告达成效果的决定性因素，所以争夺黄金时间以及广告的重复策略成为广告传播的普遍策略选择。在社交媒体环境下，消费者对广告信息的接收和判断都发生了根本改变。在社交媒体广告中，除了商品本身以及渠道建设外，基于用户关系网络的自由对话成了新的传播营销生态。③

---

① 谭天，张子俊．我国社交媒体的现状、发展与趋势［J］．编辑之友，2017（1）：20－25．

② 张意轩．社交广告时代到来［N］．人民日报，2012－03－27．

③ 郭泽德．传统广告将死　社交广告崛起：社交媒体时代广告发展趋势及传播策略研究［J］．编辑之友，2015（7）：9－13．

（一）社交媒体广告的发展阶段

社交媒体广告的发展，大致可分为以下三个时期。

1. 探索期

这一时期的社交媒体广告主要依靠两大类平台——虚拟社区和即时通信软件。从1997年论坛猫扑诞生开始，一系列虚拟社区凭借自身超强的黏着性与影响力吸引了一批试水者开始投放广告。这一时期社交媒体广告主要以横幅广告、摩天大楼广告、弹窗广告等形式出现，比较生硬，某种程度上给网友施加了一定压力，而广告内容多是开门见山式的表达。与此同时，一种流量变现的新兴形式孕育而生——电商。在这里，商家的广告推广成为传播内容，而即时通信技术则成为传播媒介。时至今日，不论是贴吧、知乎、微信还是微博、阿里旺旺，都可以从中看到探索期的影子。

2. 发展期

Web 2.0时代，互联网的交互性特点得到进一步凸显，我国的社交媒体广告终于在2005年迎来一个高峰期。这一年，新浪推出名人博客，腾讯QQ空间诞生，社交媒体广告开始利用名人博客的明星效应，让博主充当某个领域的意见领袖，引导网友关注广告。2005年，土豆网上线；2006年，优酷诞生。随着这些视频、内容分享类媒体的发展，贴片广告突破了传统的图文广告，丰富了社交媒体广告的形式。这些精彩的内容引发人们的广泛分享，基于口碑的病毒式营销传播方式风靡一时。相较于探索期，发展期不局限于简单粗暴的广告植入，而是尝试迎合网友的心理需求，引导消费。此时出现一些原创视频在叙述故事的过程当中巧妙地将广告无痕植入，应该算得上是广告行业的一次巨大变革。

3. 爆发期

2013年，移动互联网的井喷式发展是第三次科技革命中的又一次高潮。微博、微信等移动社交媒体成为众多商家必争的自媒体平台。相较于PC端的信息传播，移动互联网的信息传播速度更快，更适应人们碎片化的阅读习惯。同时，微博、微信不仅能够满足发布者在第一时间发布信息的需求，还在不断开发API接口等功能实现跨平台化发展，让网友在接收信息的第一时间就可以实施购买行为，缩短了变现周期。同时，全民微商的时代使得发布广告不再是商家的专利，每个人都可以自主地发布广告，尽管简单粗暴的刷屏模式在一定程度上为受众带来困扰。

爆发期在探索期和发展期的基础上将社交媒体广告推至一个史无前例的高度，广告就这样无孔不入地一步步渗透到人们的生活当中。[①]

（二）微博和微博广告

微博，即微博客（Microblog）的简称，是一个基于用户关注链接关系的信息分享、传播以及获取平台。国内的微博发展至今共经历了三个阶段。从2007年到2008年为引入

---

① 张林．我国社交媒体广告发展的问题与展望［J］．传媒，2018（3）：48-50.

期，“极客（geek）型”微博追求和手机、即时通信的互通，但因种种原因最终都没有存续下来。2009年进入了探索期，“试探型”微博在深化和探索微博应用的过程中虽然产生了很多新花样，但仍未走出困局，于是纷纷开始转型。此后从2009年下半年到2010年进入成长期，发展出以各门户网站、大型网站为主要代表的“门户型”微博，此阶段微博突出媒体特性、社交特性，将人群扩大到更大范围，让微博走向了普及阶段，新浪微博和腾讯微博从中脱颖而出。① 随着腾讯、网易和搜狐相继退出微博市场后，新浪微博逐渐成为国内重要的社交媒体平台。截至2018年第四季度，新浪微博的月活跃用户已高达4.62亿。② 新浪微博俨然成为现如今微博的代名词。

国内微博的诞生和发展自然离不开“微博鼻祖”Twitter风靡全球所带来的深远影响。2006年，美国网站Twitter推出了微博客服务，允许用户将自己的最新动态、所见所闻和想法、看法以短信息的形式发送给手机和个性化网站群，而不仅仅是发送给个人。Twitter创立之初，为数不多的用户只是利用这个平台互相说说小笑话，但Twitter与众不同的传播模式——当一位推客接收到其认为值得推荐的信息后，会重新将其发送，传播给更广泛的人群，信息很快便进入更广泛的大众视野。Twitter迅速风靡美国进而风靡全球。微博的时代正式开始。③

2010年4月，Twitter首次宣布将在平台上展示广告④，这一服务的推出也意味着Twitter能够与Facebook等社交网站展开更激烈的广告竞争。随着移动互联网的迅速发展，Twitter逐渐与Facebook和Google一起成为了世界三大顶级互联网广告平台。⑤

（三）微信和微信广告

微信（WeChat）是腾讯公司于2011年1月21日推出的一个为智能终端提供即时通信服务的社交媒体平台。随着自身的发展，微信逐步拓展出“朋友圈”“公众号”“小程序”等社交功能。截至2019年6月，微信月活跃用户超11亿⑥，已成为中国国民级的社交平台。

与其他社交媒体平台不同，微信最大的传播特征在于它通过微信好友、微信群、朋友圈、公众号、小程序对人际传播、群体传播、大众传播这三个层级进行了无缝衔接，足以同时满足用户社交、信息获取、娱乐等多种需求。同时，在微信中，必须基于手机号或其

---

① 秋叶，萧秋水，刘勇．微博营销与运营［M］．北京：人民邮电出版社，2017：2－8.

② 社会化营销案例库．2018微博营销价值白皮书［EB/OL］．（2019－07－15）［2019－11－02］．https：//hd.weibo.com/case/article/view？id＝321.

③ 同①2.

④ CONSTINE J. Twitter广告终于面向所有美国企业开放，不再是只接受邀请的形式［EB/OL］．（2013－04－30）［2019－11－03］．https：//techcrunch.com/2013/04/30/twitter-ads-available/.

⑤ 白鲸出海．关于Twitter的一些广告投放干货［EB/OL］．（2015－11－02）［2019－11－03］．http：//www.sohu.com/a/39283675_227984.

⑥ 腾讯．2019 Second Quarter Corporate Overview［EB/OL］．（2019－08－14）［2019－11－04］．https：//www.tencent.com/attachments/CorporateOverview2Q19.pdf.

他个人信息才能查找到其他用户，在未添加好友前无法发起对话，形成了区别于微博等其他社交平台的“强关系”。

具体而言，一方面微信朋友圈是一种一对多的双向传播模式。微信朋友圈是在相互关注的用户之间进行信息分享的。虽然就此而言朋友圈的结构看起来与微博类似，但由于微信用户间的关系属于“强关系”，因此信息传播的流动更为封闭，也影响着人们的互动频率与互动内容。另一方面，微信公众号尤其是其中最为常见的“订阅号”，更接近传统的大众传播，以“推”的方式向用户主动传播信息。但它也为微信平台的特点及用户行为所改造，即公众号的效果并不只取决于它自身。在微信对公众号、朋友圈、微信群三种信息圈全面贯通之下，公众号的信息传播效果在一定程度上被扩散与放大。①

微信广告是基于微信生态体系，整合朋友圈、公众号、小程序等多重资源，结合用户社交、阅读和生活场景，利用专业数据算法打造的一种广告形式。微信广告的投放主要是基于大数据和智能技术的精准定向投放。这种投放方式的优势如下：一方面，通过将平台庞大的用户数据以人口学、设备、兴趣、行为、垂直行业等多维标签体系进行人群细分，广告主可以利用标签体系自由选择、组合投放人群特征和行为，精准锁定目标人群进行广告投放，极大地增强广告投放效果。另一方面，广告主也可以利用标签体系，通过用户画像对自身的种子人群数据进行深度挖掘，根据特征匹配出最为相似的同类人群，再根据实际需求甄选—识别—拓展更多相似人群，扩大自己的潜在用户群体。

第二节　社交媒体广告的类型与表现形式

一、微博广告的类型及表现形式

（一）开屏广告

开屏广告即微博上的曝光类广告，通常以流量明星、品牌产品、广告语、背景音乐等为主要元素，在打开微博伊始便进入用户视野。如图 9－1 所示，通过流量明星和背景音乐的视听结合，以达到吸引并抓住受众注意力的目的。另外，开屏广告是以强制的形式推送给用户的，具有较高的到达率。②

（二）信息流广告

信息流是指用户在社交媒体网络中在自己主页上不断更新信息故事，包括用户状态更

---

① 彭兰．网络传播概论［M］．4 版．北京：中国人民大学出版社，2017：116－128.

② 纪小平．微博广告的传播途径及效果：以新浪微博为例［J］．青年记者，2018（29）：99－100.

新、照片、视频、网页链接、App 活动以及来自其他用户的“赞”或“顶”，还包括其所关注的其他用户和群组行为。[①] 信息流广告，也称 Feed 广告，是原生广告的一种常见形式，即在用户关注的社交用户发布的消息动态中插入推广信息（见图 9-2)，并依据用户的不同偏好进行有针对性的推广。

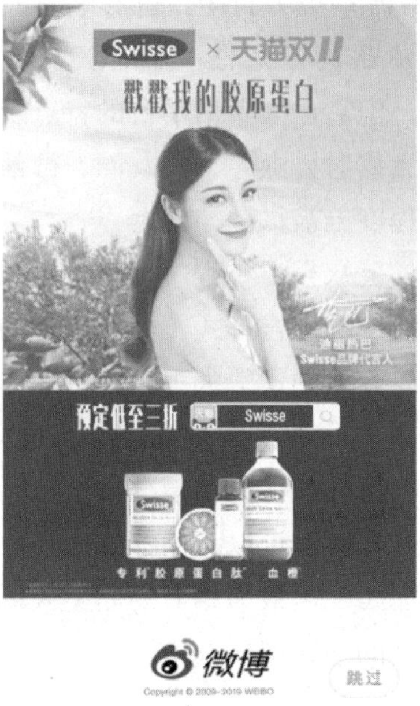

图 9-1 微博开屏广告示例

图 9-2 微博信息流广告示例

新浪微博于 2013 年第二季度开始推出信息流广告，到同年第三季度信息流广告收入已经超过微博总收入的 10%，且持续保持增长。[②] 同时在广告效果上，信息流广告拥有传统广告 1.4 倍的互动率。[③]

根据广告发布者不同，在新浪微博平台上投放的信息流广告可分为以下两种类型：

一种是企业或品牌官方发布的硬性广告。用户在进入微博后会浏览首页的关注人动态，微博平台则利用这一特点，在用户动态信息中插入企业或品牌方发布的内容，以加大品牌的曝光率，并依据社交媒体属性对用户喜好及特点进行智能推广。此类广告通常以图文或视频的形式出现，点击信息流广告下方的链接即可查看详细广告信息，且左上角标注“广告”两个字，以便用户识别微博推送的广告。用户可选择右上角“×”来选取“不感兴趣或内容质量差，太多重复或相似内容”的选项来反馈给微博，以表示不再接收此条

① 范昕伟．移动互联网时代我国社交媒体信息流广告发展模式：以腾讯微信和新浪微博为例［J］．商，2016（3）：205-206.

② 木语．新浪高管解读财报：微博信息流广告收入增长乐观［EB/OL］．（2013-11-13）［2019-10-31］．http：//tech.qq.com/a/20131113/008720.htm.

③ 同①.

消息。①

另一种是意见领袖发布的软性广告。这里的微博意见领袖不仅指明星、网红等流量“大V”，更是包括了能够代表某一群体发声，或是引导粉丝认知的一类微博大号。这类广告通常也是以图文或视频的形式呈现，在广告内容方面除了意见领袖直接发微博通稿展现品牌产品之外，还常以经验分享的形式宣传品牌产品，依靠意见领袖庞大的粉丝基础和口碑效应，提高品牌产品的曝光率，影响消费者的决策，以实现流量的有效转化。

（三）正文页及发现页横幅广告

正文页横幅广告是受众平时刷微博时最容易看见的，展现在微博正文页博文下方、评论区的上方（见图9-3）；发现页横幅广告则展现在微博的“发现”功能区内（见图9-4）。两者均为图片展示样式，点击即可跳转相关链接。目前新浪微博的横幅广告经过多次优化升级和改版，增加了支持标题和按钮的复合横幅样式，以更好地实现广告效果。②

图9-3　微博正文页横幅广告示例

图9-4　微博发现页横幅广告示例

（四）微博热搜广告

微博热搜榜单反映了网民对热点事件的讨论程度，代表了网民对某一事件的关心程

---

① 周承君，赵奕．微信和微博信息流广告研究探索［J］．大众文艺，2018（12）：153-154.

② 厚昌学院．微博粉丝通上新正文页banner样式新玩法［EB/OL］．（2018-08-03）［2019-11-02］．https：//www.skytech.cn/article/8686.html.

度，也方便网络上“吃瓜群众”了解重大事件。正因为这种双向性，微博热搜成为广告投放的一个重要阵地。①

（五）微博故事广告

新浪微博在 2017 年 4 月上线了微博故事功能，该功能借鉴了国外社交媒体网站 Snapchat 以及 Instagram 的 Story 功能。用户通过微博故事可以发布 15 秒以内的小视频、照片、GIF 等形式的内容。除此之外还能在视频、照片等内容上编辑加文字贴纸等等。但该功能不支持转发、下载或分享到站外，且发布 24 小时后内容会自动变为私密，仅用户本人可以保存自己的微博故事，并且通过评论留言来互动。

使用微博故事平台发布的广告不同于传统的信息流广告，它出现在用户界面的最顶端，其形式对用户的干扰性较低。此外，微博故事允许发布的短视频、图片、GIF 等轻量级内容大大缩短了用户观看这类内容的时间，从而使得品牌向用户传播信息的门槛变低了。② 品牌在微博故事平台投放广告，一种是使用品牌本身的微博账号发布微博故事内容，另一种则是利用明星资源，直接使用与品牌合作的或者代言明星自身的微博账号发布品牌产品相关的微博故事（见图 9－5），可以让更多用户接触品牌内容。同时在微博故事平台发布的视频广告均使用竖屏拍摄，符合用户移动端使用习惯。

图 9－5　品牌方发布的微博故事广告

---

① 纪小平．微博广告的传播途径及效果：以新浪微博为例［J］．青年记者，2018（29）：99－100.

② SocialBeta. 8 月最值得关注的 5 个营销现象［EB/OL］．（2017－09－18）［2019－11－03］．https：//socialbeta.com/t/summary-of-august-hunt-weekly.

延伸阅读

Twitter 广告的类型及表现形式

（一）推广推文（promoted tweet）

Twitter 的推广推文广告形式，即信息流广告，主要有纯文本、图片和 GIF 图三种形式（见图 9－6），和普通用户发布的推文一样出现在 Twitter 的信息流中，并能够被正常转发、回复和喜欢。但是不同的是这些推文将会被打上明确的广告标签，方便用户加以识别。推广推文广告除了能够帮助品牌促进现有关注用户的参与之外，还能使品牌接触到新的 Twitter 用户，即更多潜在消费者。

（二）推广视频（promoted video）

Twitter 的推广视频广告作为信息流广告的一种形式，会以自动播放的方式出现在 Twitter 用户的信息流主页中，以此吸引受众的注意力，提高参与度。

（三）信息流中的前置式视频广告和赞助（in-stream video & ads sponsorships）

以前置式视频广告和赞助的形式，与优质的、有影响力的 Twitter 大号合作，将视频广告和赞助前置到该合作账号发布的信息流内容中，借助 Twitter 大号的影响力，大规模吸引并引流受众。

（四）网站卡片（website card）

网站卡片分为视频网站卡和图片网站卡两种形式，允许广告主在发布的图片和视频中插入特定的网址链接。受众点开这些图片或视频，即可直接进入广告发布者指定的网站，实现流量的无缝导流。

（五）应用卡片（App card）

和网站卡片类似，应用卡片即是通过链接的插入允许受众直接进入移动

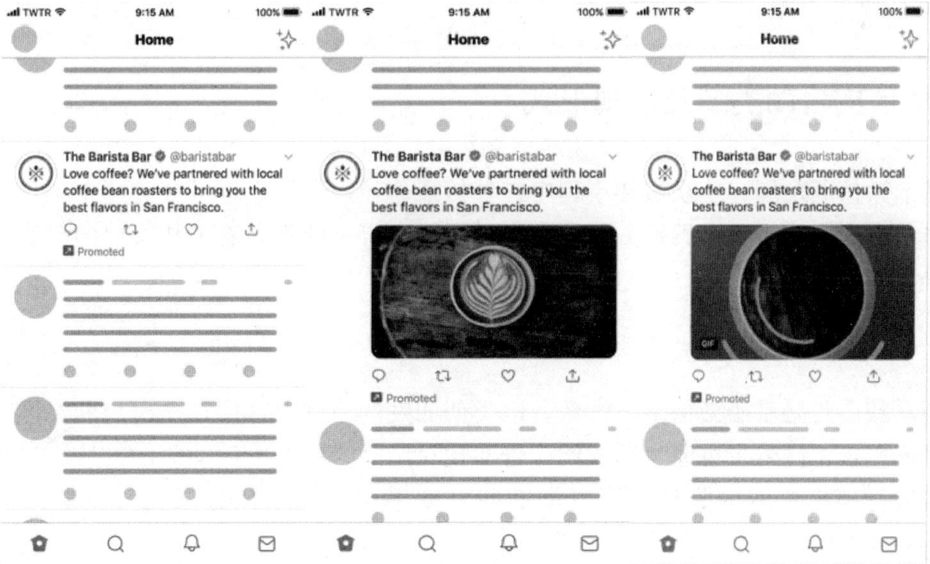

图 9－6 Twitter 推广推文的三种形式

应用程序的安装和下载页面（见图 9－7），同样通过视频和图片两种形式吸引受众。

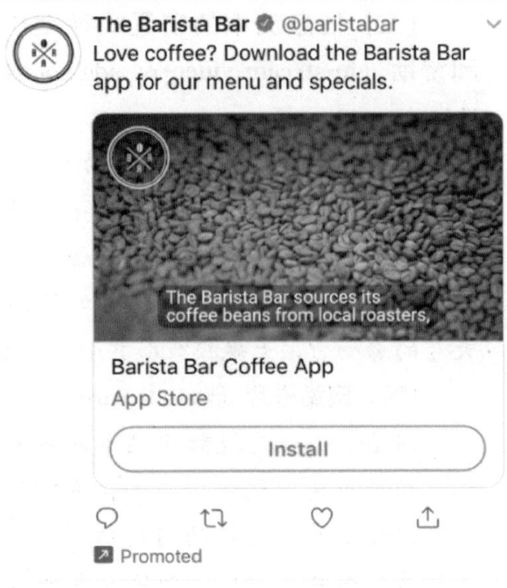

图 9－7　Twitter 的应用卡片广告示例

（六）私信卡片（direct message card）

私信卡片内嵌了一个 AI 聊天机器人，受众可以点击品牌在图片或创意视频下方添加的定制化行动指引按键，从而转移到私信与品牌进行一对一的互动（见图 9－8）。通过私信引导的方式帮助品牌更好地了解用户偏好并推送一些相关的产品链接。

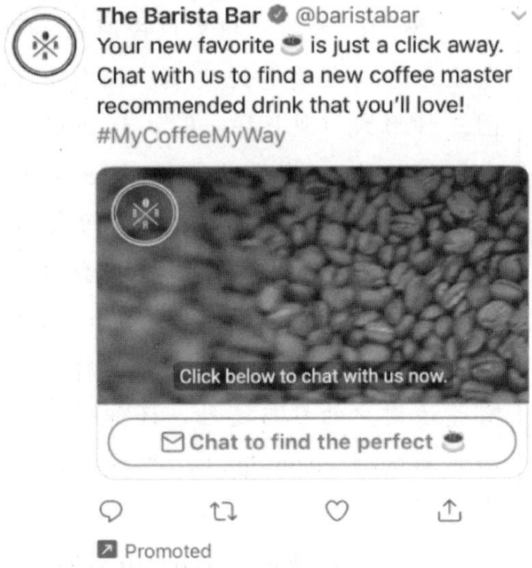

图 9－8　Twitter 的私信卡片广告示例

资料来源：Twitter Marketing. 推特的广告形式和规格［EB/OL］.［2019－11－02］. https://marketing.twitter.com/na/en/solutions/ad-format-specs/.

二、微信广告的类型及表现形式

基于微信朋友圈、公众号和小程序三种传播途径，微信广告可分为朋友圈广告、公众号广告和小程序广告三大类别，每一大类又根据广告主的不同需求和用户的触媒行为差异可以进一步细分。

（一）朋友圈广告

朋友圈广告是基于微信生态体系，以类似朋友的原创内容形式在用户朋友圈进行展示的信息流广告。广告主可通过朋友圈广告实现对产品、服务、活动等的推广，也可通过这类广告进行销售线索的收集，更可借助朋友圈平台的互动优势强化与目标人群的品牌联结。

随着移动终端表现力的提升，朋友圈广告的发展逐步从单一图文走向多图、视频化的更强沉浸体验，从一对多的大众传播到用户与用户、用户与企业间多向互动，最终形成了常规式广告、基础式卡片广告、选择式卡片广告、全幅式卡片广告四种形态。

此外，微信还根据朋友圈平台独特的社交优势，在 2018 年、2019 年逐步开放了@好友评论互动功能。用户可在广告评论区中点击评论框左侧的“@”符号，直接@微信通讯录里的好友，而被@的好友则会收到新消息提醒，体验与普通的朋友圈评论一致，从消息列表点击评论就可进入广告详情页，体验广告并参与互动。

一方面，这一广告功能对于用户来说，@好友评论互动功能让朋友圈广告的评论区成为一个新的社交场景，可以与好友分享广告创意，一起互动。通过更好玩的广告可以有效提升用户与广告的互动率，让广告变成一个好友间的讨论话题，从而加深品牌印象，提升品牌好感度。

另一方面，对于广告主而言则通过放大社交传播价值带来了更超值的广告回报。正如前文所提，微信朋友圈的信息流动具有封闭性，而在这一功能下，用户可@广告投放定向人群之外的好友，且在符合条件的情况下，广告会插入被@用户的朋友圈信息流中，从而进一步凸显出朋友圈广告的社交传播能力，使广告创意能够得到更多的分享和传播。通过@好友评论互动功能，广告主有机会获得更多社交分享带来的曝光，并且这些曝光都是由广告投放定向人群带来的、有互动的优质曝光。

（二）公众号广告

微信公众号广告是基于微信公众平台，以类似公众号文章内容的形式在包括文章底部、文章中部、视频贴片、返佣商品 CPS① 广告四个广告资源位进行展示的内容广告。同时，文章中部广告存在互选广告这一形式。与一般经过程序化投放的文章中部广告不同，互选型文章中部广告是广告主与媒体通过微信广告平台进行双向互选、自由达成合作的一种文章中部广告。根据合作深度差异，这类广告还存在广告推荐及内容定制两种合作模式。

公众号广告多作用于短期效果，广告主可通过公众号广告实现对产品、服务、活动等的推广，也能通过这一广告类型进行销售线索的收集。

（三）小程序广告

微信小程序广告是一个基于微信小程序与小游戏生态，利用专业数据处理算法实现成本可控、效益可观、精准触达的广告投放系统。小程序广告的广告位在小程序页面内，由小程序流量主决定实际播放位置，因此也具有根据各自小程序的特点进行灵活展现的优势，能够提高广告与投放场景的融合度，流量场景丰富多样。这类广告多作用于短期效果，广告主可通过小程序广告实现对产品、服务、活动等的推广，也能通过这一广告类型进行销售线索的收集。小程序广告有小程序横幅广告、激励式视频广告、插屏广告三种形态。②

---

① CPS 全称为 cost per sales，即按实际销售产品数量来计算广告费用。

② 微信广告．广告形态［EB/OL］．［2019－11－04］．https：//ad. weixin. qq. com/guide/106.

第三节　社交媒体广告的效果测评

Social Media Examiner（SME）发布的《2018年社交媒体营销行业报告》显示，几乎所有的营销人员在使用Facebook（94%），2/3的营销人员认为Facebook是其最重要的社交媒体平台。然而，只有49%的营销人员认为其Facebook营销是有效的。社交媒体投资回报测量仍然是一个难题：只有44%的营销人员能测量社交媒体活动。[①]

对于如何衡量社交媒体营销的效果，中国的市场营销人员也很困惑。领英发布的《2017社交媒体广告面面观白皮书》显示，衡量社交媒体营销效果的指标有客户转化率、公司网站流量、销售线索数量、社交媒体粉丝的转评赞、社交媒体粉丝数量、人群覆盖和辐射力、销售线索质量、客户反馈、销售额、搜索引擎排名等（见图9-9）。

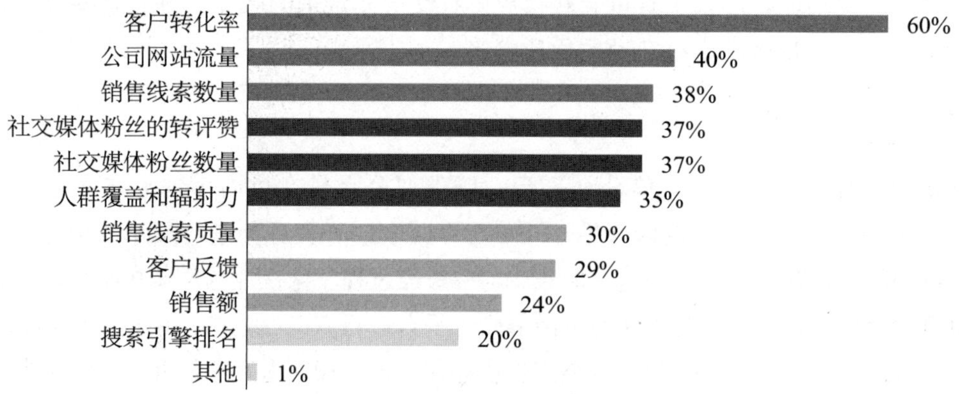

图9-9　社交媒体营销的效果衡量指标

“转评赞”是目前最为通用的衡量社交媒体营销效果的方法。这个方法虽然提供了即时的数据，但由于指标之间彼此区隔、水军带来数据“虚高”，导致结果过于简单粗暴，无法真实反映成效。

领英打造了“互动效果值”的衡量模型，来为社交媒体营销人员解决社交媒体营销难以衡量的痛点。

在消费者或客户的购买旅程中，不同的阶段逐步推进，直到“成单”的那一刻。社交媒体与电商渠道或企业官网形成了一个客户旅程的闭环。社交网络上每一个互动行为都代表着购买行为往下移的可能性。根据互动性的深浅，每个行为被从高到低赋予分值，分值与频次乘积的加总即为领英互动效应值，可以用来清晰衡量社交媒体营销品牌互动效果

---

① SME：2018年社交媒体营销行业报告［R/OL］.（2018-06-06）［2019-11-04］. https：//www.useit.com.cn/thread-19243-1-1.html.

（见图 9－10）。①

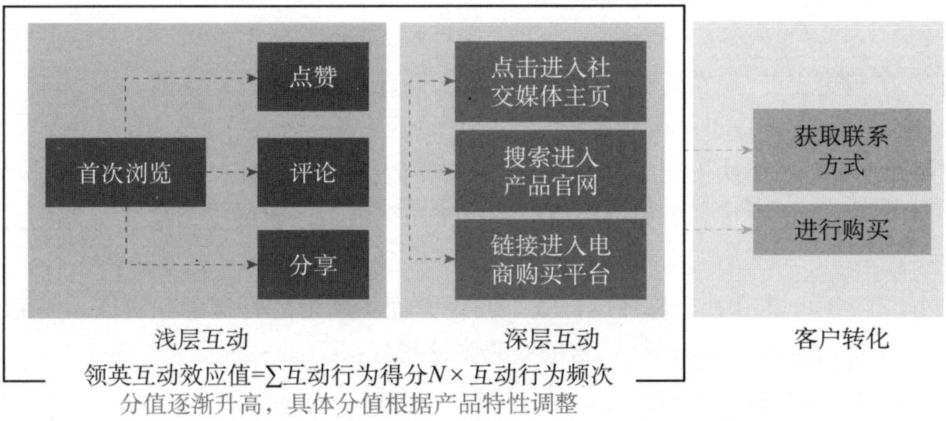

图 9－10　领英智库"互动效果值"衡量模型

福布斯理事会成员、数字广告公司 McKay Advertising & Activation 的董事长兼所有者鲍勃·麦凯（Bob McKay）曾在 2017 年根据自己公司的客户合作经验，将营销活动分为了有机活动（organic campaigns，即免费的社交媒体营销活动）和付费广告（paid ads）两种类型，在此基础上归纳总结出了六个社交媒体广告效果的衡量指标。

鲍勃·麦凯在《衡量社交媒体营销活动是否成功的六个最有效指标》一文中谈到如下测量指标：

（1）链接点击率（link clicks）。

受众对活动链接的点击行为作为最直接的参与形式表明了受众有足够兴趣对活动进行更深入的了解。

（2）到达率和曝光率（reach vs impressions）。

对于一则社交媒体广告而言，到达率是指浏览该广告帖的人数，曝光率则是该广告被浏览的次数。如果一则广告被展示给同一个人两次，则需被算作一次到达和两次曝光。对于这两种衡量指标的选定则取决于营销目标。如果广告活动的目的是让特定的人群看到，或者让尽可能多的人知道，那么更适合用到达率作为衡量标准；反之，如果营销目标是让广告向受众展示特定的次数以提高品牌知名度，那么曝光率则更适合作为衡量标准。

（3）参与度（platform engagement）。

这里的参与度即指人们在社交媒体平台上的"喜欢""转发""分享""评论""关注"等行为，虽然这一指标没有链接点击率的可靠性高，但当受众在社交媒体平台上与品牌的广告内容进行互动时，用户参与的一系列行为却有助于增加到达率和曝光率。

（4）转化率（conversions）。

鲍勃·麦凯指出无论是在表单填写、注册还是电子商务购买，在创建广告时必须要有

---

① 领英：2017 社交媒体广告面面观白皮书［EB/OL］.（2017－05－03）［2019－11－04］. https：//www. useit. com. cn/thread－15206－1－1. html.

一个明确的转化率目标，这为营销活动提供了一个直接的投资回报率。

（5）按键点击率（button clicks）。

在 Facebook、LinkedIn、Instagram 等社交媒体平台上的广告往往会有一个诸如“联系我们”“了解更多”“现在购买”等能够显示出最直接意图的行动按键。

（6）相关性评分（relevance score）。

相关性评分是一个从 1 到 10 的等级，用以评估目标受众对广告的反应如何。该分数根据广告从目标受众处得到的积极和消极的反馈计算出来，积极反馈越多，相关性评分则越高。①

此外，Twitter 也在社交媒体广告效果测评方面不断地进行探索和研究。其商业板块曾在 2018 年提出了四个 Twitter 广告的效果测评指标：

（1）参与（engagement）。

参与可以从多个维度进行衡量，包括点击、转发、回复甚至是某个品牌话题被转推了多少次。

（2）表现（performance）。

印象（impressions）对于广告效果的衡量而言固然重要，但是表现才是最重要的。营销人员不仅需要监测受众对广告的印象，更需要追踪受众在一段时期之内的长期反应。

（3）增长（growth）。

以前置式视频广告和赞助的形式，与优质的、有影响力的 Twitter 大号合作，将视频广告和赞助前置到该合作账号发布的信息流内容中，借助 Twitter 大号的影响力，大规模吸引并引流受众。

（4）投资回报率（return on investment，ROI）。

这一关键指标通过跟踪品牌产品的销售情况或品牌官方 Twitter 或 Twitter 广告的转化率，将品牌在 Twitter 上发布的内容与实际收益相挂钩。②

案例 9-1

微博助阵伊利优酸乳情人节硬核表白

伊利于 1998 年就推出了优酸乳产品，作为优酸乳产品市场中的资深品牌，近年来打响了品牌年轻化的战役。在 2019 年 3 月 14 日白色情人节当天，伊利优酸乳推出了全

---

① MCKAY B. 衡量社交媒体营销活动是否成功的六个最有效指标［EB/OL］.（2017-07-14）［2019-10-06］. https://www.forbes.com/sites/forbesagencycouncil/2017/07/14/the-six-most-effective-social-media-metrics-to-understand-your-campaigns-success/#759d77d664cb.

② REESE N. 你应该追踪 Twitter 中的哪些关键绩效指标［EB/OL］.（2018-07-30）［2019-11-03］. https://business.twitter.com/en/blog/what-twitter-kpis-should-you-be-tracking.html.

新产品——果果昔芒桃蜜语。为了在推广新产品的同时塑造品牌年轻化形象，伊利优酸乳选择了拥有2亿日活跃年轻用户的微博为平台，以当红影星周冬雨为代言人，充分利用其微博影响力，同时借势白色情人节打造了以#周冬雨硬核表白#话题为核心的微博营销活动。

伊利优酸乳首先在微博上为新产品打造了一款专属的“果果昔红唇”微博动态贴纸，好玩、好看的形式迅速吸引了大量受众。在营销活动期间，果果昔微博贴纸累计收获了7 597万次曝光和9.6万次点击，有效提高了受众对伊利优酸乳新产品的认知度。活动期间伊利优酸乳的官方微博更是通过每天发布一支Vlog形式的软性广告片，由代言人周冬雨出镜，并自然植入果果昔芒桃蜜语新品（见图9-11），用年轻人喜欢的方式引发其强烈共鸣，从而提高对品牌和产品的好感度。

图9-11 伊利优酸乳发布的果果昔Vlog广告短片

同时，伊利优酸乳结合微博的全屏视频版开屏广告、直接导流电商购买页面的发现页横幅广告、热搜话题广告，以及微博直播品牌发布会等多种广告投放形式（见图9-12）进行产品营销推广。最终，#周冬雨硬核表白#话题在一周内获得了8.8亿的阅读量，伊利优酸乳的果果昔芒桃蜜语新品认知度高达81.9%，购买意愿高达71.2%。

图9-12 果果昔开屏广告、发现页横幅广告、热搜话题广告和微博直播发布会

资料来源：社会化营销案例库．周冬雨硬核表白微博营销结案［EB/OL］．［2019-11-01］．https：//hd.weibo.com/case/senior/senior？id=30618.

案例 9-2

舒肤佳锦鲤瓶微博营销事件

舒肤佳作为宝洁旗下的日用品品牌之一，自 1992 年进入中国市场以来，一直以长效抑菌、呵护家庭健康的形象广为人知。然而，随着消费者需求的多元化，市场中不断涌现的品牌呈现出多样化的趋势，导致了行业内竞争日趋激烈。作为家喻户晓的老品牌，舒肤佳希望能够在市场竞争中突出重围，赢得年轻消费者的心。

为了提升品牌曝光度和年轻人的关注度，并将新品免洗洗手液“锦鲤洗手液”打造成网红爆款，以持续拉升品牌热度，进而拉动品牌在双十一期间的电商销售，舒肤佳瞄准了当代年轻人生活压力大，常以“水逆”自嘲，并以转发自带“锦鲤体质”的流量明星杨超越作为一种驱散水逆的社交仪式的情感需求和社会热潮，以杨超越为代言人，在年轻人大量聚集的社交媒体平台——新浪微博上开启了一场事件营销活动。

舒肤佳首先在微博上打造了#杨超越开光锦鲤瓶#的热门话题，并邀请杨超越在自己的微博上发布《杨超越的搓手小秘密》广告短片（见图 9-13），自曝日常搓手其实是在用舒肤佳的“锦鲤洗手液”洗手，带出“搓一搓手，健康常有”的核心创意，在社交媒体上引爆话题事件。

图 9-13 《杨超越的搓手小秘密》广告短片

随后邀请搞笑博主辣目洋子拍摄话题视频《水逆患者的一天》(见图 9－14)，趣味解读“杨超越好运的秘密是因为用了舒肤佳的‘锦鲤洗手液’”。最后邀请微博上知名段子手、时尚美妆博主等在自己的微博上分享亲自试用“锦鲤洗手液”的体验，以其自身的影响力影响消费者决策，并不断炒热话题＃杨超越开光锦鲤瓶＃，引发网友关注。

图 9－14　辣目洋子为“锦鲤洗手液”拍摄的话题视频《水逆患者的一天》

最终，这场为期五天的舒肤佳锦鲤瓶事件，覆盖人群高达 4 100 多万；其中，微博阅读量达到 1 190 万，视频播放量超过 270 万，微博互动量达 50 多万，话题曝光量超过 770 万。活动期间，舒肤佳在免洗洗手液市场占有率高达 99.75%，声量同比上涨 49 倍。

资料来源：社会化营销案例库．舒肤佳-锦鲤瓶［EB/OL］．［2019－11－03］．https：//hd.weibo.com/case/senior/senior？id＝30692.

案例 9－3

潘多拉借助 Twitter 实力上新

潘多拉（PANDORA）是一家著名的丹麦珠宝制造商和零售商，成立于 1982 年。

2018 年，潘多拉推出了全新的 PANDORA Reflexions 系列产品，为了新品的宣传造势，潘多拉选择在 Twitter 上进行广告投放。

首先，潘多拉利用 Twitter 人口学统计定位工具在平台上找到品牌的核心受众群——年龄在 18～54 岁之间，对时尚、购物、配饰和珠宝感兴趣的女性。随后在新系列发布前，潘多拉在 Twitter 上进行预热宣传，通过发布新产品的相关宣传短视频（见图 9－15）和 GIF 图等视觉内容，吸引受众兴趣和注意，并引发新品相关的热议。

新品发布当天，潘多拉更是在 Twitter 上通过视频等多媒体形式对新品进行了全面的展示和介绍，同时潘多拉还使用了 Twitter 上新颖的交互式投票形式（见图 9－16），面向受众进行偏好的互动调查，以提高受众对品牌和产品的认知度。

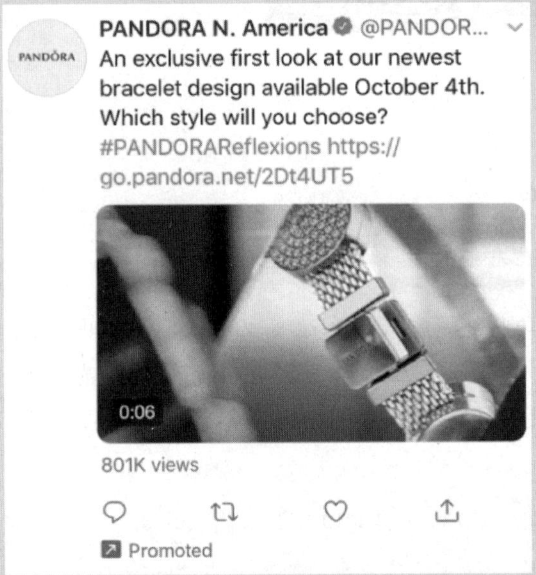

图 9－15　潘多拉在 Twitter 上发布的新品宣传视频广告

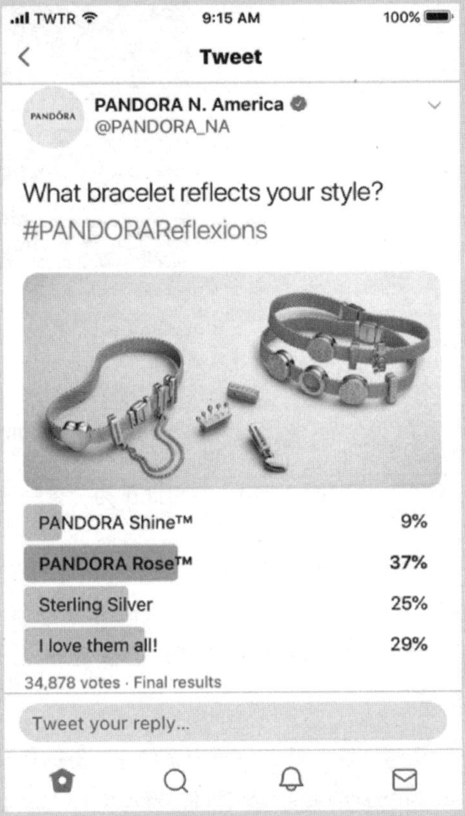

图 9－16　潘多拉在 Twitter 上对受众进行偏好调查

最终潘多拉此次在 Twitter 上的广告投放中，视频的平均浏览量以及受众的参与度分别高出了零售行业基准的 1.1 倍和 10.75 倍。

资料来源：Twitter Marketing. 潘多拉是如何在推特上成功推出一个全新珠宝系列的［EB/OL］.［2019－11－03］. https：//marketing. twitter. com/na/en/success-stories/pandora-jewelry-launches-a-new-jewelry-collection-on-twitter-and-achieves-remarkable-results.

案例 9-4

Twitter 助力亨氏老产品的“重生”

亨氏是一家美国食品加工公司，以其番茄酱产品最为著名，于是当品牌决定进军蛋黄酱市场时，便面临着一个颇为有趣的营销挑战：如何说服喜爱其著名产品番茄酱的美国消费者也接受亨氏的蛋黄酱？

2018 年 4 月初，亨氏准备推出新的亨氏蛋黄酱，以迎接夏日烧烤野餐季的到来。而就在新品计划推出的几天前，品牌注意到了 Twitter 上掀起了一场关于亨氏的另一款产品 Mayochup（亨氏早前推出的一款类似于蛋黄酱和番茄酱的混合物的调味品，只在英国部分地区有售）的热议，它围绕着 Mayochup 的名称和来源，以及这种调味品是否有必要而展开。于是，面对这一热点的持续发酵，亨氏立即改变了营销策略。

4 月 11 日，亨氏在 Twitter 上发起了一项民意调查，征集消费者上架 Mayochup 产品的意愿（见图 9-17）。该推文发布后的 48 小时内，亨氏就收到了近 100 万张选票，有超过 50 万的人投票支持亨氏的 Mayochup 上架。

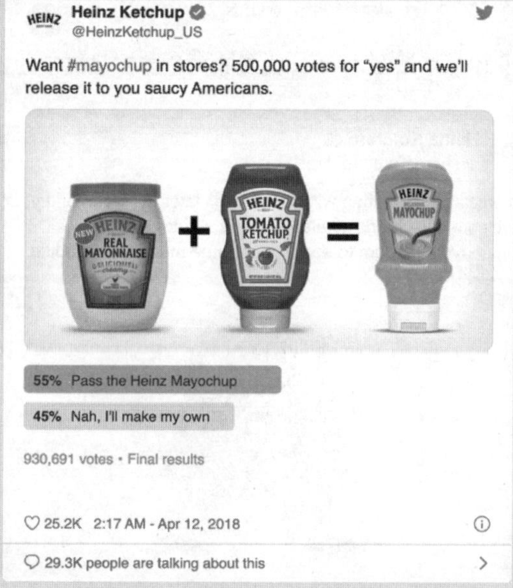

图 9-17　亨氏在 Twitter 上发起的投票

4 月 16 日，亨氏在 Twitter 上发布了一支短视频，向粉丝们征集 Mayochup 的新名字，并宣布 Mayochup 即将在美国上市（见图 9-18）。最终该视频获得了超过 50 万的点击量，数千人提交了自己的产品名称建议。

4 月 27 日，亨氏在 Twitter 上发布了官方公告视频，展示出了包装上印有征集来的众多新名字的蛋黄酱产品，并附上了能够直达产品购买页面的电商网站链接（见图 9-19）。

这个视频获得了超过 93.4 万的点击量，最终整场营销活动更是使亨氏的品牌知名度提高了 28%。

图 9-18 亨氏在 Twitter 上发布的征集产品名字的视频

图 9-19 亨氏在 Twitter 上发布的官方公告视频

资料来源：FREDERICK D. 一场社交媒体上的争论如何推动了亨氏 Mayochup 产品在美国的上市［EB/OL］.（2018-06-29）［2019-11-03］. https://www.prweek.com/article/1486469/social-media-debate-led-heinz-mayochups-launch-us.

案例 9-5

和 iPhone X 在朋友圈里见个面

苹果公司是世界上最顶尖的科技公司之一，其核心产品 iPhone 系列手机曾为世界带来了智能手机革命。iPhone 手机的销售情况与公司的盈利状况紧密相关。然而，随着全球智能手机技术的迅速发展和中国市场的竞争加剧，iPhone 在中国市场正受到华为、小米等其他品牌的围追堵截。

2017 年，苹果公司计划推出本年最重要的旗舰机型 iPhone X。为了巩固其在中国市场的领导地位，苹果需要定向瞄准目标用户，快速传达新产品的亮点信息，展现新产品功能，从而引起用户的关注和购买。为解决苹果公司的营销痛点，微信充分发挥自己在国内的强大影响力，为苹果公司量身设计了一次朋友圈广告投放。

苹果发布会不仅是每年科技界新趋势的风向标，更聚集了全球苹果用户和媒体的目光，极具人气。如果想要达到最新最快最准的广告效果，使用户能在朋友圈中第一时间进一步了解 iPhone X，苹果发布会是最佳的投放契机。因此，在美国苹果发布会结束之后，微信就立刻在微信朋友圈为苹果上线了一个基础式卡片广告，迅速抢占用户对于新产品的第一关注点，以将新机的亮点功能全面介绍给用户。

通过对目标城市、目标人群进行地域、人口属性、手机设备等标签进行选择和定向，苹果将本次广告投放给了本机的核心潜客人群——高购买力人群。同时，如图 9-20 所示，以基础式卡片广告形式所进行的创意呈现能用更大更吸睛的外层视频＋沉浸式内层详情页将 iPhone X 全面屏的创新概念淋漓尽致地展现出来。

图 9-20 iPhone X 在微信朋友圈的基础式卡片广告

最终，广告获得了非常轰动的效果，一时间许多人的微信朋友圈都被 iPhone X 的新广告转发刷屏，卡片点击率行业第一，转发量更是创造了微信朋友圈广告当年的新高，获得了超 2 亿的曝光和 25 万的分享。

资料来源：微信广告．和 iPhone X 见个面［EB/OL］.［2019－11－04］. https：//ad. weixin. qq. com/case/165.

案例 9－6

TVibes 利用 Facebook 吸引新用户

TVibes 是一家允许用户使用自己存储在云端的移动视频来创建属于自己的电视频道的公司。在看到市场中大量的视频分享、存储和流媒体网站的发展趋势后，TVibes 决定为用户创造一种新的方式来分享他们的视频，于是在 2015 年推出了免费的 iOS 应用程序 TVibes，除了为用户提供无限制的视频存储空间外，还允许用户能够将自己的视频上传到特定的受众群体中，从而创建自己的电视频道，这些视频可以是专门分享给家人和朋友的私人性视频，也可以是面向普通公众的公开视频内容。

但是与大多数的免费应用程序一样，TVibes 面临的最大发展障碍就是获得关注，由于价格方面不会对用户的使用行为产生阻碍，因此公司的主要目标就是让受众能够主动到应用商店中进行下载尝试。

于是为了培养忠诚的深度参与用户，TVibes 将目光投向了社交媒体广告，选择了与 Facebook 进行合作。Facebook 是一家美国在线社交媒体和社交网络服务公司，用户可以在该平台上发布文本、照片和多媒体内容，并和好友分享，同时用户还可以使用 Facebook 的各种内置应用，加入共同兴趣小组，接收活动通知等。

通过将社交媒体平台 Facebook 整合到品牌的社交应用程序中，TVibes 使得用户能够便捷地创建账户、登录和浏览熟人创建的频道，上述所有行为均可以通过用户个人的 Facebook 主页直接完成。此外，TVibes 还采用了 Facebook 的移动应用程序安装广告——一个专门为移动端用户设计的广告系统，可以让用户展示移动应用程序的广告，直接链接到他们正在使用的应用系统。同时利用 Facebook 根据用户上传的数据筛选出的与最近访问者具有相同特征的受众，将广告推给这些潜在用户群体。

最终，TVibes 的 Facebook 社交媒体营销策略使其下载量增加了近 50%，均由 Facebook 导流而来，且这些新用户群为品牌提高了 10%的忠诚度和转化率。

资料来源：ANDRADE R. Facebook 促使 TVibes 的下载量增加了近 50%［EB/OL］.（2018－03－05）［2019－10－11］. http：//smbp. uwaterloo. ca/2018/03/tvibes-uses-facebook-to-increase-downloads-by-nearly-50/.

案例 9-7

用 Facebook 和 Instagram 打响老品牌转型之战的 CoverGirl

CoverGirl 是一家美国老牌化妆品品牌，1961 年由 Noxzema 化学公司在美国马里兰州创立，1989 年被保洁公司收购，随后又于 2016 年被 Coty 集团收购。

20 世纪 60 年代成立之初的 CoverGirl 以其清新健康、不同于当时主流大浓妆的形象，以及平易近人的价格，受到年轻人的广泛欢迎。然而，作为典型传统美妆品牌，CoverGirl 主要的销售渠道通常是药妆店、便利店或传统百货超市，很少通过社交媒体进行品牌价值观输出。2016 年，传统美妆品牌的销售量下降了 1.3%，与之形成明显对比的是那些独立新兴美妆品牌的销量增长 42.7%。由于销量差，零售商开始限制 CoverGirl 的货架空间。[1] 同年 Coty 集团从宝洁公司手上收购了 CoverGirl，并对 CoverGirl 展开了一场成立 50 多年来最彻底的一次品牌重塑改革。不仅更新了品牌标识、产品设计和包装，更用一个强有力且鼓舞人心的广告语——“I Am What I Make Up”（我即我妆）——取代了几十年来已经深入人心的招牌式旧口号“Easy，Breezy，Beautiful”（简单、轻松、美丽）。为了让消费者能够尽快将新的广告语及其价值观——“当今的美丽是多样化和包容性的”——与品牌形象联系起来，CoverGirl 选择了备受年轻人喜爱的社交媒体平台 Facebook 和 Instagram 进行品牌宣传。

为了打造体现具有包容性多元文化的广告活动，CoverGirl 使用关联指标在 Instagram 和 Facebook 上识别并接触到了 2 000 多万西班牙裔美国女性和 1 600 万非洲裔美国女性，同时将目标市场扩大至 18～54 岁的美国女性。CoverGirl 于 2017 年 10 月在 Facebook 和 Instagram 上发起了 48 小时的视频广告宣传活动，分别投放了一个 90 秒和 15 秒的视频广告（见图 9-21）。在 Facebook 上邀请网红大咖对宣传视频进行转发并打上 CoverGirl 的品牌标签，最终使品牌接触到了数百万人；在 Instagram 上则是通过 Instagram Story 的形式发布一则沉浸式的竖屏广告，并邀请代言人通过其个人的 Instagram 账号转发 CoverGirl 特别制作的个人剪辑版广告，同样打上 CoverGirl 的品牌标签。

图 9-21　CoverGirl 在 Facebook 上投放的视频广告

① 高雅．因为销量太差，传统美妆品牌 CoverGirl 开始大转型［EB/OL］．（2017-12-06）［2019-10-23］．http：//www.qdaily.com/articles/47939.html.

最终这一系列的社交媒体广告活动使得 CoverGirl 的 Facebook 和 Instagram 官方账号的粉丝达到了 3 010 万，获得了 1 500 万视频浏览量，同时提高了 7 个点的广告记忆率。

资料来源：Facebook Business. CoverGirl [EB/OL]. [2019 - 10 - 23]. https: //www. facebook. com/business/success/covergirl.

案例 9 - 8

Wayfair 用 Instagram 架起广告和商品之间的桥梁

Wayfair 成立于 2002 年，是一家销售家具和家庭用品的美国电子商务网站，其数字平台提供了来自 11 000 多家全国供应商的 1 400 万件商品，同时旗下运营着五个品牌零售网站——主要的 Wayfair 网站、Joss & Main 网站、All Modern 网站、Birch Lane 网站和 Perigold 网站。

作为一个依赖于网络环境的电商品牌，Wayfair 对于线上流量有着较大需求，同时为了提升品牌知名度，2016 年 Wayfair 在广告方面投入了约 4 亿美元，占其销售收入比例的 12%以上，包括了线上展示广告、付费搜索广告、社交媒体广告、电视广告、平面广告等多种广告形式。[①] 然而零售品牌面临的最大问题却是广告和商品之间存在的断层问题，对于社交媒体广告而言则体现在受众能够对品牌在社交媒体平台上发布的广告图片进行点赞、评论和分享，但是其中的大多数人却不会进一步购买产品。

2016 年，社交媒体平台 Instagram 开始在其平台上进行整合购物功能的尝试，增加了全新的“购物”功能，让品牌能够在发布的照片中给产品打上价格标签并添加购买链接，使受众直接通过 Instagram 即可购物。Instagram 是一个专用于照片和视频分享的社交网络服务平台，目前由 Facebook 公司所有。自 2010 年在 iOS 系统上推出后，Instagram 迅速走红，两个月内注册用户达 100 万，一年内注册用户则高达 1 000 万，并且截至 2019 年 5 月已经达到了 10 亿。

因此在 Instagram 的“购物”功能推出后，Wayfair 便采用了这一全新的商业模式，将其整合到了品牌的社交媒体策略中。如图 9 - 22 所示，当受众浏览 Wayfair 在 Instagram 平台上的信息流内容时，他们会看到不同生活场景中贴有价格标签的家具和家居产品，此时要做的就是点击产品弹出框，点击“立即购买”，随后就会自动跳转到 Wayfair 的付款页面，让顾客能够高效快速地购买在广告中看到的商品，不仅为消费者提供了方便的服务，同时更是大大减少了他们寻找其他品牌商品进行价格和质量比较的机会。

---

① 创业家．涨幅超过亚马逊的家具电商 Wayfair 是如何成功的 [EB/OL]. (2019 - 02 - 28) [2019 - 10 - 09]. https: //baijiahao. baidu. com/s? id=1626705450467919486&wfr=spider&for=pc.

图 9－22 Wayfair 在 Instagram 上的品牌账号对"购物"功能的使用

最终这一社交媒体营销策略使 Wayfair 品牌官网流量增加了三倍。同时据统计，在 2017 年有 5%的消费者是通过社交网站访问 Wayfair 品牌官网的，这一比例是 2016 年的两倍多；此外，在社交网站在 Wayfair 访问流量中所占份额翻倍的同时，Wayfair 的月度流量也实现了飙升。从原始数据来看，由社交网站上点击进入 Wayfair 品牌官网的消费者数量相较于 2016 年的 911 951 上升到了月平均 326 万的访问流量，涨幅高达 258%。[①]

资料来源：O'NEILL M. 2019 年拥有最佳社交媒体营销活动的 8 个品牌［EB/OL］.（2019－05－01）［2019－10－06］. https://www.brafton.com/blog/social-media/3-brands-with-the-best-social-media-campaigns-in-2016/.

案例 9－9

用 Instagram 话题营销吸引消费者的红牛

红牛是由奥地利红牛股份有限公司于 1987 年开始销售的一款能量饮料，是目前全

① STAMBOR Z. 从社交网站中点击进入 Wayfair 的消费者较去年增加了两倍多［EB/OL］.（2018－02－13）［2019－10－09］. https://www.digitalcommerce360.com/2018/02/13/the-number-of-shoppers-clicking-from-social-networks-to-wayfair-more-than-tripled-last-year/.

球市场份额最高的能量饮料，在全世界170多个国家和地区均有销售，且已经卖出了600多亿罐，在2015年福布斯最具影响力品牌排行榜上位列第76名。

2016年夏天，红牛针对澳大利亚市场推出了全新的猕猴桃苹果口味的热带风味“夏日限定”款能量饮料（见图9-23）。为了提高品牌延伸的知名度，并提高这款“夏日限定”能量饮料在澳大利亚市场的知名度和销量，红牛在拥有多达10亿注册用户的社交媒体平台Instagram上开启了一场话题营销活动。

图9-23 红牛“夏日限定”款能量饮料

在酷暑还未到来之前，红牛率先放出了一个产品的宣传预告片，以引发受众的兴趣、关注和讨论；随后为了让消费者注意到这款“夏日限定”饮料的全新包装，品牌官方Instagram账号开始发布一系列具有浓烈夏日风情的照片和视频，均使用了带有#thissummer话题的黄色滤镜（见图9-24），并引导受众主动使用这一话题进行内容创作，从而实现二次传播。

图9-24 红牛在Instagram上发起的#thissummer话题营销活动页面

最终此次营销活动吸引了近 120 万的消费者，并使红牛的品牌好感度提升了 9 个百分点。

资料来源：BERA A. 红牛就是生活 [EB/OL].（2016-11-26）[2019-10-10]. https：//digitalmarketing2795. wordpress. com/author/dmsecagroup3/. JIN V. UCC 和数字营销 [EB/OL].（2017-04-25）[2019-10-10]. https：//meco6936. wordpress. com/2017/04/25/ucc-and-digital-marketing/.

案例 9-10

Netflix 用 Snapchat 抓住“吉尔莫女孩”们的心

《吉尔莫女孩》（*Gilmore Girls*）是一部于 2000 年至 2007 年播出的美国现代家庭伦理类剧集，Netflix 于该剧集停播 9 年后的 2016 年推出了一部名为《吉尔莫女孩：生命中的一年》（*Gilmore Girls*：*A Year in the Life*）的四集迷你剧，《吉尔莫女孩》的主要原班人马纷纷回归。

为了吸引《吉尔莫女孩》的粉丝，并宣传即将上映的重启版迷你剧《吉尔莫女孩：生命中的一年》，Netflix 将目光投向了拥有大量年轻用户群体的社交媒体平台 Snapchat。

Snapchat 是一款由斯坦福大学学生开发的面向全球的多媒体通信应用软件，主打虚拟滤镜贴纸和增强现实（AR）的互动功能，并因其别出心裁的“阅后即焚”照片分享功能而广受年轻人的欢迎。截至 2019 年 7 月，Snapchat 已拥有高达 2.1 亿的每日活跃用户。

Netflix 首先在 Snapchat 上打造了一款“卢克的咖啡馆”（Luke's Diner）独家滤镜（见图 9-25），“Luke's Diner”作为《吉尔莫女孩》中虚构的标志性场景自然能够引发一大波怀旧热潮。同时为了吸引 Snapchat 用户的兴趣并提高口碑，Netflix 在 2016 年 10 月将全美 200 多家咖啡馆打造成了“吉尔莫女孩”快闪咖啡店，利用“Luke's Diner”滤镜让美剧中的经典场景在现实生活中得以重现。

活动中，Netflix 将 10 000 个印有 Netflix 品牌“Snapcode”二维码的“Luke's cup”咖啡杯（见图 9-26）分发给所有快闪咖啡店，并向消费者提供免费的咖啡，消费者只需打开 Snapchat App，并扫描咖啡杯上的二维码，便可获得、使用并分享这款仅存在 1 小时的“Luke's Diner”滤镜。用户在 Snapchat 上对该滤镜的分享行为更是实现了品牌的二次传播，吸引更多用户前去解锁同款滤镜，有效扩大了活动影响力，最终这场为期一天的营销活动吸引了 50 多万消费者，在 Snapchat 上打造的“Luke's Diner”独家滤镜更是获得高达 88 万次浏览量。

图 9－25 “Luke’s Diner”独家滤镜

图 9－26 印有 Netflix 品牌“Snapcode”二维码的“Luke’s cup”咖啡杯

资料来源：JOHNSON L. Netflix 的 Gilmore Girls 快闪咖啡店在 Snapchat 上大受欢迎［EB/OL］.(2016－10－25)［2019－10－24］. https：//www. adweek. com/digital/netflixs-gilmore-girls-pop-coffee-shops-were-massive-hit-snapchat-174248/.

【本章小结】

移动互联网的快速普及使得社交媒体日益成为人们传递信息、沟通交流的主要方式。社交媒体的使用浸入人们日常生活的方方面面，此时的广告早已突破传统的硬广形式，搭载各类社交媒体的内容，在用户的发布、转发、点赞、评论中完成对品牌和产品信息的传递。信息流转于指尖，像空气一样弥散在用户周围。

本章重点介绍了当下两大主要社交媒体平台微博、微信的广告类型及表现形式。社交媒体广告的效果衡量指标有链接点击率、到达率和曝光率、参与度、转化率、按键点击率和相关性评分等。

【思考题】

1. 简述社交媒体在我国的发展历程。
2. 目前社交媒体广告的形式都有哪些？通过查找资料具体说明。
3. 通过查找资料，简述社交媒体广告的效果评价指标有哪些，通过怎样的途径进行测量。
4. 简述微博广告的类型及其效果评价指标。

5. 简述微信广告的类型及其效果评价指标。

【推荐阅读书目】

1. 林升梁．网络广告原理与实务［M］．厦门：厦门大学出版社，2007.
2. 秋叶．萧秋水，刘勇．微博营销与运营［M］．北京：人民邮电出版社，2017.
3. 彭兰．网络传播概论［M］．4 版．北京：中国人民大学出版社，2017.

第十章

广告效果测评的方法及案例

【本章学习要点】

- 定量调查的分类及选择依据。
- 定性调查的分类及优缺点。
- 观察法的分类及应用。
- 消费者神经科学的应用。

调查法和观察法都适用于广告效果测评。以下将对这两种方法进行介绍，并结合案例展现广告效果测评的实际操作。

第一节　调查法

市场研究中的调查法分为定量调查和定性调查。定量调查就是对一定数量的有代表性的样本进行封闭式的（结构性的）问卷访问，然后对调查的数据进行计算机的录入、整理和分析并撰写报告的调查研究方法。定性调查是以小样本为基础的无结构式的、探索性的调查研究方法，目的是对问题的定位或启动提供比较深层的理解和认识。以下关于定量调查与定性调查的部分内容参考自 2016 年由中国人民大学出版社出版的美国戴维斯著、杨雪睿等译的《广告调查：理论与实务》（第 2 版）。

一、定量调查

定量调查的具体方式有面访、电话访问、邮寄调查、在线调查。其中面访又分为入户面访、拦截式面访、留置式面访和计算机辅助面访（CAPI）。电话访问又分为普通人员电话访问和计算机辅助电话访问（CATI）。在互联网普及率不断提高的情况下，以往在邮寄调查中使用的信件邮寄更多被电子邮件替代。在广告效果测评中，比较常见的定量调查方法有面访、电话访问和在线调查。以下是对这三种调查方式的具体介绍。

（一）面访

面访通常发生的情境是访问员面对面地对受访者进行调查。面访主要有两种形式：拦截式和事前招募。

拦截式访问在访问地点（on the spot）招募受访者，例如，当一个人路过商场、杂货店、机场或者火车站时。不管访问地点在哪里，所有拦截式访问都以相同的方式进行。

在商场中进行拦截式访问是拦截式访问最普遍的情境，也是在获得高发生率事件目标人群或定位具体特征的人群方面有效的手段。例如，在机场或者火车站附近有更大概率找到租车的消费者。然而，由于访问的对象缺乏共性特征，拦截式访问其实是一种低效率寻找受访者的方式。在这些情况下，个人的筛选和事先的招募就显得尤为重要。这时访问员通常会以邮件、网络及电话的形式联系受访者，来确定安排面访的时间。

由于受过训练的访问员在调查中亲自执行，以及受访者与访问员之间面对面的接触，面访相比于其他调查方法来说，一般能够提供更好的数据质量。除了数据质量之外，相比于其他调查方法，面访还有其他优势。比如在问卷很长且（或）复杂时，面访会获得非常好的效果，面访让访问员能确保受访者理解调查的问题以及一些复杂的指令。

面访的主要缺点是完成面访需要花费较高的预算和大量的时间。无论是培训访问员，进行个人访问，提前招募受访者（在需要的情况下），还是到达访问地点，都是既昂贵又花费时间的事情。此外，拦截式问卷面访很难通过随机抽样获取样本，这就使得在问卷回收后进行数据分析时存在局限。

（二）电话访问

电话访问包括普通人员电话访问和计算机辅助电话访问两种形式。普通人员电话访问是由调查员根据事先设计好的问卷或表格访问被调查者，并根据被调查者的回答由调查员填写问卷，通过数据录入、统计分析等正常的问卷调查步骤完成。计算机辅助电话访问（CATI）是在专门的实验室内完成的，专门的辅助软件能够帮助生成电子文本的问卷，将电话号码随机分配在不同的终端上，并可以自动完成拨号任务，同时可以处理诸如自动控制拨号次数、无接听的判断、空号的剔除、拒绝回答的处理、中途中断访问约定时间后定时拨号的处理等一系列电话访问需要解决的问题，访问人员只要根据访问结果直接在电脑中记录。①

1999年，北京广播学院（2004年更名为中国传媒大学）广告系在国内较早地引进了计算机辅助电话访问（CATI）系统，并进行了多项电视广告传播效果的研究。

1. 电话访问的优势

现在几乎所有的电话访问都使用计算机辅助电话访问（CATI）的形式，访问员从电

---

① 王晓华．广告效果［M］．北京：高等教育出版社，2012：91－92.

脑中读取调查问卷并输入受访者的回答。CATI相比于纸笔记录的电话访问有很多优势。

首先是速度快。利用CATI，访问员能够较好地进行调查，因为电脑能够自动对问题进行划分，也就是根据先前问题的回答自动呈现相应的下一道问题。访问员实时输入答案，然后立即生成一个数据文件。这种方式不仅减少了误差，还能够避免受访者答案中的前后矛盾。

电话访问和面访一样，为访问员提供了解释复杂指令和问题的机会，尽管相比于面对面的解释，通过电话解释要困难得多。除了这种相似性之外，相对于面访，电话访问还有其他优势但也有不足。从积极的方面来说，电话访问的边际成本更低，因为抽样框中的个体如果在第一次联系时没有接听电话，他们还能被再次联系。

2. 电话访问的局限

相比于其他调查方法，电话访问也存在局限。问卷长度必须相对较短，让受访者接太长时间的电话是非常困难的；问卷不宜过于复杂，太复杂或太详尽的问题和测量对于受访者来说很难回忆和回答得很精确；敏感数据难以收集，因为受访者常常不愿意将这些信息透露给陌生人；难以使用视觉刺激，比如让受访者观看一个电视广告。

电话访问的样本一般是通过CATI系统随机生成的。首先查找所要调查城市各个城区中的电话局的前四位局号（七位数的电话号码中前三位为局号），然后在CATI系统中输入局号作为电话号码的前四位（或前三位），后四位电话号码由CATI系统随机生成。这样就能保证有效地获得真正的随机样本，从而提升调查结果推及总体的程度与代表性。

随着很多人都在取消固定电话，转而将手机作为唯一的依赖，电话访问中的误差问题也日益得到关注。

（三）在线调查

在线调查通过互联网进行管理，近来则更多地通过手机来进行。这些调查通常在公共网站上发布，让受访者可以在一个自己方便的时间里用电脑或手机填答。这种调查方法有三个必备要素：邀请、问卷设计及发布、数据收集。

邀请参与调查，一般来说主要通过电子邮件的形式邀请样本成员参与到调查中来。电子邮件中一般包含链接，这个链接将受访者引入问卷填答的网站。这个网站允许调查者不用任何额外的软件或硬件就能够设计和发布问卷，并且包括跳答模式等。

1. 在线调查的优势

（1）便捷高效。

首先，以互联网为平台和手段实施开展的在线调查能够有效地利用网络的通达和便捷性将世界各地的人们联系在一起，实现同时向数千人甚至全球发送调查问卷。如果你对罕见的人群（如有特殊疾病的人、龙凤胎、非洲裔美国犹太女性）感兴趣，在线调查技术能够让研究者收到来自世界各地的回复，因此研究者能比传统调查方式获得更大的样本量。其次，在线调查技术能够有效地节省时间和精力。通过在线反馈管理系统，可以快速创建、管理、收集和分析调查数据，一旦参与者完成问卷，就可以查看和分析回答，得到实时的分析和反馈结果，从而能够快速处理任何问题或关注点。此外，在线调查技术还为受访者提供了最大限度的方便，他们可以根据自己的节奏、选择的时间和偏好回答问卷。这使个人可以控制完成调查，从而提高参与度和响应率。最后，完成一项在线调查项目所需的时间比传统研究方法平均缩短了三分之二。因为信息是自动收集的，所以研究者不必等待纸质问卷的回复，而是通过在线调查技术获得几乎即时的回复。在线营销专家表示，超过一半的回复是在研究项目的头三天内收到的。①

（2）成本低。

在线调查的预算通常低于其他数据收集方式。不同于传统的调查方法，在线调查有效地节省了在纸张、印刷以及邮费方面的花费，不再需要电话和面对面的访问调查，也不必分配时间和资源来将信息输入数据库，从而大大降低了设置和管理成本。

（3）选择灵活。

在线调查技术能够有效地应对相对复杂的调查，轻松地创建问卷布局、问题和回答选项。通过编制程序可以根据每个参与者的不同回答，有针对性地在调查过程中改变问题的顺序，或者使用跳过模式和逻辑跳过问题。

（4）客观性高。

在线调查增加了反馈的客观性。首先，在线调查能够消除电话或面对面调查中可能出现的对答复的影响。在某些情况下，采访者会对受访者的回答产生影响，这可以通过在线问卷来消除，使回答更有效。其次，许多在线调查网站可以将个体随机分配到不同组别，也可以将刺激材料随机呈现，有效地提高了调查结果的客观性。当我们用这些网站来收集实验数据时，这个优势就显得极为重要。最后，通过问题应答选项的随机排列，在线调查可以明显减少或消除问题偏见，增强结果的客观性。比如，一个五选项排序问题的选项就可以以不同的随机顺序呈现给不同的受访者。

2. 在线调查可能存在的问题

（1）缺乏访问员。

在线调查不适合开放式问题的调查，因为缺乏训练有素的访问员对问题进行解释以及对受访者的回答进行深入的探究，因此可能会导致调查数据的不可靠。

（2）有限的采样。

在线调查首先要注意样本构成。由于上网还未做到完全普及，习惯使用互联网的人在不同的年龄组中也存在差别，因此总是存在着样本是否具有代表性的问题。用这种数据收集方式可能无法获取抽样框中的一些个体，例如无法上网的老年人和居住在偏远地区无法上网的人。

---

① SmartSurvey. 在线调查的十个优势［EB/OL］.［2019－10－30］. https：//www.smartsurvey.co.uk/articles/10-advantages-of-online-surveys.

(四) 选择数据收集方法的原则

当决定哪种调查方法是某一特定调查研究的最佳选择时，我们需要考虑几个因素。这几个因素是花费，时间要求，样本、访问以及管理控制，主题和问卷的复杂性，访问时间长度。

1. 花费

花费是调查研究中一个极其重要的考虑因素。任何一个特定调查研究的花费反映了问卷的长度、应答率的要求、地域覆盖及样本特征。然而，当我们面对这些方面的比较参数时，面访（尤其是那些在受访者家中或工作地点进行的）比其他数据收集方式要更加昂贵。

研究花费是衡量选择哪种数据收集方法最合适的起点，但它不是最终和唯一的考虑因素。毫无疑问调查者的职责是以高成本效率的方式收集信息，并保证信息的可靠性和有效性。当相比于其他方法明显牺牲了数据质量时，选择绝对成本最低的数据收集方法常常是不合适的。以低成本收集不可靠的数据并不划算。

2. 时间要求

不同调查方法在数据收集的速度上存在差别。电话访问和在线调查一般来说收集数据所需的时间最短。电话访问相对较快主要有两个原因：所有的培训和协调都可以在一个集中的设施中进行，调查团队也可以同时工作。因此，只要增加调查员就可以缩短调查的周期。在线调查收集数据同样很快，因为从联系受访者到调查的实施之间，只有微小的延迟。同样，因为数据是通过中央服务器统一收集的，许多问卷可以同时完成。

面访通常是最慢的数据收集方式，特别是当样本量增加时。这主要是由于事前招募或在访问地点进行拦截时确认受访者是否符合要求造成的。

3. 样本、访问以及管理控制

样本控制指的是调查者控制由谁来回答调查问卷。很显然，满足样本定义的个体才是适合填答问卷的人。上面谈到的三种数据收集方法在确定目标受访者就是参与调查并提供问题答案的人方面的能力是不同的。面访和电话访问具备最佳的样本控制水平，面访和电话访问中的人际接触和即时性能够帮助我们确定目标受访者就是提供回答的人。在线调查具备的控制程度则相对较弱，我们无法保证招募的问卷填答者在个人特征和人口学特征方面是真实有效的。

访问控制是指调查者控制受访者在什么环境下给出调查的答案。类似于样本控制，面访和电话访问同样具有最佳的访问控制能力，因为访问员能够确定受访者参与每个必要的活动中（例如倾听或阅读产品说明），并以问卷指定的顺序对每一个调查问题的信息需求都做出最合理的回复。除此之外，面访和电话访问的即时性让访问员在模糊或错误回复发生时就能及时向受访者提出。在线数据收集技术具备的访问控制水平相对较低。尽管电脑可以针对不合理的问题回复进行设置，并且可以通过合理的访问顺序来引导受访者，但是仍然无法保证受访者在答题前阅读了所有需要了解的材料。

管理控制是指调查者监控访问员质量的行为，这种控制只能在电话访问和面访中实现。在电话访问设备现场的督导员能够控制每个电话访问的质量，并立即纠正访问员在语音语调、风格和问卷执行中的问题。CATI 程序能够确保每个调查以相同的方式进行，并且跳答的问题也遵循着合理的顺序。面访特别是那些田野调查，管理控制的程度最低，调查者不可能监管每一次面访。因此，虽然访问员培训在所有的调查方法中都很重要，但考虑到管理控制的缺失，它在面访中仍是最重要的。

4. 主题和问卷的复杂性

有些调查的主题本身就要比其他调查复杂得多，那些探索消费者对政府修订卫生保健、福利政策计划态度的调查，比那些获取对电视广告反应的调查在主题上就要更为复杂。除了主题的复杂性外，一些问卷也比其他问卷要复杂。问卷的复杂性随着跳答模式和复杂表达的问题的增加而增加。根据受访者的回答，跳答模式会指引受访者和访问员从问卷上的一个点跳到另一个点，复杂表达的问题则包括要求受访者运用大量认知能力来抓住和回忆问题的要素和需求。例如：有许多可能选项的多项选择题；排序类问题，要求受访者回忆大量事物并将它们按顺序排列；有很长导入语的问题，或在回答前必须记住所提供信息的题目。

当主题与问卷都比较复杂时，面访是最合适的。访问的个人化属性提供了最佳的复杂主题讨论环境，对呈现和探寻开放式问题会尤其轻松舒适。除此之外，复杂问题能够展示给受访者看，也减少了非文字记忆的需要。

由于电话访问的跳答模式，它在主题和问卷较复杂的时候也能够起到比较好的效果。和面访一样，电话访问的互动性为复杂主题的讨论和开放式问题的使用提供了好的环境。使用电脑支持访问能够在跳答模式中自动最小化误差，同时检查回复的合理性。但是电话访问并不适用于那些由于口头表达和问题本身就很复杂的问卷，因为受访者无法亲眼看到这些复杂的问题，这可能会降低他们对问题的理解，从而降低他们提供信息的质量。

在线调查适合那些相对简单的主题和复杂或者不复杂的问卷，这种调查的非人际性特征使得调查很难使用开放式问题来调查人们在复杂领域的态度（尤其是问题的答案必须要输入电脑中）。然而，受访者理解问卷和被电脑引导的能力允许我们使用较复杂的问卷。类似于计算机辅助电话访问（CATI），电脑程序能够确保受访者面对更加复杂的问题时给出问题所需的合适回复。

5. 访问时间长度

访问时间长度是指通常受访者完成调查所需要花费的时间。访问时间长度会随着问题的绝对数量、问题的复杂性和开放式问题数量的增加而增加。

人际接触对于较长时间的调查来说是很必要的，调查的个人性和面对面的特征让访问员能够保证受访者在调查中的兴趣、注意力、涉入程度和持续的参与。因此，时间较长特别是那些有许多开放式问题的访问，通常采用面访作为数据收集的方法。电话和交互式的数据收集技术一般只适合时间较短的访问。

二、定性调查

定性调查的具体方式有焦点小组访谈（focus group interview，FGI）、深度访谈和投影技术。定性调查的基本原理是大多数购买和使用决策中运用的选择标准和评判标准都具有情感和潜意识的内容，这些情感和潜意识的内容是购买和使用决策中的重要影响因素。通过简单询问，受访者难以充分准确地表达这些内容，但经过深入的交流，这些内容可以被充分准确地表述出来。

（一）焦点小组访谈

有关“焦点小组访谈”的定义有很多。虽然定义的用词和重点各有不同，但所有定义都用一套共同的标准。焦点小组访谈被定义为：7～12 人参与的小组；共同参与一系列精心策划的讨论；讨论处在一个自由和不具威胁性的环境中；有一个训练有素的主持人；在预先明确的兴趣领域进行讨论，以揭示态度和认知；使得决策者能够获得全面信息，并做出更为成功的决策。

焦点小组访谈与其他类型的调查有相同的计划和决策过程。首先需要检测诱发调查的条件，形成问题陈述，明确信息需求，并将焦点小组访谈作为满足信息需求的手段。一旦做出了决定，就可以开始计划焦点小组访谈。

焦点小组访谈实施的具体步骤如下：

（1）前期准备。

明确需要通过小组访谈解决的具体问题；确定参加小组访谈的受访对象特征；确定所需的小组数量；确定执行小组访谈的时间和场所；确定主持人。

（2）受访对象募集。

依据已经明确的小组访谈受访对象特征，募集受访对象。这里可以通过两种方式：一种是采用滚雪球抽样，通过熟人之间的推荐募集受访对象；另一种是在已有的样本库中进行判断抽样，选取有代表性的样本作为受访对象。

（3）现场执行。

需要专门的小组访谈室实施小组访谈。小组访谈室要具有带有单面镜的会议室，用来观摩小组访谈整个过程的观察室，现场录音、录像设备，以及提供给受访对象的茶点。

（4）结果分析及撰写报告。

小组访谈现场执行结束后，要召集所有人员开会讨论，评估小组访谈的内容、分析结果。最后组织相关人员撰写报告。

在焦点小组访谈中，主持人是核心，主持人自身的素养、现场组织协调的能力、对所讨论话题的了解程度是小组访谈成功与否的关键。小组访谈的受访对象以同质性为佳，即一组受访对象在诸如年龄、收入、受教育程度、消费特征、媒体接触习惯等方面具有相似性。

（二）深度访谈

深度访谈又被称为个人访谈，是训练有素的访问员和受访者之间不受干扰的面对面的谈话，通常需要 60～90 分钟时间。

深度访谈是访问员和受访者之间的一次自由但有结构的谈话。访问员与受访者都了解访谈中将要提及的话题，但访问员可以根据不同的受访者采用不同方式自由地追问每一个话题。而且，在访谈中，访问员可以自由地创建问题，并探索那些看起来有趣并与调查目标和信息需求相关的应答。这样，在每一个具体的调查研究中，虽然访谈的实际结构会因受访者不同而有所差异，但每一次个人访谈的信息目标是不变的。

深度访谈适合于那些需要对态度、行为、动机和需要进行广泛和细致探索的情况。这是因为在个人访谈设计中，受访者可以自由表达他的想法，而不必担心像焦点小组访谈那样会有他人的评论或评价。

相较于焦点小组访谈，深度访谈的流程相对简单。首先明确访谈的目的，希望通过访谈获得哪些信息；挑选符合条件的受访对象；同受访对象通过电话或邮件约定访谈时间、地点；按时进行访谈；访谈结束后，对访谈内容进行整理分析。

（三）投射技术

前面讨论的技术是探索受访者态度和信念相对直接的方法。但有时候，语言或直接的问题并不能透过现象挖掘本质，或者受访者不能也不愿意表达他们的想法和情感。多诺霍（Donoghue）提出了某些情况下可以使用投射技术的基本原理。

在某些情况下是不可能用直接的提问让受访者来表达他们的想法和情感，以获得关于他们所思所想的准确信息的。在通常的访问中，研究对象不会总是和调查者分享他们最深刻的想法，调查者毕竟是一个陌生人。而且，研究对象在购买一个产品或选择某一个品牌时经常意识不到他们的潜在动机、愿望、价值和态度。他们由于可能担心被认为不理性或“愚蠢”而不愿承认某种购买行为。

在这种情况下，投射技术常常可以成功地替代更多直接的逻辑性问题，因为投射技术在规避那些有意地抵抗直接问题方面尤其有效。通过让参与者非直接地评价某些事物，降低抵抗，进而获得他们最真实的想法。

投射技术以临床心理学为基础，并基于投射假设。投射假设认为当人们试图去理解一个模糊不清的刺激物时，他们的解释以及反应能够反射出他们的需求、情感、态度和经历。例如，一个年轻人在深夜听到另外一个房间有声音的时候，他会把其解释为“怪兽行走”，这投射出他对这种声音的恐惧。声音本身是模糊不清的，是中性的刺激物，既不好也不坏，既不吓人也不友好。小孩子听到和用语言描绘出来的是他潜意识里恐惧和态度的反射。依托某些投射原理，投射技术应用于广告和营销调查中。

在广告调查中使用投射技术可以分为以下三类：使用语言刺激的技术（词语联想、句子完成和故事完成）；需要想象和使用情景的技术（拟人和拟人论、角色扮演）；使用图片作为刺激物的技术。

使用语言刺激的技术有词语联想、句子完成和故事完成。词语联想要求个体对所展示的词语或短语迅速做出反应，说出脑海中出现的第一个事物。这种技术通常用来评估对潜在品牌名称、广告活动主题以及广告语的反应，也可以用来探索品牌形象。词语联想的流程如下：首先向受访者一次性读出几个相关的中性词语，以建立技术需要。然后，再向受访者呈现广告主关心的词语或短语，词语中间都穿插着几个中性词语（以减小因为预见或防御机制所带来的任何偏差）。句子完成和故事完成被许多调查者认为是最有效和最可靠的投射技术。这些方法要求受访者根据他自己的态度和信念来完成一个不完整的句子或故事。

需要想象或使用情景的技术包括拟人和拟人论、角色扮演。拟人和拟人论要求个体在想象中有一个跳跃，把品牌或公司与一个知名的人、虚构的角色甚至一个动物联系起来。在这个过程中，这些方法有助于调查者发现一些细微的形象特征，而这些特征往往需要较高的语言表达技术才能描绘出来。最容易的投射技术之一就是角色扮演。在这个方法中，与其直接问一个人他是怎么想的，不如用类似"您的邻居会怎么想?"或者"您觉得一般人会怎么想?"的表述来提问。

使用图片作为刺激物的技术使用视觉而不是语言刺激作为基础，使受访者构建故事或进行描述。向受访者展示一幅图片，然后让他描述图片中人的对话、思想或情感。图片分类是探测消费者如何基于品牌形象对品牌进行分类的一种有效方法，既适合于个人访谈，也适合于焦点小组访谈。这种技术要求受访者对基于品牌的一组个人图片进行分类，将他们认为最有可能使用某个品牌的人的图片进行相应的放置。这种技术需要大量的图片，所有被关注的品牌都要被提前标识。

三、利用调查法进行广告效果测评

案例 10-1

"城市居民消费行为与广告接触"研究

（一）研究方法

2007 年 4 月至 7 月，中国传媒大学广告学院广告学系"城市居民消费行为与广告接触"课题组采用计算机辅助电话访问（CATI）、网络或邮寄日记卡填答的方式了解了城市居民的广告接触情况。

本次调查研究在北京、上海、广州、深圳、成都、杭州六个城市进行，调查执行分两个阶段：第一个阶段是利用随机拨打电话号码的方式，对这六个城市的被访者进行随机调查，调查内容为被访者的产品消费及媒介消费情况，在调查的同时记录被访者的个人基本情况，并预约下一阶段调查的被访者；调查的第二个阶段是向预约成功的被访者发放日记卡登录网址，对于不便上网的少数被访者邮寄调查日记卡，被访者须填答为期一周的每天接触各类广告的情况。

1. 第一阶段，采用计算机辅助电话访问（CATI）方式

采用 CATI 方式进行的产品消费及媒介消费市场调查的执行情况概述如下：

（1）抽样方法及操作步骤。

● 汇编各城市城区居委会、城区楼盘电话局号，即前 4 位电话号码。

● 将电话号码前 4 位输入 CATI 系统，由 CATI 随机生成后 4 位电话号码，每个局号随机生成 30 个电话号码，随机派发至各访员终端机器供调查实施。

● 对错误号码、无人接听、占线或拒访的号码放弃调查。

● 分别按照所调查的北京、上海、广州、深圳、成都、杭州六个城市总体人口数据中的性别比例和年龄比例进行配额。

（2）调查时间。

2007 年 4 月 2 日—2007 年 7 月 31 日。

（3）调查范围。

本次调查的范围如下：北京市东城区、西城区、宣武区、崇文区、朝阳区、海淀区、石景山区、丰台区，共 8 个城区；上海市黄浦区、杨浦区、浦东新区、徐汇区、虹口区、普陀区、长宁区、卢湾区、闸北区、静安区，共 10 个城区；广州市越秀区、海珠区、荔湾区、天河区、白云区、黄埔区、花都区、番禺区、南沙区和萝岗区，共 10 个城区；深圳市福田区、罗湖区、南山区、盐田区、宝安区和龙岗区，共 6 个城区；成都市锦江区、青羊区、金牛区、武侯区、成华区、龙泉驿区、青白江区、新都区和温江区，共 9 个城区；杭州市上城区、下城区、江干区、拱墅区、西湖区、高新（滨江）区、萧山区、余杭区，共 8 个城区。

（4）调查对象。

年龄在 20～49 岁之间且在本市居住半年以上的六城市常住居民。

（5）调查方式。

利用 CATI 系统随机生成电话号码对选取到的样本进行电话访问。

（6）有效样本量。

消费市场计算机辅助电话访问共取样 2 820 人，其中，北京样本为 500 人，上海样本为 503 人，广州样本为 502 人，深圳样本为 470 人，成都样本为 425 人，杭州样本为 420 人。

2. 第二阶段，采用网络或邮寄日记卡填答的方式

采用这种方式进行的广告接触调查的执行情况概述如下：

（1）抽样方法及操作步骤。

在进行六个城市电话访问的同时，询问被访者是否可以填答广告接触调查日记卡，如果可以，与其约定访问的方式（网络填答或邮寄日记卡），并记录其电子邮件地址或通信地址。随后将日记卡的网址或纸质日记卡，发送或邮寄给被访者。

（2）执行时间。

2007 年 4 月 2 日—2007 年 7 月 31 日。

（3）调查区域。

北京、上海、广州、深圳、成都、杭州，共计六个城市。

（4）调查对象。

年龄在20～49岁之间且在本市居住半年以上的六城市常住居民。

（5）访问方式。

访问方式有网络调查和邮寄调查两种情况。

网络调查：对于留下电子邮件地址的被访者，通过两种方式发放日记卡，一是通过电子邮件发送Word版日记卡问卷，二是请被访者每天登录调查网站（http：//218.249.178.162/imisite/imisite/B2CShop/QuestionnaireUserLoginForm.aspx）填写日记卡。

邮寄调查：对于留下通信地址的被访者，通过邮寄的方式将日记卡调查问卷发送给被访者，请被访者填答结束后寄回。

（6）有效样本量。

本次调查共发放日记卡1 671份，其中北京263份，上海246份，广州285份，深圳342份，成都295份，杭州240份。回收日记卡313份，有效日记卡300份，六城市每个城市50份。

（二）研究结论（节选）

本次研究第一次将各类具有不同属性、不同特征的广告置身于一个平台进行受众接触的测定。完全区别于电视收视率、报纸阅读率等媒体接触率的测定，也不同于一般的单一产品广告效果测试。研究真正从受众的广告接触行为出发来测定广告接触程度，所得到的测定结果是纯粹的受众广告接触情况的真实、客观反映。比如，报告中关于受众广告接触排名的结果："城市受众接触各类广告排名的前五位分别是电视广告（85.0%）、户外液晶电视广告（74.0%）①、报纸广告（72.7%）、网络广告（68.3%）、公交车身广告（65.0%）。"这些数据将成为广告投放选择的数据基础与参考：对媒体而言，它们是比电视收视率、报纸阅读率更为基础的媒体选择数据；对非媒体的广告形式或类型，它们成为理性选择投放时有效的数据支持。

研究中测定了人们所意识到的广告接触时间："以一个星期为周期，平均每人每天的广告接触时间是13.0分钟。""从受众各类广告接触时间所占份额来看，电视广告接触时间占受众广告接触时间总量的份额最高，其次为报纸广告，排在第三位的是户外液晶电视广告和网络广告。"我们很难评价13分钟的广告时间在人们一天的作息中是太长了还是太短了，但结合我们的感知，我们知道，尽管人们的生活中充斥着形形色色的广告，但很多广告都没有被接受并形成记忆。

研究重点考察了城市受众广告接触率与量两方面的问题，"率"即受众接触广告与否，"量"即接触广告的时间长度。本次研究的价值与突破在于将广告接触率与量两方面的指标同时考察，并综合分析形成表明受众广告接触程度的指标：广告接触指数。这一指标可以准确描述受众接触不同媒体、不同种类广告的程度。

用更开阔的视野审视本次广告接触的研究结果，不应局限于对广告接触数据表层的解读。我们可以更深层次地理解受众的广告接触行为所意指的广告媒体格局的变化、城市居民生活形态的变化对广告接触的影响，进而更深刻地理解广告接触指数内含的意义和价值。

① 户外液晶电视广告包含超市液晶电视广告、楼宇液晶电视广告、户外电子发光屏广告和车载电视广告。

案例 10-2

“大学生校园广告接触”研究

（一）研究方法

本次调研采用定量研究和定性研究相结合的方式进行：定量研究主要针对北京、上海、广州、武汉、成都5个城市的在校大学生进行了问卷调查，调查内容分为媒体接触、校园营销、日常消费、生活形态和人口特征五个部分；定性研究是在问卷调查的基础上选取有代表性的受访学生进行小组访谈。具体调查执行情况如下：

1. 问卷调查

（1）调查执行时间：2013年10月25日—2013年11月15日。

（2）调查范围：北京、上海、广州、武汉、成都。

（3）抽样方案：分别查找5个城市的大学名录，根据大学规模、属性以及所在区域（主城区还是大学城、郊区），每个城市选取重点大学一所、偏文科类大学一所、偏理工科大学一所。

（4）调查方式：在高校的食堂、自习室、图书馆等地进行拦截式问卷面访调查。

（5）调查对象：在校本科生（涵盖大一、大二、大三、大四）和专科生。

（6）样本量：每所大学调查学生100人左右，每个城市调查3所大学，5个城市最后所得有效样本为1 562人。每个城市的调查情况如表10-1所示。

表10-1　调查样本分布

城市	大学名称	调查人数（人）	大学名称	调查人数（人）	大学名称	调查人数（人）
北京（318人）	北京大学	110	北京工业大学	103	首都师范大学	105
上海（312人）	复旦大学	103	上海对外经贸大学	104	上海海洋大学	105
广州（312人）	中山大学	105	广东工业大学	101	广东外语外贸大学	106
武汉（312人）	武汉大学	107	武汉科技大学	107	中南财经政法大学武汉学院	98
成都（308人）	四川大学	101	成都理工大学	102	四川师范大学	105

2. 小组访谈

（1）访谈执行时间：2013年10月25日—2013年11月15日。

（2）访谈对象：在问卷调查的基础上，选取有代表性的受访学生进行小组访谈。

（3）访谈内容：就大学生社交媒体使用、参与校园营销活动、校内购物等方面进行了深入探讨。

（4）访谈人数：每所大学进行一场小组访谈，受访学生为4～6人。需要说明的是，四川大学、中山大学、武汉科技大学 3 所大学各访问了两个校区，在每所大学的每个校区分别进行了 3～4 人参加的微型访谈。5 个城市 15 所大学的受访学生共计 73 人。

（5）访谈地点：除北京工业大学和首都师范大学的访谈在中国传媒大学广告学院小组访谈室进行外，其余访谈均在大学校园内的教室、会议室或学生活动中心进行。

（二）研究结论（节选）

大学生囿于特有的生活形态，大部分时间和主要的活动范围局限于校园内，而校内广告和校园营销活动在与目标受众的接触上有着得天独厚的优势。如今的大学校园中，随处可见的广告媒介和形式多样的营销活动构成了一个庞杂的商品信息圈，影响着大学生消费行为的各个环节。

1. 经常接触的校内广告

如图 10－1 所示，校园内出现的广告媒介中，受访学生经常（一周之内至少有 3 天以上）看到的校内广告排名前三位的分别是海报、传单和横幅。

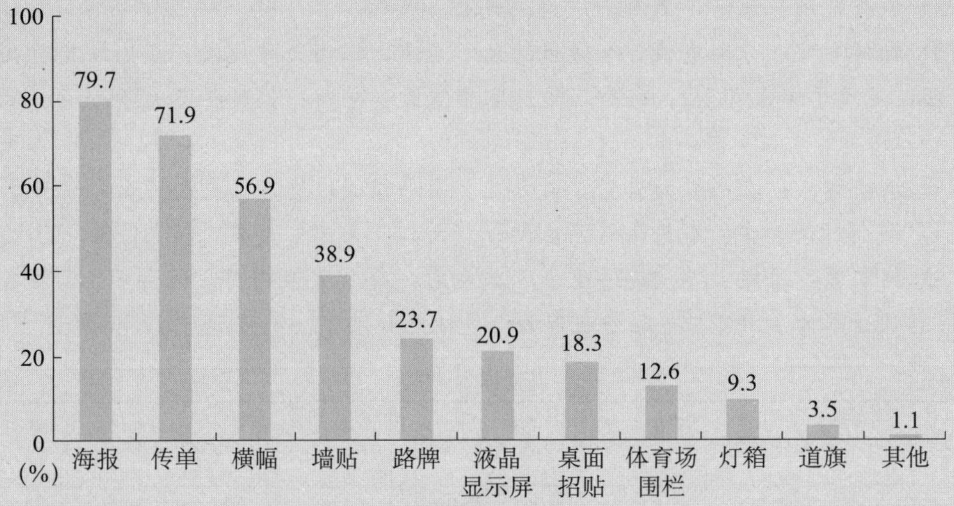

图 10－1　大学生在校园内经常看到的校内广告（n＝1 561）

注：本题为多选题，合计百分比超过 100%。选择“其他”的受访学生中，有 2 人注明为“课堂黑板”，分别有 1 人注明为“垃圾箱牌”“宣传栏”“易拉宝”和“展板”。

2. 关注度较高的校内广告

如图 10－2 所示，校内广告中，70.0%的受访学生认为海报受关注度较高，四成以上的受访学生认为传单和横幅受关注度较高。小组访谈中，我们也进一步向受访学生询问了何种广告受关注度高及其原因。

小组访谈中，受访学生还具体谈了各类校园广告的实际接触情况，以海报为例。海报制作比较简单，而且比较醒目，与横幅相比，可承载信息相对丰富，尤其是设计比较独特的海报容易吸引大家眼球。武汉科技大学的学生比较详细地阐述了他们对海报的评价：

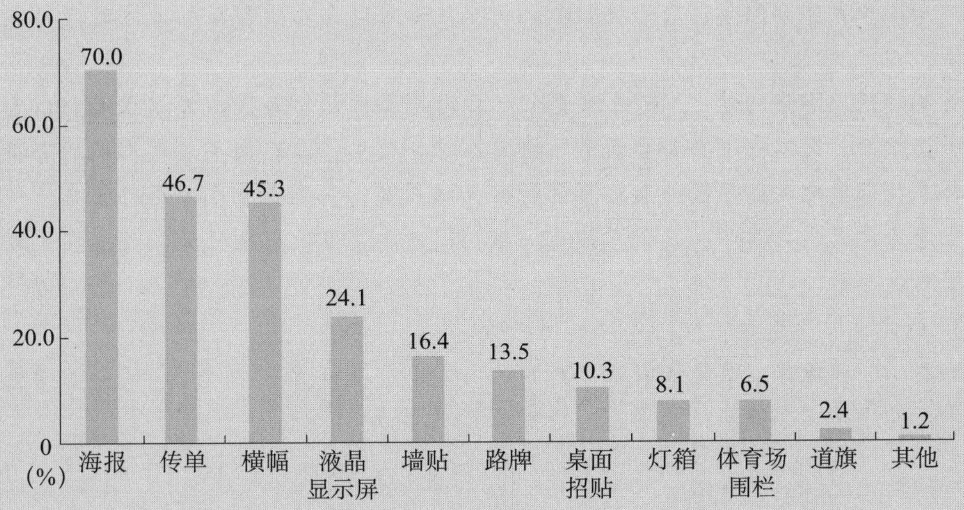

图 10-2 大学生认为受关注度较高的校内广告（n=1 558）

注：本题为多选题，合计百分比超过100%。选择“其他”的受访学生中，有 2 人注明为“不关注”，分别有 1 人注明为“地贴”“课堂黑板”“摊位”和“展板”。

王同学：（关注度高的）就是海报，出门碰到比较多的是海报，有些传单我都不愿意去接，没什么东西。一般感兴趣的都是海报，海报写得比较简单，一目了然，看了就知道，比如说哪里有什么事儿，讲座什么的，你感兴趣就去听，但是一般讲座我不会去的。

方同学：海报贴了，肯定有人去看，中国人都喜欢凑热闹，有人去的话，肯定就有人跟着过去。

万同学：个人认为是海报受关注度较高一点，因为海报画的图片比较好看。

张同学：我觉得海报和宣传板关注度比较高，特别是食堂出来以后，吃得饱，有心思稍微走得慢一点，对于我和我同学来说，是经常关注的，经常走过去看看画得好不好，宣传的是什么。

其他学校学生对海报也有类似评价：

四川大学毕同学：海报的话一般会贴到宿舍那一块，如果海报足够漂亮的话也会看。我印象比较深的是出国的考试，培训机构，叫太傻。一开始对这个机构不是特别知道，但是后来造势很大，就不断地发传单、弄海报、在教室里办讲座。

四川师范大学周同学：海报嘛，只要设计形式比较新颖的，就应该有人去关注。

中山大学符同学：海报，因为它色彩比较多，当然是做得好看的海报了。前几年参加一个暑假的支教活动就是因为它的海报比较好看，其他的可能像横幅都是一个颜色的，没有怎么留意。支教活动是校外的组织办的，就到学校里面做了一个宣讲，就贴了海报，当时印象特别深，海报做得很好看。

除了海报本身的优点，海报贴的位置也很重要：

中山大学刘同学：因为我们海报是贴在宿舍楼下的，每天出出入入的时候会浏览，有新的会看一下。

广东工业大学郭同学：有一些巨幕的海报，如果贴在比较显眼的地方，我可能会去看一下。

首都师范大学张同学1：受关注度比较高的是那种大的海报，可以立着的，直接放在教学楼里面，大家一进去都会看到。还有在宿舍楼里，像我们半层楼那贴的海报，我觉得那个关注度比较高。因为爬楼梯的时候，特别累，一看有个广告看两眼吧。

上海海洋大学安同学：我们学校有海报栏。只要海报做得比较大，或者在比较醒目的位置路过会看。

3. 最能吸引注意力的校内广告出现场所

如图10-3所示，最能吸引注意力的校内广告出现场所中，57.2%的受访学生选择了食堂，其次是宿舍楼和校园路上，分别为53.0%和51.8%。

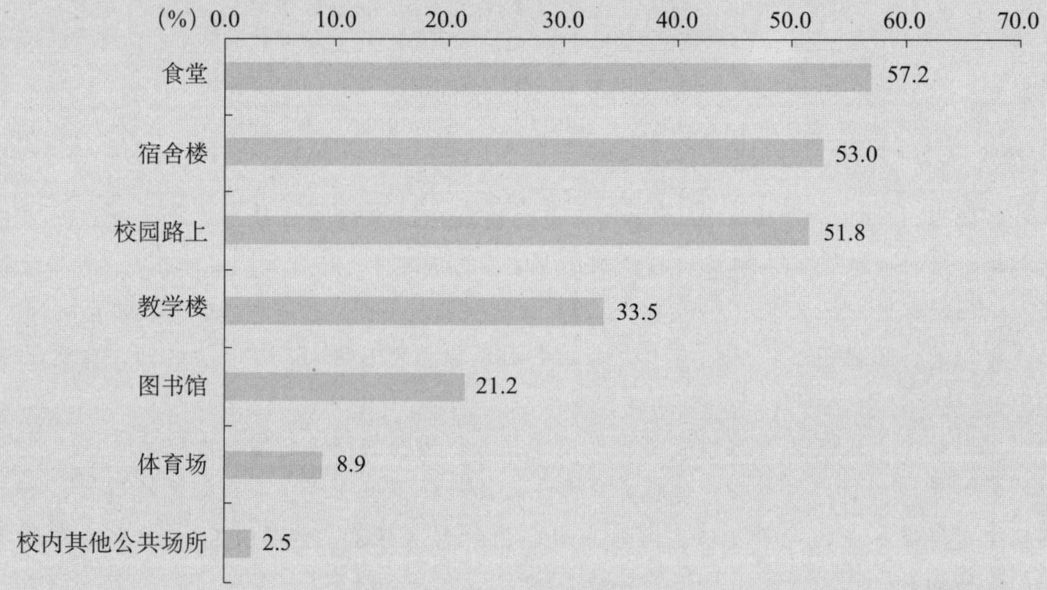

图10-3 最能吸引注意力的校内广告出现场所（n=1 557）

注：本题为多选题，合计百分比超过100%。选择“校内其他公共场所”的受访学生中，有7人注明为“校园广场”，有4人注明为“卫生间”，2人注明为“（公寓出口）公告栏”，分别有1人注明为“教室黑板右下角”“人多的地方”“课桌上”“打印店”和“地上”。

小组访谈中，受访学生提到一些人流量比较大的地方或者每天必须经过的地方比较吸引注意力，比如食堂、宿舍、校内超市等生活区，或者生活区和教学区交界的地方。例如四川师范大学的周同学提到的：“我觉得大部分宣传是在食堂门口，每天人流量多嘛，反正吃饭，反正围很多人。寝室和食堂门口都可以，寝室那边都是发传单嘛，给你放门口，但是一般会拿起来看一下，感兴趣就留着。”首都师范大学的学生也提到类似看法：

张同学1：受关注度比较高的在食堂，因为每天去食堂的人特别多。

张同学2：校内媒体比较受关注的地点我是觉得在路上，尤其是在去洗澡的路上，特别闲，你就会看看路边的广告。比如你要上课，你着急就不看了，去洗澡的时候特别闲，有时候我会念那个广告。

很多学校对商业广告展示和一些活动举办有规定的场地，例如中山大学的学生谈到他们规定的区域在食堂：

严同学：饭堂，刚好有一个平台人流量大。不赶时间可以过来看看。

任同学：只有饭堂。一般在三饭堂门口，基本上搞活动都在那里。

李同学：学校会有规定的区域让你去，就是这个三饭堂下面。

此外，有些学校有比较大型的广场，很多广告信息会集中在这里发布，例如四川大学有一个青春广场，很多活动信息都会在广场上集中发布。四川大学的访谈中，受访学生还跟我们提到了特别的厕所广告：

况同学：基本是青广（青春广场）这一块，就是一个集中（发布）信息的地方。还有宿舍里面吧。

石同学：还有教学区这一块也会有广告。比如说厕所里面贴一个请随手冲，下面有一个广告。那一天在女厕所看到请随手冲还有一个二手书的广告，还可以买二手书。宿舍经常会发这样的传单。宿舍门口贴这个小广告最有效率了。我觉得他宁愿贴都不要发，发的话我们就会扔掉，贴了的话一般不会去撕。食堂门口会贴教育类海报。

4. 大学生对校内广告的态度

问卷调研采用五级量表测量了大学生对校内广告所持态度。统计时将“非常同意”赋值为“5”，“比较同意”赋值为“4”，“一般”赋值为“3”，“比较不同意”赋值为“2”，“非常不同意”赋值为“1”，计算所得均值即为受访学生对相应表述的同意程度，均值越高表明同意程度越高。将“非常同意”和“比较同意”数值相加，计算其在总样本中所占比例，所得数值为同意率。同意率越高，表明对相应校内广告的表述持正向态度的学生所占比例越高。

如表 10－2 所示，对“如果对校内广告中出现的商品感兴趣，我会在网上查找相关信息”和“如果在校内广告中看到曾经了解的广告商品，会加深我对该商品的印象”的说法，大学生同意率较高，分别为 61.7%和 73.7%。对校内广告可以提升商品品牌形象的说法，受访学生同意率要低一些，而对校内广告可以提醒购买产品的观点，表示同意的大学生比例最低，为 27.1%。

总体来看，大学生对校内广告基本持比较正面的态度，尤其是校内广告信息提示和加深商品印象的作用得到了大部分学生的认可。

表 10－2　　大学生对校内广告的态度

	人数（人）	均值	同意率（%）
如果对校内广告中出现的商品感兴趣，我会在网上查找相关信息	1 562	3.7	61.7
如果在校内广告中看到曾经了解的广告商品，会加深我对该商品的印象	1 561	3.9	73.7
校内广告中出现的商品有助于提升该商品的品牌形象	1 561	3.3	40.5
校内广告中的商品信息提醒了我购买该产品	1 561	3.0	27.1

第二节　观察法

一、什么是观察法

观察法是指不通过语言提问而收集信息的方法。使用观察法的条件如下：首先，所需信息必须是能观察到的，或者是从能观察到的行为中推断出来的；其次，所要观察的行为必须是重复性的、频繁的或者是在某些方面是可预测的；最后，所要观察的行为是相对短期的。

观察法的形式有人员观察和机器观察：人员观察是由调查者观察其他人的行为，所有数据都是由人员观察收集；机器观察是使用计算机或机械的追踪装置观察行为，一旦观察程序被启动，数据收集过程就不需要人员介入。

（一）人员观察

人员观察法的特点可以从观察发生的情境、观察者是否出现、观察者参与的程度以及数据记录的形式这四个维度进行考察，并以此作为标准将人员观察划分为以下 8 种类型：

1. 情境：自然的观察 vs 经过设计的观察

自然的观察是让目标（如个体、情境或活动）在自己的环境中自己展开行为。当目标行为是重复的、频繁的并且（或者）是在合理的短时间内发生时，对活动、情境和个体的自然观察是合适的。当目标事件或行为不是重复的、频繁的，数据收集需要的时间就会延长，由此导致的费用极有可能超过所收集信息的价值。因此，当发生这种情况时通常会使用经过设计的观察。

经过设计的观察是在有意制造的情境下记录目标行为或活动的。这种情境可能是在实验室或一个“真实的世界”中，调查者或其他被选中的个人扮演角色以刺激目标行为的出现。经过设计的观察能使调查者通过主动开始观察的情境来加速数据收集的过程，而不是等待事情自然发生。

2. 观察者出现：公开的观察 vs 掩饰的观察

观察法的第二个特点是观察者在多大程度上被处于观察中的个体知晓。公开的观察是观察者的身份被清楚知晓，而掩饰的观察要在被观察者面前掩藏观察者的身份。

3. 观察者参与：主动的 vs 被动的

在被观察的行为中，观察者或者是主动参与，或者是被动参与。主动参与的观察者通常主动参加被观察的活动。如“神秘顾客”主动与销售人员交谈就是在调查过程中的主动参与。同样的，当观察博客上与品牌相关的对话时，积极跟帖的调查者也是主动参与。被动参与的观察者通常只观察，而不干扰被观察的人或事物也不与其互动。因此，只是观看销售人员如何与真正的顾客互动的“神秘顾客”就是被动的观察者。

4. 数据记录：结构性的 vs 非结构性的

观察记录可以是结构性的，也可以是非结构性的。观察者以结构性的方式记录数据需要事先了解要观察的信息和行为的类型。相关的数据被记录在清单或观察表格中，而所有其他的信息和行为将被忽略。最初不是以数值形式收集的数据通常要在收集结束后进行编码。观察者以非结构性的方式记录数据要用语言记录观察到的行为中他有印象的部分，通常是记叙性的描述或者田野记录。尽管应该进行详细记录的目标行为事前已确定，但对观察的行为类型没有限制。

以下几种情况下最适合使用人员观察：

（1）当观察比描述更能够深刻理解消费者行为时。设想一下如果三星想知道消费者如何能更好地了解和使用三星新款手机功能，观察人们实际上如何使用手机比在人们使用手机后调查询问更能提供深刻的、可行的信息。

（2）当受访者不能用语言表述态度时。例如，有一个为新款儿童玩具发布的广告，你想知道广告在多大程度上使儿童产生兴趣。在这个案例中，允许儿童将做广告的玩具和其他玩具放在一起玩，观察他们的选择，比通过询问问题评估他们的兴趣要好得多。

（3）当通过调查测量的态度不能准确预测实际行为时。许多母亲在面对调查问题时，声明她们可以“掌控”孩子，她们的孩子不会影响她们对快餐、苏打水、麦片的购买决定。实际观察母亲和孩子如何在杂货店的互动也许能够对他们之间的相互关系提供更准确的洞察。

人员观察法是定量的还是定性的取决于样本量、样本如何选择，最重要的是所收集的数据类型。与焦点小组访谈相似，数据从小规模的便利样本中获得——尤其是数据中包含语言描述——应该被看作定性调查。可以被量化表现并且从相对大规模的随机抽样中获取的信息一般被看作定量调查。收集定性还是定量数据的决定要反映在调查设计中，并且服从广告主的信息需要。①

（二）机器观察

机器观察这种监测和追踪消费者行为的方法通常以结构性的、掩饰的方式收集定量数据。主要有以下两种形式：

1. 直接检测消费者行为

如利用 cookies 跟踪个体的在线行为，或者利用忠诚卡（loyalty cards）观察个体的线下行为。Cookies 是广告主观察在线行为最普遍的方式。例如，cookies 和用它收集来的数据可以监测在线行为，以评估网址设计或销售结果。尽管 cookies 可用于调查的范围很广泛，但它在广告主中最普遍的使用是监测浏览和广告回应行为，目的是提升广告相关性和

① 戴维斯．广告调查：理论与实务：第 2 版［M］．杨雪睿，田卉，等译．北京：中国人民大学出版社，2016：131 - 132.

评估多媒体广告策略中的不同组成部分。

观察消费者的在线行为对在线广告主和营销者来说固然重要，观察线下发生的与销售相关的行为也很必要。忠诚卡就是线下观察的一种方法。忠诚卡是带有条形码或磁条的信用卡或钥匙链大小的卡片，大多由大型零售连锁机构提供，尤其是超市、药店和服装店。在收银机上扫描卡片后，零售商店会给“忠诚”的顾客提供专享折扣；作为回报，忠诚卡持有者允许零售商店追踪他们每次购物的情况；零售商店则会利用这些信息来决定采购哪些商品以及要价多少，并且在有些情况下，还能代表零售商品制造商向目标消费者提供具体的优惠券和促销信息。最终零售商店将这些聚合的、隐蔽的数据作为市场调查的一部分。

2. 监测消费行为的产出

如利用计算机测量在线“信息”，或者监测博客或其他形式的消费者自主媒体（consumer-generated media，CGM）中品牌观念的变化。

消费者自主媒体的说法是由皮特·布莱克肖（Pete Blackshaw）创造的，用来描述互联网上不断发展的消费者自创空间。CGM 指广泛的在线口碑传播工具，包括但不限于“消费者对消费者的电子邮件、公开的互联网论坛上的帖子、新闻组和目录服务、消费者发表评价的网站或论坛、博客、移动博客（用户可以发布数字图片、照片、电影的网站）、Vlog（视频博客）、社交网站和个人网站”。考虑到这些网站分布广泛的、不断增加的读者群，以及消费者感觉这种传播方式比传统媒体更值得信赖，广告主和营销者都非常重视委托监测 CGM 中与其特定品牌或品牌形象、美誉度相关的内容。

需要被监测的信息源是海量的，这使机器观察成为必要。CGM 观察提供的信息通常包括规模（品牌或话题被提及的次数）、深度（品牌细节的数量。帖子如何深度讨论品牌？只是短暂提及还是深入主题且有大量评论和链接?）、内容（帖子的客观性。发帖是为了解决问题、比较不同品牌、传递信息、有理由地支持或批评某个机构，还是简单地出于发泄?）、态度（帖子的态度。CGM 的语气和情感如何？一般是积极的、消极的，还是中立的?）

观察法的操作流程如下：明确观察目的；确定观察对象、时间、地点、内容和方法；编制观察提纲，确定观察重点；实施观察；记录并收集资料，分析资料，得出结论。

观察法的局限性体现在如下方面：只有行为和自然的物理过程才能被观察到，无法了解被观察者的动机、态度、想法和情感；只有公开的行为才能被观察，对一些私下行为的观察是非常困难和不可行的；被观察到的当前行为并不能代表未来的行为。正是由于这些局限，在实际的广告效果测定时，观察法通常与拦截式问卷调查法结合使用。

二、利用观察法和拦截式问卷调查法进行广告效果测评

案例 10－3

"深圳公交车体广告价值评价"研究

（一）调查简介

本次研究通过对公交车体广告价值评价要素的梳理，并基于深圳不同区域经济发展、人口构成、商业氛围和消费习惯的差异，研究深圳不同区域和不同线路公交车体广告传播效果的差别，以期说明其广告价值的不同。

（1）研究时间：2014 年 4 月。

（2）在公交车站点或公交车上进行问卷调查，视当时具体情况而定。乘客选择为每条线路 40 人，10 条线路 400 人。线路选择为 223 路、M347 路、201 路、M301 路。

（3）观察记录所选择线路途经地区的环境特点，哪些站点或区域是乘客乘降重点区域，以及客流量的变化。公交车身广告内容与公交站点候车亭广告、公交车内广告是否形成有机整体。公交车身广告与途经商圈或区域之间的联系。重点商圈或区域公交车到达情况，是否有利于居民关注公交车身广告。观察的同时进行拍照。

（二）观察记录单

深圳公交车身广告观察记录单

观察日期________ 观察线路 ________ 观察时间段 ________ 观察员________

站点名：	乘客情况：
站点名：	乘客情况：
站点名：	乘客情况：
站点名：	乘客情况：

站点名：	乘客情况：
站点名：	乘客情况：
站点名：	乘客情况：
站点名：	乘客情况：
站点名：	乘客情况：
站点名：	乘客情况：
站点名：	乘客情况：
站点名：	乘客情况：
站点名：	乘客情况：
站点名：	乘客情况：

车身广告 整体情况描述	
车内广告 整体情况描述	
途经区域情况 （人流量车流量、公交车所处的位置、车身广告与区域的相关情况）	
候车亭广告 整体情况描述	
备注：	

深圳商圈站点观察记录单

观察日期________ 观察地点 ________ 观察时间段 ________ 观察员________

人流量情况描述	
车流量情况描述	
候车亭位置及居民对公交车身广告关注情况	

（三）调查问卷

问卷编号________ 访问地点________区 （1）关内 （2）关外

访问时间________ 访员姓名________ 督导员姓名________

“公交车身广告效果研究”调查问卷

你好！

中国传媒大学广告学院正在进行一项关于“公交车身广告效果”的研究，想了解你平时乘坐公交车的情况以及对公交车身广告的评价。你所回答的信息只作学术研究之用，绝不外泄！

谢谢你的合作！

中国传媒大学广告学院

2014年5月

S1. 请问你现在在深圳是

1. 在深圳居住　2. 经常往来深圳　3. 第一次或很少来深圳（致谢，访问结束!）

S2. 请问你的年龄是否在14岁及以上（单选）

1. 是（继续填答问卷）　2. 否（致谢，访问结束!）

Q1. 请问你平时的出行方式主要是（可多选）

	乘坐公交车	驾车（含私家车和公车）	乘坐小车（含私家车和公车）	乘坐出租车	乘坐地铁	骑自行车	步行
1. 周一至周五	1	2	3	4	5	6	7
2. 周六周日	1	2	3	4	5	6	7

注：如果被访者不乘坐公交车，跳答Q6。以下询问的是你在深圳乘坐公交车的情况

Q2. 请问你平时乘坐公交车主要是（单选）

1. 以关内线路为主（途经南山区、福田区、罗湖区、盐田区）

2. 以关外线路为主（途经宝安区和龙岗区）

3. 乘坐关内和关外线路差不多

Q3. 请问你平时乘坐公交车的频率是（单选）

1. 每天都坐　2. 一周4天及以上　3. 一周2～3天　4. 一周1天　5. 半个月有1天或更少

Q4. 请问你通常情况下在公交车站等车的时间长度是（单选）

1. 1～2分钟　2. 3～5分钟　3. 6～10分钟　4. 11～15分钟

5. 16～20分钟　6. 21～30分钟　7. 31分钟或更长

Q5. 请问你通常情况下在公交车站等车时都会做什么（可多选）

1. 看往来的公交车　2. 看书、报纸、杂志　3. 看手机或Pad　4. 看公交站牌

5. 看公交车站灯箱广告或海报　6. 听歌或听广播

7. 什么也不做，只是等待　8. 其他（请注明）

Q6. 下列情况中你对公交车身广告的接触程度是（每行单选）

	能比较仔细看	能看见，但不够仔细	完全没看到	说不好，记不清
1. 在公交车站等车时	4	3	2	1
2. 乘坐公交车时	4	3	2	1
3. 乘坐小车时	4	3	2	1
4. 驾车时	4	3	2	1
5. 骑自行车时	4	3	2	1
6. 步行时	4	3	2	1

Q7. 请在下表中选择适合在公交车身发布并能产生相应影响的产品序号？（每列可多选）

	适合在公交车身发布	公交车身广告能促使产生购买欲望	公交车身广告促使进一步信息收集	公交车身广告有助于提升品牌认知
1. 食品	1	1	1	1
2. 饮料	2	2	2	2
3. 洗涤用品	3	3	3	3
4. 护肤品/化妆品	4	4	4	4
5. 医疗信息	5	5	5	5
6. 家电产品	6	6	6	6
7. 电脑	7	7	7	7
8. 数码产品	8	8	8	8
9. 手机	9	9	9	9
10. 服装	10	10	10	10
11. 房产信息	11	11	11	11
12. 商场资讯	12	12	12	12
13. 旅游资讯	13	13	13	13
14. 电子商务	14	14	14	14

Q8. 请你对以下形式的户外广告进行评分（最高5分，最低1分）

	公交车身广告	候车亭广告	地铁广告
更容易看到			
产品信息简明			
易于产生深刻印象			
有助于提升品牌认知			

以下问题针对深圳主要商圈

1）东门商圈：东门中路、人民北路和解放路一带，含东门茂业、太阳百货、东门町等

2）华强北商圈：华强北路、振华路、振兴路一带，含茂业华强店、赛格广场等

3）南山商圈：南油、蛇口、学府路一带，含海岸城、花园城、海雅百货南山店、沃尔玛南山店等

4）人民南商圈：罗湖口岸经济区，含金光华广场、国贸天虹、佳宁娜广场等

5）深南中商圈：以中信城市广场为中心，辐射至深南中路周边，含中信城市广场、万象城、KKmall 等

6）华侨城商圈：华侨城一带，含益田假日广场、铜锣湾广场、华侨城购物广场等

7）福田 CBD 商圈：地铁会展中心站和购物公园站一带，含怡景中心城、福田星河 COCO Park、连城新天地等

8）宝安商圈：新安、西乡一带，含海雅缤纷城、港隆城、前进路天虹等

9）龙岗商圈：龙岗中心城区域，含世贸百货、中心城天虹、龙岗宝能 · all city 等

Q9. 请问你周一至周五休闲娱乐通常在哪个商圈（每行可多选）

	东门	华强北	南山	人民南	深南中	华侨城	福田 CBD	关内其他区域	宝安	龙岗	关外其他区域
外出聚餐	1	2	3	4	5	6	7	8	9	10	11
去 KTV	1	2	3	4	5	6	7	8	9	10	11
看电影	1	2	3	4	5	6	7	8	9	10	11
逛街	1	2	3	4	5	6	7	8	9	10	11

Q10. 请问你周六周日休闲娱乐通常在哪个商圈（每行可多选）

	东门	华强北	南山	人民南	深南中	华侨城	福田 CBD	关内其他区域	宝安	龙岗	关外其他区域
外出聚餐	1	2	3	4	5	6	7	8	9	10	11
去 KTV	1	2	3	4	5	6	7	8	9	10	11
看电影	1	2	3	4	5	6	7	8	9	10	11
逛街	1	2	3	4	5	6	7	8	9	10	11

Q11. 当你需要购买以下商品时，你通常会去哪个商圈（每行可多选）

	东门	华强北	南山	人民南	深南中	华侨城	福田 CBD	关内其他区域	宝安	龙岗	关外其他区域
食品及日常生活用品	1	2	3	4	5	6	7	8	9	10	11
家电产品	1	2	3	4	5	6	7	8	9	10	11

续前表

	东门	华强北	南山	人民南	深南中	华侨城	福田CBD	关内其他区域	宝安	龙岗	关外其他区域
IT、数码产品	1	2	3	4	5	6	7	8	9	10	11
护肤品、化妆品	1	2	3	4	5	6	7	8	9	10	11
手机	1	2	3	4	5	6	7	8	9	10	11
服装鞋帽	1	2	3	4	5	6	7	8	9	10	11

Q12. 以下商圈，请问你认为哪些最时尚（最多选 2 项）

1. 东门商圈　2. 华强北商圈　3. 南山商圈　4. 人民南商圈
5. 深南中商圈　6. 华侨城商圈　7. 福田 CBD 商圈　8. 宝安商圈
9. 龙岗商圈

Q13. 请你对在以下区域出现的商品信息进行评分（最高 5 分，最低 1 分）

	关内区域	关外区域
易于产生深刻印象		
有助于提升品牌认知		
有助于产生购买欲望		

Q14. 请访员记录被访者性别

1. 男　2. 女

Q15. 请问你的年龄

Q16. 请问你的职业

1. 政府公职人员　2. 企事业单位管理人员　3. 公司管理人员　4. 技术人员
5. 公司一般职员　6. 专业人士（如医生）　7. 自由职业者　8. 军警
9. 私营企业主　10. 个体户　11. 学生　12. 家庭主妇
13. 待业、下岗　14. 退休在家　15. 其他（请说明）

Q17. 请问你的受教育程度

1. 初中及以下　2. 高中/中专　3. 大学专科　4. 大学本科　5. 研究生及以上

Q18. 请问你的个人月收入

1. 无收入　2. 1 999 元以下　3. 2 000～3 999 元
4. 4 000～5 999 元　5. 6 000～7 999 元　6. 8 000～9 999 元
7. 10 000～19 999 元　8. 20 000～29 999 元　9. 30 000～49 999 元
10. 50 000 元及以上

Q19. 请问你的居住地是（单选）

1. 南山区 2. 福田区 3. 罗湖区 4. 盐田区 5. 宝安区 6. 龙岗区 7. 不在深圳
Q20. 请问你工作的地点是（单选）（注：如果被访者是学生，询问其学校地点）
1. 南山区 2. 福田区 3. 罗湖区 4. 盐田区 5. 宝安区 6. 龙岗区 7. 不在深圳
Q21. 请问你是否拥有私家车
1. 有 2. 没有
Q22. 请问你贵姓，你的联系方式

访问到此结束，再次感谢你的支持与配合！
礼品签收

第三节 消费者神经科学

作为一种新的研究方法，神经科学一般用于研究消费行为和购买行为的决策过程，以更好地理解消费者的心理和情绪。

一、什么是消费者神经科学

随着近年来科学发展呈现出多学科融合趋势，以及为了更好地理解不同语境下的人类行为而促使现代神经科学在众多研究领域中被广泛应用，由此产生了“神经文化”（neuroculture）这一术语，指的是神经科学与其他科学分支、艺术以及人文学科结合而成的新的科学分支，如神经哲学（neurophilosophy）、神经神学（neurotheology）等。

在经济学家首先认识到神经成像的潜力，并发表了第一批神经经济学论文之后，市场营销学者也意识到了神经科学方法超越社会科学中经典的定性和定量方法而作为一种新的研究方法的潜力所在。于是在该领域发展的早期，为了对经济学、心理学、生物学和医学之间的跨学科领域的研究进行分类，提出了“神经营销”（neuromarketing）一词，将消费者研究与现代神经科学相结合，以找到消费者行为的神经学解释。一般来说，神经科学方法用于研究消费行为和购买行为的决策过程，通过分析潜在的神经科学以更好地理解购买决策中的心理和情绪，同时为广告、消费者竞争、产品植入等营销活动提供一个更全面的效果评估。

然而，关于神经营销的争论却往往忽略了科学和商业应用之间的区别，科学研究通常侧重于消费者的观点，而商业研究的目的则在于将研究结果应用于产品销售中。因此学者安得利亚·贾维尔（Andrija Javor）、莫尼卡·科勒（Monika Koller）等认为有必要将二者区分开来，于是主张使用不同术语加以描述，将神经科学在商业领域的应用称为“神经营销”（neuromarketing），在科学领域的应用称为“消费者神经科学”（consumer neuroscience）。①

二、消费者神经科学运用的技术和工具

营销人员运用消费者神经科学的目的是获得受试者的大脑是如何对不同的躯体感觉刺激做出情绪、认知和行为等反应的信息，而这些信息的获取则依赖于一系列能够测量和绘制人体神经元活动的先进技术和工具，下面是消费者神经科学中常用到的测量技术和工具。

（一）脑电图

脑电图（electroencephalogram，EEG）是一种广泛应用于消费者神经科学领域的技术，它不仅能提供有关人类大脑活动的有价值的信息，而且方便携带、易于使用且相对经济。通过这项技术，大脑的电波活动可以通过放置在头皮上的小传感器进行分析和记录，营销人员以此获得一系列指标，如注意力、参与度、情感效价（如一个刺激是积极的还是消极的）和记忆，进而据此评估营销活动带给消费者的刺激和价值。

（二）心电图

心电图（electrocardiogram，ECG）也是一种消费者神经科学常用的技术，通过在皮肤上放置电极传感器来测量和记录被测者心脏的电波活动。通过心电图的使用，营销人员能够实时收集处于公开刺激下的参与者的情绪状态信息。此外，这种技术也具有成本低且无创性的优点。

（三）皮肤电反应

皮肤电反应（galvanic skin response，GSR）指的是人体汗腺活动的变化，这一变化能够反映出人的情绪状态的强度，也被称作“情绪唤醒”（emotional arousal）。人类的皮肤电反应水平随所处环境的改变而变化——如果某件事情是可怕的、有威胁的、快乐的，或者让人产生其他情绪的，那么人体会因为这些情绪的产生而改变汗腺的活动，但无论是积极还是消极的情绪都会提升皮肤电导反应水平，产生的情绪的强度越大，则皮肤电导反应水平越高。②

---

① JAVOR A，KOLLER M，LEE N，et al. Neuromarketing and Consumer Neuroscience：Contributions to Neurology [J]. BMC Neurol，2013（13）.

② FARNSWORTH B. 什么是皮肤电反应及其原理 [EB/OL].（2018－07－17）[2019－10－29]. https：//imotions. com/blog/gsr/.

（四）眼动追踪

眼动追踪（eye tracking，ET）是一种利用对人体无害的红外光测量和记录眼球运动以识别瞳孔位置的技术，通过识别并记录受试者的注视模式，从而将得到的视觉路径解释为人体对特定刺激的响应，以此获得视觉注意力信息。当一个人观看电视广告、阅读广告、看产品包装或与网页互动时，电脑技术和视频技术的融合能够记录人的眼球在这些过程中的移动状态。现在的眼动追踪技术是没有干扰性的，它能让受访者在实验过程中表现自然。① 目前实现该技术主要有以下几种类型的眼动仪。

（1）固定式眼动仪。

在受控环境或实验室中放置在屏幕的靠下方位置。

（2）眼动追踪眼镜。

通过受试者佩戴装有红外摄像机的眼镜以在实际环境中记录下受试者的视线模式。

（3）虚拟现实眼镜中的眼动追踪器。

通过虚拟现实技术让受试者在实验中沉浸在虚拟的真实情境中。

（4）利用网络摄像头的眼动追踪仪。

此种类型的眼动追踪仪使用了成本和侵入性低的网络摄像头，但是与光学追踪器相比精确度却大大降低了。若使用者处于光线不够充足的房间里，则会导致测量效果的偏差。

（五）面部肌电图

面部肌电图（facial electromyogram，fEMG）是一种测量和记录面部肌肉的随意和非随意运动来理解与某些面部表情相关的情绪的方法。通过使用面部传感器检测和放大肌肉纤维收缩时产生的微小电脉冲来测量人体面部的肌肉活动，以此作为测量受试者情绪反应的工具。

（六）面部编码

面部编码（facial coding，FC）与面部肌电图类似，用于测量和记录面部肌肉的随意和非随意运动，但不使用传感器。这是一种间接测量技术，无法测量肌肉收缩时产生的电反应，而是通过相机记录受试者在接受刺激时产生的面部微表情，能够记录基于七种核心情感——惊讶、恐惧、愤怒、悲伤、厌恶、蔑视和高兴的反应，以及通过刺激产生的情感反应的强度②，并通过计算机自动识别算法来检测该表情所反应出的特定情绪和认知状态，以帮助营销人员更好地理解受众对视觉刺激的反应。③

---

① 戴维斯．广告调查：理论与实务：第2版［M］．杨雪睿，田卉，等译．北京：中国人民大学出版社，2016：151.

② 同①157.

③ Bitbrain. 7个最常见的神经营销研究的技术和工具［EB/OL］.（2019-04-08）［2019-10-29］. https://www. bitbrain. com/blog/neuromarketing-research-techniques-tools.

三、利用消费者神经科学进行广告效果测评

案例 10-4

宠物公益组织用神经科学优化广告“可爱度”

“宠物收容所计划”（The Shelter Pet Project）是一项由美国人道协会（The Humane Society of the United States）和麦迪基金（Maddie's Fund）共同发起的公益活动，旨在给等待被领养的宠物提供容身之地。作为一家非营利性的公益组织，“宠物收容所计划”希望能在预算有限的情况下实现品牌的最大化传播效果，因此就对广告的有效性和记忆度提出了较高的要求。

于是，为了提高广告效果，该组织选择了由尼尔森（Nielsen）和广告委员会（The Ad Council）利用消费者神经科学来帮助自身进行广告的优化。尽管“宠物收容所计划”最初以明星狗狗朱尔斯（Jules）为主角拍摄的广告就已经取得了不错的效果——总体评分达到了 6.8 分（满分为 10），且在尼尔森测试的广告中排名前 40%——但仍然有着很大的提升空间。因此尼尔森利用了消费者神经科学，结合脑电图（EEG）和眼动追踪（ET）技术对该广告进行了量化处理，通过把握观众的大脑如何对广告进行反应，来帮助创意团队一秒一秒地识别哪些场景能够引起共鸣，哪些则不会，进而确定广告对观众的影响如何。

图 10－4 即是尼尔森运用消费者神经科学的方法获得观众反应数据的效果呈现。首先，团队通过面部处理研究（facial processing research）发现，广告画面中包括狗在内的所有面孔的露出都能够提高观众的情感投入（见图 10－4）。随后综合运用脑电图和眼动追踪技术对观众的广告观看行为进行了监测，发现只要狗狗朱尔斯不入镜，观众的注意力和情绪水平就均会下降。同时，研究认为广告结尾中狗狗朱尔斯、“宠物收容所计划”的组织标识和网站链接的出现，会共同争夺观众的注意力，从而引起观众的混淆和困惑。

根据这些研究结果，团队对广告进行了重新调整，以引导受众将注意力更有效地聚焦到广告诉求（即公益行动呼吁）上来。通过增加狗狗朱尔斯的镜头和对广告结尾的改善，使广告继续维持了狗狗朱尔斯的强大吸引力，同时进一步明确了广告想要传达的核心信息和诉求。第二次效果评估的结果表明，新广告的确能够更好地抓住观众的注意力，观众参与度得到了提升，且对广告产生了更深刻和清晰的记忆。

最终，在广告正式发布三个月后，“宠物收容所计划”的官网流量增长了 133%，每月平均访客量更是从 74 000 增长到了 174 000。对于收容所里的宠物而言，这可能是一次生死攸关的重大改变。

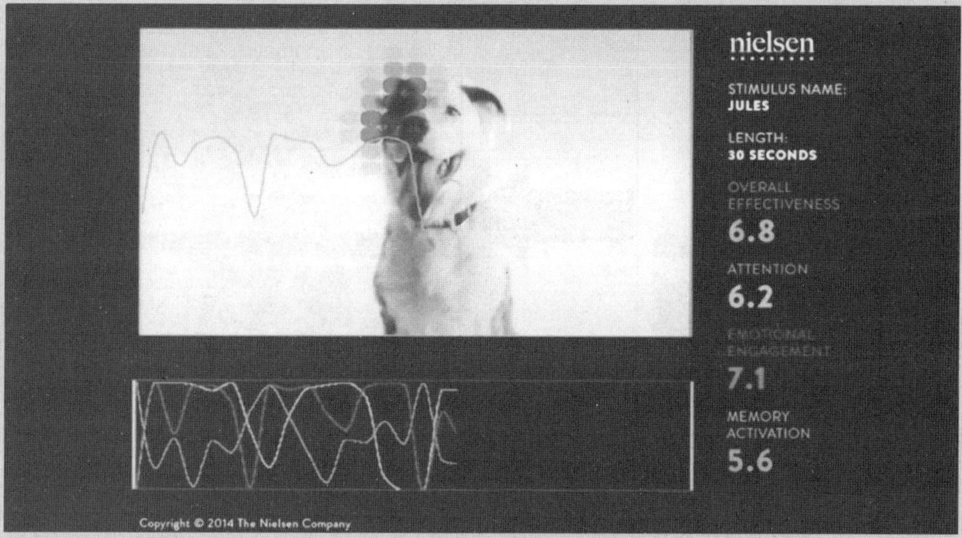

图 10－4　尼尔森运用消费者神经科学获得观众反应数据

资料来源：SMITH M E. 更好的广告背后的智慧：优化可爱［EB/OL］.（2019－06－24）［2019－11－01］. https：//www. adlibbing. org/2014/06/24/brains-behind-better-ads-optimizing-cute-cuddly/.

案例 10－5

神经科学帮助糖果广告加强与观众的情感联结

Allen's 是雀巢旗下的一家澳大利亚糖果品牌，以软嚼薄荷味糖果 Minties 和各种混合果味的 Party Mix 软糖而出名。尽管拥有悠久的发展历史和强大的品牌资产，但 Allen's 仍希望将每一次广告投入的价值最大化，从而在糖果市场的激烈竞争中进一步稳固其领导地位。因此，在 2010 年的一次广告活动中，Allen's 选择了利用消费者神经科学来识别出使受众对广告产生兴趣的关键驱动因素、广告存在的潜在问题及可能的改进方法，以进一步提升其电视广告的传播效果。

研究团队通过利用消费者神经科学技术，发现在 Allen's 的一个以"玩偶吹出的泡泡是糖果"为广告创意和表现形式的广告样片中，虽然观众对"玩偶吹出糖果"的画面产生了强烈记忆，但是仅有玩偶的单调出现却也使观众产生了一定的排斥反应。于是，为了维持观众对"玩偶吹出糖果"的兴趣和强烈记忆，同时提高观众与玩偶形象的情感联结，Allen's 对该广告样片进行了优化，加入了几组展现"人们对玩偶的喜爱"的镜头画面（见图 10－5），以此在玩偶和人之间创造一种关联，从而消除观众在观看原广告片时产生的排斥心理。

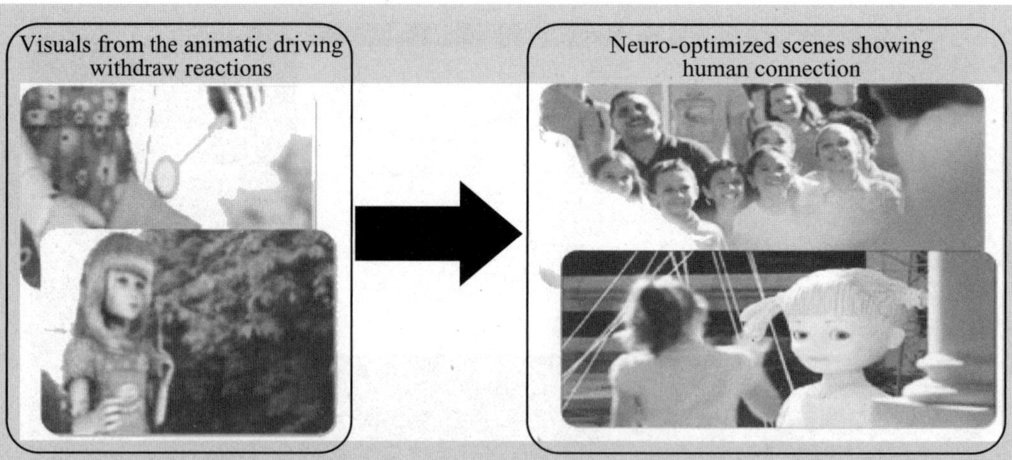

图 10－5 Allen's 优化后的广告中加入了展现“人们对玩偶的喜爱”的画面

最终，在广告投放的六个月里，Allen's 销售业绩超出目标 20.5%，销售额较之前增长 260 万美元，创下 3 年来 6 个月的最高收入。广告中所推产品的售点销售额在上市后的 13 周内就增长了 25%。

资料来源：Neuro-Insight. Allen's 的糖果 [EB/OL]. [2019－11－01]. https://www.neuro-insight.com/casestudy/nestle.

【本章小结】

观察法和调查法广泛适用于不同媒体广告的效果测评。调查法分为定量调查和定性调查。定量调查中常用于广告效果测评的有面访、电话访问和在线调查。定性调查中常用于广告效果测评的有焦点小组访谈、深度访谈和投射技术。观察法包括人员观察和机器观察，且通常与拦截式问卷调查法结合使用。消费者神经科学融合了消费者研究和现代神经科学，不断为广告效果测评提供更为深入可靠的技术工具和数据结果。

【思考题】

1. 什么是定量调查，常用的调查方式有哪些？选择数据收集方法的原则是什么？
2. 什么是定性调查，常用的调查方式有哪些？
3. 什么是观察法，人员观察和机器观察分别适用于哪些情境？
4. 收集资料，了解消费者神经科学运用到的更多技术和工具。
5. 收集资料，了解近年来广告效果测评领域有哪些新的方法技术，以及未来的发展趋势如何。

【推荐阅读书目】

1. 戴维斯．广告调查：理论与实务：第 2 版［M］. 杨雪睿，田卉，等译．北京：中国人民大学出版社，2016.

2. 王晓华．广告效果［M］. 北京：高等教育出版社，2012.

参考文献

中文参考文献

图书：

1. 黄升民，黄京华，王冰．广告调查：广告战略的实证基础［M］．北京：中国物价出版社，1997.

2. 江波，曾振华．广告效果测评［M］．北京：中国广播电视出版社，2002.

3. 李晶，昌蕾，吴文涛．广告效果测评理论与方法［M］．北京：社会科学文献出版社，2014.

4. 科特勒，凯勒．营销管理：第 15 版［M］．何佳讯，于洪彦，牛永革，等译．上海：格致出版社，2016.

5. 刘鹏，王超．计算广告：互联网商业变现的市场与技术［M］．北京：人民邮电出版社，2015.

6. 泰利斯．广告效果评估：广告何时、如何和为什么有效［M］．李洋，张奕，晓卉，译．北京：中国劳动社会保障出版社，2005.

7. 仁科贞文，田中洋，丸冈吉人．广告心理［M］．北京：外语教学与研究出版社，2008.

8. 樊志育．广告效果研究［M］．北京：中国友谊出版公司，1995.

9. 桑斯坦．信息乌托邦：众人如何生产知识［M］．毕竞悦，译．北京：法律出版社，2008.

10. 马瑟斯博，霍金斯．消费者行为学：原书第 13 版［M］．陈荣，许销冰，译．北京：机械工业出版社，2018.

11. 戴维斯．广告调查：理论与实务：第 2 版［M］．杨雪睿，田卉，等译．北京：中国人民大学出版社，2016.

12. 阿姆斯特朗．广告说服力：基于实证研究的 195 条广告原理［M］．吴国华，林升栋，康瑾，等译．北京：商务印书馆，2016.

13. 所罗门．消费者行为学：第 8 版·中国版［M］．卢泰宏，杨晓燕，译．北京：中国人民大学出版社，2009.

14. 马谋超．广告心理：广告人对消费行为的心理把握［M］．北京：中国市场出版社，2007.

15. 孙会．电视广告［M］．北京：中国传媒大学出版社，2012.

16. 黄迎新．电视广告实务［M］．武汉：华中科技大学出版社，2015.

17. 杨乃近，梁恩瑞．电视广告创作［M］．杭州：浙江大学出版社，2005.

18. 陈根．智能电视：重塑第一屏［M］．北京：电子工业出版社，2014.

19. 王明臣．数字电视与高清晰度电视［M］．北京：中国广播电视出版社，2003.

20. 姜秀华．数字电视原理与应用［M］．北京：人民邮电出版社，2003.

21. 黄升民．数字化时代的中国广电媒体［M］．北京：中国轻工业出版社，2003.

22. 李倩玲，等．转向：无界限传播你做主：群邑论后大众传播时代制胜的营销策略［M］．北京：中信出版社，2011.

23. 陈若愚．收视率100问［M］．北京：中国传媒大学出版社，2013.

24. 清水公一．广告理论与战略［M］．胡晓云，朱磊，张姮，译．北京：北京大学出版社，2005.

25. 胡晓云，等．品牌传播效果评估指标［M］．北京：中国传媒大学出版社，2007.

26. 王晓华．广告效果［M］．北京：高等教育出版社，2012.

27. 李馥岑，于晓静，郑洁，等．复杂传播网络下的电视新媒体受众研究［M］．上海：上海交通大学出版社，2013.

28. 任学安．突破：一场非典型广告实验［M］．北京：中国传媒大学出版社，2018.

29. 宫承波．广播电视概论［M］．北京：中国广播电视出版社，2014.

30. 周小普．广播电视概论［M］．北京：中国人民大学出版社，2014.

31. 蔡尚伟，等．广播电视新闻学［M］．上海：复旦大学出版社，2006.

32. 黄匡宇．广播电视学概论［M］．广州：暨南大学出版社，2005.

33. 何玉杰．中外广告史［M］．北京：中国人民大学出版社，2017.

34. 杨海军．中外广告史［M］．武汉：武汉大学出版社，2006.

35. 陈培爱．中外广告史［M］．北京：中国物价出版社，1997.

36. 赵琛．中国广告史［M］．北京：高等教育出版社，2005.

37. 许俊基．中国广告史［M］．北京：中国传媒大学出版社，2006.

38. 黄河，江凡，王芳菲．新媒体广告［M］．北京：中国人民大学出版社，2019.

39. 刘英华．广播广告理论与实务教程［M］．北京：中国传媒大学出版社，2006.

40. 秋叶，萧秋水，刘勇．微博营销与运营［M］．北京：人民邮电出版社，2017.

41. 陈锐，司若，陈鹏．中国互联网视听行业发展报告（2018）［R］．北京：社会科学文献出版社，2018.

42. 苏士梅．中国近现代商业广告史［M］．开封：河南大学出版社，2006.

43. 宋若涛．广告效果分析［M］．郑州：郑州大学出版社，2008.

44. 黄合水．广告调研方法［M］．厦门：厦门大学出版社，2006.

45. 岑明．城市户外广告规划与设计［M］．武汉：华中科技大学出版社，2012.

46. 马泉．城市视觉重构：宏观视野下的户外广告规划［M］．北京：人民美术出版社，2012.

47. 丁俊杰，康瑾．现代广告通论［M］．2版．北京：中国传媒大学出版社，2007.

48. 郑欣．空间的分割：新媒体广告效果研究［M］．北京：中国传媒大学出版社，2008.

49. 黄升民，丁俊杰，黄京华．2007 IMI城市受众移动生活形态与新媒体接触研究报告［R］．北京：中国广播电视出版社，2007.

50.《亚洲户外》．户外场景营销宝典［M］．上海：东方出版中心，2018.

51. 哈耶特．平台：自媒体时代用影响力赢取惊人财富［M］．赵杰，译．北京：中央编译出版社，2013.

52. 林升梁．网络广告原理与实务［M］．厦门：厦门大学出版社，2007.

53. 唐志东．网络广告学［M］．北京：首都经济贸易大学出版社，2010.

54. 路盛章．网络广告实务［M］．北京：中央广播电视大学出版社，2008.

55. 喻国明．植入式广告：操作路线图：理论、实务、规划与效果测定［M］．北京：人民日报出版社，2012.
56. 方迎丰，余思慧，简予繁．视频广告概论［M］．武汉：武汉理工大学出版社，2013.
57. 赵曙光．幻影注意力：基于眼动实验的植入式广告效果研究［M］．上海：复旦大学出版社，2014.
58. 彭兰．网络传播概论［M］．4版．北京：中国人民大学出版社，2017.
59. 罗敏．场景连接一切　场景思维＋场景构建＋场景营销＋案例实战［M］．北京：电子工业出版社，2018.

期刊论文：

1. 曾青春．试谈商业广告及其效果［J］．商业研究，1980（5）.
2. 方兴东，潘可武，李志敏，等．中国互联网20年：三次浪潮和三大创新［J］．新闻记者，2014（4）.
3. 张灵燕．电通重构消费者行为模式［J］．现代广告，2007（2）.
4. 张国华．净化广告数据监测环境，促进广告产业繁荣发展［J］．中国广告，2017（5）.
5. 刘燕南，张雪静．跨屏受众收视行为测量：现状、问题及探讨［J］．现代传播（中国传媒大学学报），2016（8）.
6. 丁蕾．场景营销：开启移动互联网时代的营销新思维［J］．出版广角，2017（3）.
7. 唐瑞峰．一文解析IPTV和OTT［J］．电视指南，2019（11）.
8. 李亚铭，李阳．智媒体时代人工智能在电视行业的应用研究［J］．出版广角，2019（3）.
9. 吴卫华．影视产业大数据收视评估体系的建构与应用［J］．编辑之友，2019（6）.
10. 黄俊，臧圣国，黄艳萍．有线数字电视精准化广告投放发展探讨［J］．有线电视技术，2014（9）.
11. 李岚．电视媒体融合发展的高度、深度和广度［J］．新闻战线，2019（11）.
12. 张晓伟．OTT TV兴起背景下电视的“变形”之策［J］．传媒，2018（6）.
13. 中国OTT广告市场研究报告（2017年）［R］．艾瑞咨询系列研究报告，2017（9）.
14. 本刊编辑部．CSM TV＋OTT同源测量解决方案获国际业界首肯［J］．声屏世界·广告人，2019（5）.
15. 潘可武．移动的广播：技术进步与广播的发展趋势［J］．现代传播（中国传媒大学学报），2013（11）.
16. 王春美．中国广播广告40年经营变迁与特征呈现［J］．广告大观（理论版），2019（2）.
17. 周伟，邓伟平．广播广告的产品营销策略［J］．中国广播，2010（10）.
18. 朱琛，姚琪钰．中国广播广告类型及分析［J］．中国广播，2014（9）.
19. 黄京华，王冰．2016广播广告：稳定与趋变［J］．中国广播，2017（2）.
20. 方乐．2018年中国广播广告市场盘点［J］．中国广播，2019（2）.
21. 谷征．改革开放40年我国听众调查的五个阶段与发展趋势［J］．编辑之友，2018（12）.
22. 陈崇山．中国受众研究之回顾：上［J］．当代传播，2001（1）.
23. 梁帆．收听率调查方法的现状、发展与挑战［J］．中国广播，2014（8）.
24. 边建．广播的变革：从传统电台到互联网音频平台［J］．中国广播，2014（9）.
25. 殷乐，朱豆豆．声音媒体的智能化发展：新终端　新应用　新关系［J］．中国广播，2019（4）.
26. 曹毅．互联网下的广播新形态［J］．中国广播，2016（3）.

27. 孟伟．竞合、智媒：2017新广播新征程［J］．中国广播电视学刊，2018（3）.

28. 谷虹，林碧洪．实时竞价的RTB广告模式［J］．销售与市场（管理版），2015（4）.

29. 本刊编辑部．移动音频的营销“魔法师”［J］．声屏世界·广告人，2018（2）.

30. 唐绪军，崔保国．中国报业四十年的改革发展之路［J］．中国报业，2018（13）.

31. 王润珏，张晓．路径与特征：改革开放40年中国期刊业发展回望［J］．出版科学，2019（2）.

32. 万智，艾顺刚，孙晓翠，等．2017—2018中国数字报出版产业年度报告［J］．中国传媒科技，2018（11）.

33. 汤雪梅．数字期刊发展的三阶段及其特点［J］．出版广角，2013（15）.

34. 王琪延，韦佳佳．居民休闲消费不平等研究：以北京市为例［J］．经济理论与经济管理，2019（5）.

35. 于萍．移动互联环境下的场景营销：研究述评与展望［J］．外国经济与管理，2019（5）.

36. 谢加封，丁敬．城市户外广告：空间分异、场景演化与视觉修辞［J］．广告大观（理论版），2018（2）.

37. 陈逸舟．场景营销案例：O2O篇［J］．中国广告，2018（8）.

38. 国家信息中心信息化研究部．信息社会发展水平测评指标与阶段划分：基于信息社会发展报告（2015）的研究［J］．中国流通经济，2015（9）.

39. 张红历．中国信息社会发展水平的时空分异研究：2007—2016年［J］．情报科学，2017（12）.

40. 董岳，王翔，周冰莲，等．互联网＋时代商业模式创新的演变过程研究［J］．中国科技论坛，2017（2）.

41. 王森．数据驱动的互联网广告效果监测研究［J］．广告大观（理论版），2017（4）.

42. 喻国明，丁汉青，王菲，等．植入式广告：研究框架、规制构建与效果评测［J］．国际新闻界，2011（4）.

43. 张莹．网络视频广告研究［J］．宁波大学学报（人文科学版），2010（4）.

44. 秦宗财，刘力．欧美视频网站运营模式及赢利分析［J］．深圳大学学报（人文社会科学版），2016（1）.

45. 刘熠．浅谈视频分享网站的广告盈利模式创新［J］．新闻知识，2009（2）.

46. 石心竹．数字化进程中的网络视频广告研究［J］．现代商贸工业，2008（12）.

47. 徐会会．网络视频广告的优势和问题分析［J］．科技资讯，2010（9）.

48. 洪瑶．探析新媒体时代网络视频广告的发展［J］．出版广角，2017（7）.

49. 谢敏．简析青年亚文化视域下的网络自制综艺植入广告传播策略［J］．戏剧之家，2019（13）.

50. 张轶楠．微电影广告特征及发展趋势分析［J］．现代传播（中国传媒大学学报），2018（5）.

51. 孙英莉．微电影广告的概念辨析与创作策略［J］．青年记者，2018（35）.

52. 刘艳蓉．微电影广告与电影植入广告的比较研究［J］．视听，2016（1）.

53. 闫云霄．网络视频营销手段的创新与变革［J］．新闻界，2011（3）.

54. 田雅岚．网络视频广告的有效性［J］．艺术与设计（理论），2010（2）.

55. 沈明辉，高冲，李冬．网络视频广告效果及提升对策研究［J］．市场研究，2013（8）.

56. 寇晓伟．网络游戏媒体化的商业价值　从网络游戏广告模式演变说起［J］．传媒，2007（12）.

57. 丁珂玥．网络综艺的广告品牌选择及传播效果研究：以爱奇艺自制综艺《偶像练习生》为例［J］．新闻传播，2018（13）.

58. 爱奇艺．爆款内容成就营销C位［J］. 声屏世界·广告人，2019（Z1）.

59. 严小亮．网络游戏媒体广告传播要素浅析［J］. 今传媒，2008（5）.

60. 陈党，张翠．网络游戏广告发展现状与反思［J］. 东南传播，2012（11）.

61. 王丽娟．浅谈网络游戏广告的形式与特点［J］. 艺术与设计（理论），2008（2）.

62. 李玉坤，乔英久．初探网络游戏广告类型及广告策略［J］. 辽宁省交通高等专科学校学报，2010（4）.

63. 黄薇．网络游戏广告的魅力［J］. 当代传播，2005（4）.

64. 朱亚莉．虚拟与现实的桥梁：浅议网络游戏置入式广告［J］. 传媒观察，2010（1）.

65. 王静，程浩．试析网络游戏广告的价值与形式［J］. 广告大观（理论版），2008（1）.

66. 刘德良．网络游戏广告如何登峰造极［J］. 市场观察，2007（11）.

67. 钱康，孟凡东．网络游戏与广告整合的发展策略探索［J］. 东南传播，2006（9）.

68. 刘明．网络游戏广告的传播学分析［J］. 市场周刊（理论研究），2007（3）.

69. 曹博林．社交媒体：概念、发展历程、特征与未来：兼谈当下对社交媒体认识的模糊之处［J］. 湖南广播电视大学学报，2011（3）.

70. 谭天，张子俊．我国社交媒体的现状、发展与趋势［J］. 编辑之友，2017（1）.

71. 纪小平．微博广告的传播途径及效果：以新浪微博为例［J］. 青年记者，2018（29）.

72. 范昕伟．移动互联网时代我国社交媒体信息流广告发展模式：以腾讯微信和新浪微博为例［J］. 商，2016（3）.

73. 周承君，赵奕．微信和微博信息流广告研究探索［J］. 大众文艺，2018（12）.

74. 王文．Web 2.0时代的社交媒体与世界政治［J］. 外交评论（外交学院学报），2011（6）.

75. 李娜，胡泳．社交媒体的中国道路：现状、特色与未来［J］. 新闻爱好者，2014（12）.

76. 郭泽德．传统广告将死　社交广告崛起：社交媒体时代广告发展趋势及传播策略研究［J］. 编辑之友，2015（7）.

77. 张林．我国社交媒体广告发展的问题与展望［J］. 传媒，2018（3）.

78. 孙莉莉．社交媒体营销初探［J］. 商场现代化，2013（16）.

79. 杨莉明，徐智．社交媒体广告效果研究综述：个性化、互动性和广告回避［J］. 新闻界，2016（21）.

80. 刘珊，黄升民．盲从还是坚守：模式化概念能否拯救中国报业［J］. 新闻与写作，2018（11）.

81. 郑晓琦，陆梦婷，内容和技术双向发力，人民日报铺就纸媒融合之路［J］. 媒介，2019（9）.

82. 刘颂杰，张晨露．从“技术跟随者”到“媒体创新者”的尝试：传统媒体“新闻客户端2.0”热潮分析［J］. 新闻记者，2016（2）.

83. 毕艳红，聂辰晟，郑君．MODS：基于大数据的户外媒体价值评估体系［J］. 传媒，2015（23）.

84. 印纪芳．数字户外广告交易平台研究［J］. 今传媒，2018（10）.

85. 中国场景营销市场研究报告（2016年）［R］. 艾瑞咨询系列研究报告，2016（10）.

86. 邬镇宁，黄贵莲．场景化营销的传播应用探析：构建场景［J］. 广告大观（理论版），2017（5）.

87. 朱涛．场景营销：情感诉求的调动与创意引爆［J］. 声屏世界·广告人，2019（9）.

会议论文：

蒋茁．新媒体时代互联网广告传播模式［C］//美国信息工程研究学会，新加坡管理与运动科学研究学会．Proceedings of 2018 4th International Conference in Humanities，Social Sciences and Global Business

Management（ISSGBM 2018）（Lecture Notes in Management Science，Vol. 87）. 美国信息工程研究学会，新加坡管理与运动科学研究学会：智能信息技术应用学会，2018：4.

网站资料：

1. 中国资讯网．《2017 人工智能电视白皮书》发布 [EB/OL]．（2017－07－26）[2019－11－01]．http：//www. china-product. org/webhtml/08hyzx/08hyzx-073. html.

2. 王艳萍．艾瑞：大屏广告体验和优质广告效果凸显 IPTV 广告价值 [EB/OL]．（2016－05－17）[2019－11－02]．http：//report. iresearch. cn/content/2016/05/261021. shtml.

3. 赛立信研究集团．移动互联时代最新广播收听数据采集技术 [EB/OL]．[2019－11－02]．http：//www. smr. com. cn/media-app. asp.

4. WEISSBROT A. Spotify 的 F-1 上市申请显示程序化广告占其广告收入的 18% [EB/OL]．（2018－02－28）[2019－09－29]．https：//adexchanger. com/digital-audio-radio/spotifys-f-1-shows-programmatic-makes-18-ad-revenue/＃close-olyticsmodal.

5. Spotify for Brands. Adidas Originals 的共创歌单 [EB/OL]．[2019－09－27]．https：//www. spotifyforbrands. com/en-US/ad-experiences/adidas/.

6. Pandora. Lane Bryant 采用移动端优先的策略以提高商店客流量 [EB/OL]．（2018－09－24）[2019－10－03]．https：//www. pandoraforbrands. com/success-story/pandora-drives-lift-in-store-traffic-with-mobile-first-media-strategy.

7. DOUPNIK E. Lane Bryant 与 Pandora 合作制定了移动端优先的营销策略 [EB/OL]．（2017－07－13）[2019－09－27]．https：//wwd. com/business-news/marketing-promotion/lane-bryant-pandora-partnership-10945852/.

8. Pandora. 拉斯维加斯会展和观光局通过跨平台音频广告来增加收入和吸引游客 [EB/OL]．（2018－09－24）[2019－09－29]．https：//www. pandoraforbrands. com/success-story/capture-audience-attention.

9. JOHNSON L. 拉斯维加斯的旅游收入得益于数字广告和 Pandora 增加了 1.1 亿美元 [EB/OL]．（2016－03－23）[2019－09－27]．https：//www. adweek. com/digital/las-vegas-made-extra-110-million-tourism-revenue-thanks-digital-ads-and-pandora-170328/.

10. 美通社．杜蕾斯携手喜马拉雅 FM：13 天点播破 60 万 [EB/OL]．（2014－08－14）[2019－09－27]．https：//www. prnasia. com/story/102714-1. shtml.

11. 中国互联网络信息中心（CNNIC）．第 43 次中国互联网络发展状况统计报告 [R/OL]．（2019－02－28）[2019－09－27]．http：//www. cnnic. net. cn/hlwfzyj/hlwxzbg/hlwtjbg/201902/t20190228_70645. htm.

12. 麦迪逊邦．杜蕾斯“杜杜电台”入驻喜马拉雅 FM [EB/OL]．（2014－08－15）[2019－09－27]．http：//www. madisonboom. com/2014/08/15/杜蕾斯“杜杜电台”入驻喜马拉雅 fm/.

13. 胖鲸．以低成本获得高互动？“杜杜电台”会是不错的案例 [EB/OL]．（2016－04－19）[2019－09－28]．https：//socialone. com. cn/durex-channel-ximalayafm-2016/.

14. IT168. 音频广告复兴　蜻蜓 FM 获评 ADMEN 2019 年度最具营销价值的用户平台奖 [EB/OL]．（2019－06－26）[2019－10－08]．http：//software. it168. com/a2019/0626/6009/000006009702. shtml.

15. CTR. http：//www. ctrchina. cn/index. asp.

16. 艺恩咨询．中国品牌植入市场研究报告 [R/OL]．（2014－03－17）[2019－09－27]．http：//www. entgroup. com. cn/baogaonr. aspx? bid＝18121.

17. 胖鲸智库．风靡全美的 DTC 品牌是否适应国内市场 [EB/OL]．（2019－04－30）[2019－11－06]．

https：//socialone. com. cn/mgcc-dtc-2019/.

18. IAB. 2019 年视频广告支出报告［R/OL］.（2019－04－29）［2019－11－06］. https：//www. iab. com/insights/ad-spend-report-2019/.

19. IAB. 视频观众的一天［R/OL］.（2019－04－03）［2019－11－06］. https：//www. iab. com/wp-content/uploads/2019/05/IAB-Video-Day-in-the-Life-Study-2019-4-3-FINAL. pdf.

20. 秒针系统．今日头条携手秒针，发布移动视频信息流广告价值研究报告［EB/OL］.（2018－01－11）［2019－10－05］. http：//www. miaozhen. com/index. php/Index/newsxq. html？ id＝1108.

21. 梅花网．InMobi 发布《2018 中国移动 APP 程序化视频广告白皮书》聚焦高效投放［EB/OL］.（2018－04－11）［2019－10－05］. https：//mp. weixin. qq. com/s/_VRmrfadviYlSkxquaZuKw.

22. 1991IT 互联网数据中心．CMO Council：2018 年网络视频广告调查报告［EB/OL］.（2018－05－16）［2019－10－22］. http：//www. 199it. com/archives/718482. html.

23. YouTube Advertising. "密苏里之星"手缝被公司［EB/OL］.［2019－10－23］. https：//www. youtube. com/ads/success-story/missouri-star-quilt/.

24. ADAMS S. 手缝被的迪士尼乐园［EB/OL］.（2018－05－22）［2019－10－23］. https：//www. forbes. com/feature/missouri-star-quilting/＃4069e4907486.

25. RANSOM D. 这个小镇的手缝被生意如何俘获了世界的心［EB/OL］.（2015－05－08）［2019－10－23］. https：//www. inc. com/diana-ransom/missouri-star-quilt-company-sba-small-business-of-year-2015. html.

26. 创意广告．直击 YouTube Brandcast 现场，聚焦品牌出海营销高光时刻［EB/OL］.（2019－10－22）［2019－10－23］. https：//mp. weixin. qq. com/s/uQj41EbPYia1gqmtki8k0A.

27. DOLAND A. 一加：这家初创公司竟然说服了人们砸烂自己的 iPhone 手机［EB/OL］.（2015－08－10）［2019－10－23］. https：//adage. com/article/cmo-strategy/oneplus-convinced-people-smash-iphones/299875.

28. Unruly. 广告脉搏：OK Go 为 S7 航空公司拍摄的视频是如何达到病毒式传播新高度的［EB/OL］.（2016－03－29）［2019－11－07］. https：//unruly. co/blog/article/2016/03/29/ad-pulse-ok-go-reach-new-heights-viral-success/.

29. DUNN J. 如今视频游戏行业从智能手机和平板电脑游戏中赚到的钱比从游戏机或个人电脑中赚到的钱还多［EB/OL］.（2017－06－23）［2019－11－06］. https：//www. businessinsider. com/mobile-games-more-money-than-console-pc-chart-2017-6.

30. MCDONALD E. 押注数十亿：品牌和广告商如何释放移动游戏玩家的力量［EB/OL］.（2019－03－05）［2019－11－06］. https：//newzoo. com/insights/articles/betting-on-billions-how-brands-and-advertisers-can-unlock-the-power-of-mobile-gamers/.

31. KOCH L. 游戏逐渐成为主流，但却因性别和年龄的差异而不同［EB/OL］.（2019－04－14）［2019－11－06］. https：//www. emarketer. com/content/who-is-gaming-and-how-can-marketers-level-up.

32. UPLTV. UP 专栏 ｜ 游戏广告变现关键参数解析［EB/OL］.（2018－08－19）［2019－10－23］. https：//www. upltv. com/cn/upblog/article/UP％E4％B8％93％E6％A0％8F％E6％B8％B8％E6％88％8F％E5％B9％BF％E5％91％8A％E5％8F％98％E7％8E％B0...？ article_id＝47.

33. UPLTV. 2019 上半年移动游戏广告变现洞察报告［R/OL］.［2019－10－23］. https：//static-web. upltv. com/reports/UPLTV_％E7％A7％BB％E5％8A％A8％E6％B8％B8％E6％88％8F％E5％B9％BF％E5％91％8A％E5％8F％98％E7％8E％B0％E6％B4％9E％E5％AF％9F％E6％8A％A5％E5％91％8A_2019％E4％B8％8A％E5％8D％8A％E5％B9％B4. pdf.

34. AdView 移动广告交易平台．媒体流量变现之广告填充率篇［EB/OL］.（2016－06－30）［2019－10－23］. https：//mp. weixin. qq. com/s/H2UOif95SYWyDL-_0BQkEw.

35. 中国连锁经营协会．2019 年中国便利店景气指数报告发布［EB/OL］.（2019－03－14）［2019－10－23］. http：//www. ccfa. org. cn/portal/cn/xiangxi. jsp? id＝438155&ks＝2019%E5%B9%B4%E4%B8%AD%E5%9B%BD%E4%BE%BF%E5%88%A9%E5%BA%97%E6%99%AF%E6%B0%94%E6%8C%87%E6%95%B0%E6%8A%A5%E5%91%8A&type＝1.

36. 广告门．腾讯游戏助力快消品牌"打怪升级"，"捉"住年轻人的心［EB/OL］.（2019－08－22）［2019－10－23］. https：//mp. weixin. qq. com/s/_sHaFYnLzqf3ZX6Wepog8g.

37. 虎啸奖．【金奖赏析】王者荣耀，一个超级 IP 如何稳住"双赢"?［EB/OL］.（2019－06－19）［2019－10－23］. https：//mp. weixin. qq. com/s/HqnC-9q5mcqvbmsGMKrryA.

38. 腾讯游戏．再推数字供养人计划　敦煌文博会王者荣耀力担 C 位［EB/OL］.（2019－09－29）［2019－10－23］. https：//mp. weixin. qq. com/s/es7vUs-_NjtrdVrvgw5HIg.

39. 广告门．故宫口红之后，敦煌丝巾也要火了?［EB/OL］.（2019－01－02）［2019－10－23］. https：//mp. weixin. qq. com/s/tCWBXAEmBt2d2evyITYr6Q.

40. 虎啸奖．东方文艺复兴? 国风新文创是如何俘获年轻人的?［EB/OL］.（2019－07－24）［2019－10－23］. https：//mp. weixin. qq. com/s/DoeCt_D3knKv6VnQCaeOWg.

41. Platform161. 赛百味在游戏内置广告中尝到了甜头［EB/OL］.［2019－11－07］. https：//platform161. com/wp-content/uploads/2019/07/Platform161-Case-Study-Subway-In-Game-Advertising. pdf.

42. 艾瑞咨询．伊利舒化奶：人人餐厅深度植入［EB/OL］.［2019－11－07］. http：//a. iresearch. cn/case/2278. shtml.

43. 艾瑞咨询．2016 年中国网络游戏行业研究报告［R/OL］.（2017－05－15）［2019－10－23］. https：//www. 199it. com/archives/588527. html.

44. GPC & CNG. 2018 年中国游戏产业报告［R/OL］.（2019－03－07）［2019－11－06］. https：//www. useit. com. cn/thread-22501-1-1. html.

45. 深诺智库．2018 年全球游戏行业白皮书［EB/OL］.（2018－08－30）［2019－11－07］. https：//www. useit. com. cn/thread-21367-1-1. html.

46. 凯度中国．中国社会化媒体生态概览白皮书［EB/OL］.（2018－08－20）［2019－11－07］. https：//cn. kantar. com/%E5%AA%92%E4%BD%93%E5%8A%A8%E6%80%81/%E7%A4%BE%E4%BA%A4/2018/2018%E5%B9%B4%E4%B8%AD%E5%9B%BD%E7%A4%BE%E4%BC%9A%E5%8C%96%E5%AA%92%E4%BD%93%E7%94%9F%E6%80%81%E6%A6%82%E8%A7%88%E7%99%BD%E7%9A%AE%E4%B9%A6/.

47. 艾瑞咨询．艾瑞：社交媒体公私域互利满足不同阶段营销需求［EB/OL］.（2019－10－25）［2019－11－07］. http：//report. iresearch. cn/wx/news. aspx? id＝306075.

48. 社会化营销案例库．2018 微博营销价值白皮书［EB/OL］.（2019－07－15）［2019－11－02］. https：//hd. weibo. com/case/article/view? id＝321.

49. CONSTINE J. Twitter 广告终于面向所有美国企业开放，不再是只接受邀请的形式［EB/OL］.（2013－04－30）［2019－11－03］. https：//techcrunch. com/2013/04/30/twitter-ads-available/.

50. 白鲸出海．关于 Twitter 的一些广告投放干货［EB/OL］.（2015－11－02）［2019－11－03］. http：//www. sohu. com/a/39283675_227984.

51. 腾讯 . 2019 Second Quarter Corporate Overview [EB/OL]. (2019-08-14) [2019-11-04]. https://www.tencent.com/attachments/CorporateOverview2Q19.pdf.

52. 木语 . 新浪高管解读财报：微博信息流广告收入增长乐观 [EB/OL]. (2013-11-13) [2019-10-31]. http://tech.qq.com/a/20131113/008720.htm.

53. 厚昌学院 . 微博粉丝通上新正文页 banner 样式新玩法 [EB/OL]. (2018-08-03) [2019-11-02]. https://www.skytech.cn/article/8686.html.

54. SocialBeta. 8 月最值得关注的 5 个营销现象 [EB/OL]. (2017-09-18) [2019-11-03]. https://socialbeta.com/t/summary-of-august-hunt-weekly.

55. Twitter Marketing. 推特的广告形式和规格 [EB/OL]. [2019-11-02]. https://marketing.twitter.com/na/en/solutions/ad-format-specs/.

56. 微信广告 . 广告形态 [EB/OL]. [2019-11-04]. https://ad.weixin.qq.com/guide/106.

57. We Are Social：2019 数字发展报告 [R/OL]. (2019-02-02) [2019-11-04]. https://www.useit.com.cn/thread-22153-1-1.html.

58. SME：2018 年社交媒体营销行业报告 [R/OL]. (2018-06-06) [2019-11-04]. https://www.useit.com.cn/thread-19243-1-1.html.

59. 领英：2017 社交媒体广告面面观白皮书 [EB/OL]. (2017-05-03) [2019-11-04]. https://www.useit.com.cn/thread-15206-1-1.html.

60. MCKAY B. 衡量社交媒体营销活动是否成功的六个最有效指标 [EB/OL]. (2017-07-14) [2019-10-06]. https://www.forbes.com/sites/forbesagencycouncil/2017/07/14/the-six-most-effective-social-media-metrics-to-understand-your- campaigns-success/#759d77d664cb.

61. REESE N. 你应该追踪 Twitter 中的哪些关键绩效指标 [EB/OL]. (2018-07-30) [2019-11-03]. https://business.twitter.com/en/blog/what-twitter-kpis-should-you-be-tracking.html.

62. 社会化营销案例库 . 周冬雨硬核表白微博营销结案 [EB/OL]. [2019-11-01]. https://hd.weibo.com/case/senior/senior? id=30618.

63. 社会化营销案例库 . 舒肤佳-锦鲤瓶 [EB/OL]. [2019-11-03]. https://hd.weibo.com/case/senior/senior? id=30692.

64. Twitter Marketing. 潘多拉是如何在推特上成功推出一个全新珠宝系列的 [EB/OL]. [2019-11-03]. https://marketing.twitter.com/na/en/success-stories/pandora-jewelry-launches-a-new-jewelry-collection-on-twitter-and-achieves-remarkable-results.

65. FREDERICK D. 一场社交媒体上的争论如何推动了亨氏 Mayochup 产品在美国的上市 [EB/OL]. (2018-06-29) [2019-11-03]. https://www.prweek.com/article/1486469/social-media-debate-led-heinz-mayochups-launch-us.

66. 微信广告 . 和 iPhone X 见个面 [EB/OL]. [2019-11-04]. https://ad.weixin.qq.com/case/165.

67. ANDRADE R. Facebook 促使 TVibes 的下载量增加了近 50% [EB/OL]. (2018-03-05) [2019-10-11]. http://smbp.uwaterloo.ca/2018/03/tvibes-uses-facebook-to-increase-downloads-by-nearly-50/.

68. 高雅 . 因为销量太差，传统美妆品牌 CoverGirl 开始大转型 [EB/OL]. (2017-12-06) [2019-10-23]. http://www.qdaily.com/articles/47939.html.

69. Facebook Business. CoverGirl [EB/OL]. [2019-10-23]. https://www.facebook.com/business/success/covergirl.

70. 创业家 . 涨幅超过亚马逊的家具电商 Wayfair 是如何成功的 [EB/OL]. (2019-02-28) [2019-

10－09]. https://baijiahao.baidu.com/s? id=1626705450467919486&wfr=spider&for=pc.

71. STAMBOR Z. 从社交网站中点击进入 Wayfair 的消费者较去年增加了两倍多 [EB/OL].（2018－02－13）[2019－10－09]. https://www.digitalcommerce360.com/2018/02/13/the-number-of-shoppers-clicking-from-social-networks-to-wayfair-more-than-tripled-last-year/.

72. O'NEILL M. 2019 年拥有最佳社交媒体营销活动的 8 个品牌 [EB/OL].（2019－05－01）[2019－10－06]. https://www.brafton.com/blog/social-media/3-brands-with-the-best-social-media-campaigns-in-2016/.

73. BERA A. 红牛就是生活 [EB/OL].（2016－11－26）[2019－10－10]. https://digitalmarketing2795.wordpress.com/author/dmsecagroup3/.

74. JIN V. UCC 和数字营销 [EB/OL].（2017－04－25）[2019－10－10]. https://meco6936.wordpress.com/2017/04/25/ucc-and-digital-marketing/.

75. JOHNSON L. Netflix 的 Gilmore Girls 快闪咖啡店在 Snapchat 上大受欢迎 [EB/OL].（2016－10－25）[2019－10－24]. https://www.adweek.com/digital/netflixs-gilmore-girls-pop-coffee-shops-were-massive-hit-snapchat-174248/.

76. SmartSurvey. 在线调查的十个优势 [EB/OL]. [2019－10－30]. https://www.smartsurvey.co.uk/articles/10-advantages-of-online-surveys.

77. 今日头条．车企营销如何出奇制胜？奇瑞捷豹路虎打响精准投放闪电战 [EB/OL]. [2019－10－17]. https://ad.oceanengine.com/school/case/detail/? case_id=6602122569141190664.

78. 巨量引擎．光大银行　个性化体验 [EB/OL]. [2019－10－17]. https://www.oceanengine.com/case/87? source=pchometop.

79. 肖明超．刷爆朋友圈的不只有军装照和地铁歌词还有这张卡！[EB/OL].（2017－08－03）[2019－10－17]. https://mp.weixin.qq.com/s/tU8XdTGV2zKR3V7SdJoBRw.

80. 分众传媒．分众电梯海报介绍 [EB/OL]. [2019－11－02]. https://www.focusmedia.cn/elevator/#jump.

81. 渤思户外观察．渤思户外 LED 大屏智能播控系统正式上线 [EB/OL].（2017－07－07）[2019－11－02]. https://mp.weixin.qq.com/s/2jCwoDImj-tR0TlssnW7VA.

82. CloudXink 云思博客．ROI Meter 地铁站户外广告效果评估案例 [EB/OL].（2017－06－28）[2019－10－25]. http://blog.cloudxink.com/archives/1267.

83. 得到市场公关负责人分享：如何复制一场“菜市场里的经济学展”[EB/OL].（2019－05－27）[2019－10－25]. https://mp.weixin.qq.com/s/KZWdeguHCBmrxISpztIe7g.

84. FARNSWORTH B. 什么是皮肤电反应及其原理 [EB/OL].（2018－07－17）[2019－10－29]. https://imotions.com/blog/gsr/.

85. Bitbrain. 7 个最常见的神经营销研究的技术和工具 [EB/OL].（2019－04－08）[2019－10－29]. https://www.bitbrain.com/blog/neuromarketing-research-techniques-tools.

86. SMITH M E. 更好的广告背后的智慧：优化可爱 [EB/OL].（2019－06－24）[2019－11－01]. https://www.adlibbing.org/2014/06/24/brains-behind-better-ads-optimizing-cute-cuddly/.

87. Neuro-Insight. Allen's 的糖果 [EB/OL]. [2019－11－01]. https://www.neuro-insight.com/casestudy/nestle.

英文参考文献

1. FERRIER A, FLEMING J. The Advertising Effect: How to Change Behaviour [M]. Australia: Oxford University Press, 2014.

2. EAST R. The Effect of Advertising and Display：Assessing the Evidence [M]. America：Springer US，2003.

3. SOLOMON M R. Consumer Behavior：Buying，Having，and Being [M]. America：Pearson Education，2017.

4. KAPLAN A M，HAENLEIN M. Users of the World，Unite! The Challenges and Opportunities of Social Media [J]. Business Horizons，2010 (1).

5. Pixability. State of Digital Video 2019 [R/OL]. [2019 - 10 - 05]. https：//www. pixability. com/insights-reports/2019-state-of-digital-video-report/.

6. JAVOR A，KOLLER M，LEE N，et al. Neuromarketing and Consumer Neuroscience：Contributions to Neurology [J]. BMC Neurol，2013 (13).

后　记

调查研究是中国共产党的传家宝，是做好各项工作的基本功。习近平总书记指出“调查研究是谋事之基、成事之道，没有调查就没有发言权，没有调查就没有决策权”，强调“坚持从实际出发，前提是深入实际、了解实际，只有这样才能做到实事求是”。

在广告传播领域，同样需要遵循习近平总书记关于调查研究的指导思想。在移动互联网大行其道、社交媒体无处不在的大环境下，营销者要正视“广告”的含义正在发生深刻变化。电视广告、广播广告、报刊广告、户外广告等这些传统的广告形式尽管受到冲击，但在不断进行数字化变革和改造的过程中，依然是企业和产品树立品牌形象、传递商品信息的重要途径。互联网广告发展多年后，原本的文字与按钮广告、旗帜广告、弹出广告等现在也被数字营销公司看作“传统”的广告形式。越来越多的“广告”注重创意的新颖独特、表现形式的独出心裁，以及话题的热度。在媒体传播中，“内容为王”的提法已是老生常谈，当广告披上数字时代如梦如幻的华丽外衣，“有内容的广告”将越来越吸引受众的“眼球”。

习近平总书记指出，调研工作务求“深、实、细、准、效”。所谓“深”，就是“要深入实际、深入群众”。广告效果测评是广告运作流程中最后一个环节，通过广告效果测评，了解受众对广告的真实评价，可以为未来营销传播提供建议和指导。所谓“实”，就是“调查研究千万不能搞形式主义”。环境的变化、技术的革新不断扩展广告的内涵，如何评价广告效果也变得更加困难。从研究方法的角度来说，定量调查、定性调查、人员观察、机器观察……这些传统的调研方式依然适用于现在的广告效果测评。随着调查设备和调查技术的不断更新，广告效果测评的方式也在与时俱进。所谓“细”，就是“开展深入细致的调查研究，抓住老百姓最急最忧最怨的问题，解决好群众最关心最直接最现实的利益问题”。在广告运作流程中，各类媒介由于各自特性不同，在传播中起到的作用大相径庭。因此，针对不同形式的广告媒介，测评指标就显得尤为关键。本书在梳理各种广告形式发展历程的基础上，通过收集大量资料，阐述各种形式广告的评价指标和测评方法。所谓

“准”，就是不仅要全面深入细致地了解实际情况，更要善于分析矛盾、发现问题，透过现象看本质，把握规律性的东西。所谓“效”，习近平总书记指出：“衡量调查研究搞得好不好，不是看调查研究的规模有多大、时间有多长，也不是光看调研报告写得怎么样，关键要看调查研究的实效，看调研成果的运用，看能不能把问题解决好。”对于营销者而言，广告活动是否有成效，要透过测评结果进行系统分析，将广告效果测评结果与最初的目标制定，与之后的营销预期等几方结合，综合运用。这也是进行广告效果测评的最终目的。

在本书的编写过程中，中国传媒大学广告学院广告学专业硕士研究生2018级张思嘉、2019级魏铭一、张梓楠，新闻与传播专业（品牌营销传播方向）硕士研究生2018级高佳星、杜美英、2019级杨怡情承担了部分章节的资料收集、整理和撰写工作。

除以上同学外，作者还得到多位人士的帮助，在此表示感谢！

感谢中国传媒大学广告学院广告学系黄京华教授，本书中提到的多个案例均由黄教授与本人共同合作进行！

感谢中国广视索福瑞媒介研究有限责任公司客户服务部总监龙长缨女士、中国广视索福瑞媒介研究有限责任公司客户服务部经理杨金姝女士、国广东方（网络）北京有限公司营销中心广告部总经理王建兴先生、中央广播电视总台总编室主任编辑杨洋先生、北京歌华有线电视网络股份有限公司融媒体运营中心项目经理章慧女士为本书提供资料！

感谢中国人民大学出版社翟江虹女士为本书推进所做的工作！

2019年11月于北京

《广告效果测评》教材编写工作分配

第一章　广告效果测评概述——杨雪睿
第二章　广告效果的影响因素——杨雪睿
第三章　电视广告效果测评——杨雪睿、高佳星
第四章　广播广告效果测评——杨雪睿、张思嘉、杨怡情
第五章　报刊广告效果测评——杨雪睿、杜美英、张梓楠
第六章　户外广告效果测评——杨雪睿、魏铭一
第七章　互联网广告效果测评——杨雪睿、杜美英、高佳星
第八章　网络视频广告与网络游戏广告效果测评——杨雪睿、魏铭一、张梓楠、杨怡情
第九章　社交媒体广告效果测评——杨雪睿、杨怡情、张梓楠
第十章　广告效果测评的方法及案例——杨雪睿、杨怡情、张梓楠

关联课程教材推荐

书号	书名	第一作者	定价（元）	出书时间
978-7-300-30671-1	新媒体广告（第 2 版）	黄河	68.00	2022-07
978-7-300-34051-7	广告学教程（第 5 版）	倪宁	59.80	2025-07
978-7-300-13768-1	广告策划与创意（第二版）	蒋旭峰	48.00	2011-06
978-7-300-26146-1	广告创意概论（第二版） 四色印刷	刘建萍	78.00	2018-08
978-7-300-34366-2	广告文案写作教程（第 5 版）	郭有献　王金雪	59.80	2026-01
978-7-300-21414-6	广告伦理与法规	陈绚	35.00	2015-08
978-7-300-32870-6	中外广告史（第 3 版）	何玉杰	69.80	2024-08
978-7-300-26001-3	新媒体艺术导论 四色印刷	童岩	59.80	2018-08
978-7-300-29946-4	计算广告学	林升梁	59.80	2021-09
978-7-300-29480-3	商业摄影实训教程（第 3 版）	杨莉莉	69.80	2021-06
978-7-300-31971-1	广告策划实训教程	宋瑾	69.80	2023-07
978-7-300-20943-2	广告调查：理论与实务（第 2 版）	［美］乔尔·J. 戴维斯	69.80	2016-01
978-7-300-25598-9	克莱普纳广告学（第 18 版） 精装，四色印刷	［美］W. 罗纳德·莱恩	498.00	2019-03

配套教学资源支持

尊敬的老师：

衷心感谢您选择使用人大版教材！

相关的配套教学资源，请到人大出版社网站（www. crup. com. cn）下载，或是随时与我们联系，我们将向您免费提供。

欢迎您随时反馈教材使用过程中的疑问、修订建议并提供您个人制作的课件。您的课件一经采用，我们将署名并付费。让我们与教材共成长！

地址：北京海淀区中关村大街 31 号 206 室　龚洪训　收　　邮编：100080
电子邮件：gonghx@crup. com. cn　　电话：010－62515637　　QQ：6130616

如有相关教材的选题计划，也欢迎您与我们联系，我们将竭诚为您服务！

选题联系人：　电子邮件：　电话：
周莹　383902102@qq. com. cn　010－62511612

俯仰天地　心系人文

人大社网站　www. crup. com. cn

专业教师 QQ 群：
723715191（全国新闻教师 2 群）

欢迎您登录人大社网站浏览，了解图书信息，共享教学资源
期待您加入专业教师 QQ 群，开展学术讨论，交流教学心得

群名称:全国新闻教师2群
群　号:723715191

图书在版编目（CIP）数据

广告效果测评/杨雪睿编著. —北京：中国人民大学出版社，2020.5（2025.12 重印）
新编 21 世纪新闻传播学系列教材
ISBN 978-7-300-28093-6

Ⅰ.①广… Ⅱ.①杨… Ⅲ.①广告-效果-评价-高等学校-教材 Ⅳ.①F713.8

中国版本图书馆 CIP 数据核字（2020）第 073178 号

新编 21 世纪新闻传播学系列教材
广告效果测评
杨雪睿　编著
Guanggao Xiaoguo Ceping

出版发行	中国人民大学出版社		
社　　址	北京中关村大街 31 号	**邮政编码**	100080
电　　话	010－62511242（总编室）		010－62511770（质管部）
	010－82501766（自营网店）		010－62514148（明德书店）
	010－62511173（销售部）		010－62515275（盗版举报）
网　　址	http://www.crup.com.cn		
经　　销	新华书店		
印　　刷	天津鑫丰华印务有限公司		
开　　本	787 mm×1092 mm　1/16	**版　　次**	2020 年 5 月第 1 版
印　　张	16	**印　　次**	2025 年 12 月第 10 次印刷
字　　数	345 000	**定　　价**	39.90 元